JN432944

파라과이와 메르코수르

前 파라과이 아순시온 주재 KOTRA 관장이 되짚는 파라과이
남아메리카의 심장이 품은 가능성과 미래를 밝히다

PARAGUAY and
MERCOSUR

파라과이와 메르코수르

김선태 지음

HU:iNE

일러두기

1. 외래어는 국립국어원의 외래어 표기법에 따라 표기하였다.
2. 책에 수록된 사진은 모두 저자가 촬영하였다.

책머리에

이 책은 저자가 KOTRA(대한무역진흥공사) 아순시온무역관장으로 재직 당시(2020.2~2023.1) 기고한 글을 중심으로 엮은 것이다. 파라과이와 관련된 다양한 주제를 선정, 집중 분석한 글이다. 파라과이를 처음 접하는 독자들이 각 주제를 보다 쉽게 이해할 수 있도록 국가개황을 먼저 소개한다.

남미 대륙에 위치한 파라과이는 브라질, 아르헨티나, 볼리비아에 둘러싸인 내륙 국가이다. 한반도 1.8배의 광대한 국가로서 동부(브라질 방향), 남부(아르헨티나 방향)는 농업이 발달하였고, 서부(볼리비아 방향)는 목축이 발달하였다. 아울러 강을 중심으로 주요 도시가 순차적으로 발전하였다. 나라 이름과 같은 파라과이강(Río Paraguay)은 브라질 아마존 지역에서 시작하여 서부 중앙을 관통한다. 아순시온에서 대서양으로 연결되는 수로(水路)이며 수원지 역할을 한다. 역시 브라질에서 시작하는 동부 지역의 파라나강(Río Paraná)에는 이타이푸댐이 위치하고 있다. 이 강에 놓은 교량들을 통하여 브라질과 아르헨티나가 연결된다. 브라질, 아르헨티나 국경을 쉽게 넘을 수 있는 것은 국경 무역 발달과 밀수의 범람이라는 명암을 함께 갖고 있다.

7.4백만 명의 인구(2022년 추정) 중 38%가 수도 아순시온 및 수도권에 집중되어 있다. 파라과이는 세계적인 농업(곡물), 축산업(소고기) 수출 국가이다. 세계 유수의 곡물상, 축산 회사들이 진출하여 파라과이산 농축산품을 세계로 수출하고 있다. 메르코수르(Mercosur) 관세 동맹(회원국은 브라질, 아르헨티나, 우루과이, 파라과이 4개국) 창설 국가인 파라과이는 메르코수르 시장 의존도 비중이 회원국 중 제일 높다. 내륙까지 물류 비용이 높아서 근거리 교역이 유리하기 때문이다. 중국과 비수교국이라는 점, 제조업이 발

달하지 않은 것도 또 다른 원인이다. 아르헨티나, 브라질, 중국산 저가 공산품이 파라과이 내수 시장을 장악하고 있는 전형적인 가격 경쟁 시장이다. 파라과이 정부의 적극적인 지원 아래 국경 무역, 즉 유통 서비스업(3차 산업)이 1990년대를 거치면서 비약적으로 발전하였다. 국경 무역의 발전은 경제 성장을 이끌고 있으나 양질의 일자리 창출로 이어지지는 못하고 있다.

정치적으로는 우파 정부(콜로라도당)가 장기 집권하는 대표적인 친미 국가이다. 남미에서 포퓰리즘(대중 인기 영합 정책)이 비교적 약한 국가로 분류되는데 파라과이 정부의 재정 건전성이 주위 국가들에 비하여 양호한 배경이다. 사회적으로는 부가 소수에 집중되어 있다. 삼국 동맹 전쟁(1864-1870) 패배와 같은 역사적 대사건이 스페인 식민 시대 지배 구조를 개혁할 기회로 작용하지 못하였기 때문이다. 동부에 위치한 브라질과의 도로 인프라 연결(1965)은 브라질 자본의 유입으로 이어진다. 브라질 자본은 파라과이 동부 지방을 세계적인 곡창 지대로 만드는 데 큰 기여를 한다. 동시에 원주민, 소농들의 이농(離農)이라는 사회 문제와 환경 파괴를 야기하였다. 파라과이 역대 정부들의 핵심 과제로 빈부 격차의 해소, 교육, 보건 분야의 공공 서비스 질적 향상, 일자리 창출이 항상 꼽히는 배경이다. 부패 척결 문제 또한 역대 정권의 과제이나 지하 경제 규모(국민 총생산의 40~45% 추산)를 감안 시 단기간에 해결이 쉽지 않을 것으로 보인다.

파라과이는 남미에서 유일하게 부존 지하자원이 없는 국가이며 외국인 관광 자원도 개발되어 있지 않다. 참고로 남미의 또 다른 내륙 국가인 볼리비아는 지하자원과 관광 산업이라는 천혜의 조건을 가지고 있다. 이러한 악조건을 극복하면서 파라과이는 현재까지 경제 발전을 이루어내고 있다. 하지만 파라과이의 도전은 지금부터인 것으로 보인다. 파리 기후 협정(Acuerdo de París) 준수와 같은 새로운 국제 규범이 파라과이 농축산업을 위축시킬 가능성이 높기 때문이다. 산업 구조가 비슷한 아르헨티나, 우루과이, 파라과이는 결국 브라질과 협력하여 기후 협약 이행 속도를 조정할 것으로 보인다. 선진국들이 향후 취할 정책에 관심이 모이는 가운데 1차 산업 국가의 취약한 현실을 외면할 수는 없을 것으로 보인다.

파라과이는 이민자 개척 국가이다. 한국의 제1차 파라과이 이민은 1965년으로 거슬러 올라간다. 농업 이민을 꿈꾸고 온 우리 동포들은 1960년대 파라과이의 열악한 농촌 인프라, 혹서(酷暑) 기후 속에서 생존을 위한 악전고투(惡戰苦鬪)를 하였다. 농촌을 떠나 도시의 상업, 유통에서 성공하는 동포들이 많이 생기면서 동포 사회가 발전 동력을 갖기 시작한다. 현재 한국 동포는 5천여 명(한인회 통계)으로서 아순시온의 경우는 4(사)시장(Mercado 4) 주변에 동포들의 상점이 집중되어 있다. 동부 지방에 위치한 브라질 접경 국경 무역 도시인 시우다드델에스테(Ciudad del Este)에서 활동하는 동포들도 많다. 파라과이 한인 동포 사회의 한국인 정체성과 자부심은 대단히 강하다.

수도 아순시온은 '조용함(tranquilo)'으로 압축된다. 아순시온의 원도심(Centro)에서는 식민지 시대의 정취도 느낄 수 있다. 신도심에서는 미래를 향한 전진을 볼 수 있다. 국경 무역 도시인 시우다드델에스테는 어깨를 밀치는 쇼핑 인파 속에서 브라질 상파울루와 같은 역동성(dinámico)을 경험할 수 있다. 또한 서부의 차코(Chaco)를 비롯한 모든 개척마을(Colonia)에서는 새로운 삶을 찾아온 이민자들의 불굴의 도전이 연상된다. 저자는 이 책을 집필하면서 열악한 인프라 및 극심한 더위에도 굴하지 않고 파라과이의 발전을 이끌어 낸 파라과이 국민들에게 큰 감명을 받았다.

저자는 종합 상사('대우인터내셔널', 현 '포스코인터내셔널')에서 오랜 기간 해외 영업(1989.1~2019.1)을 하였다. 한국이 개발 도상국이던 시절부터 선진국이 된 시기가 다 포함된다. 재직 당시 취급하였던 품목, 프로젝트도 한국의 산업 변천과 함께 하였다. 이러한 30년의 해외 영업 경험과 브라질, 아르헨티나에서 주재하며 현장에서 체득한 남미 시장에 대한 노하우(know-how)가 이 책의 기초가 되었다.

이 글이 파라과이에 관심 있는 모든 이들에게 도움이 되기를 바란다.

모든 글을 독자의 관점에서 감수하여 준 아내와 아들에게 감사를 표한다. 끝으로 이 책을 정성스럽게 감수하고 편집한 한국외국어대학교 지식출판콘테츠원 관계자 모든 분께 진심으로 감사드린다.

차례

제1부

파라과이

1

파라과이 현안과 전망[1]

파라과이는 남미 내륙에 위치한 인구 7.4백만 명의 소규모 개방 경제 국가로서 농축산업이 주산업이다. 지난 2004년부터 꾸준히 성장해 온 국가로서 2020년부터 2022년까지 계속된 코로나19 경기 상황 속에서도 침체[2]의 늪에 빠지지 않고 선방하였다. 지리적인 약점(내륙 국가), 1차 산업 구조, 작은 내수 시장을 가진 국가인 파라과이에서 2020년부터 2022년 기간 중 발생한 주요 현안을 살펴보면서 2023년 및 그 이후를 전망해 보고자 한다.

1 한국외국어대학교 중남미연구소 발간 웹진 2020년 겨울호(2021.2)에 게재된 기고문(원제: '파라과이 2020~2021')의 개정판이다.

2 recesión

곡물Granos

메르코수르[3](남미 공동 시장) 4개국(브라질, 아르헨티나, 파라과이, 우루과이)은 미국과 함께 세계 최대의 곡물 수출 국가들이다. 특히 파라과이의 경우 수출 총액에서 농축산 제품 비중이 65% 이상을 점하는 1차 산업[4] 국가이다.

파라과이 농축산업 수출 비중[5]

	2019	2020	2021	2022
전체 수출액 대비 비중(%)	65	67	71	68

농업은 대두(콩)가 대표 품목이다. 2021/2022 대두 생산 및 수출 세계 순위는 다음과 같다.

	생산(2021/2022)[6]	수출(2021)[7]
1	브라질	브라질
2	미국	미국
3	아르헨티나	파라과이
4	중국	아르헨티나
5	인디아	캐나다
6	파라과이	우루과이

3 Mercosur는 Mercado Común del Sur의 약자이다.
4 industria primaria
5 파라과이 재무부(Hacienda) 자료 – 대두, 대두유, 옥수수, 소고기, 밀, 쌀, 면화, 대두박, 가죽 등
6 파라과이 CAPECO(Cámara Paraguaya de Exportadores y Comercializadores de Cereales y Oleaginosas
7 Worldstopexport.com

2020~2022년 기간, 파라과이 곡물 작황에 가장 영향을 미친 것은 '가뭄'이었다. 같은 기간, 파라과이 곡물 가격에 영향을 준 대외적인 요인은 ① 미국, 브라질, 아르헨티나의 가뭄 여부, ②중국의 제로 코로나 정책 완화 여부(대두, 세계 1위 수입국), ③유가(비료 가격 및 물류비에 영향) 등이다.

2020년 팬데믹 초기에는 수요 감소로 국제 곡물 가격(시카고 곡물 시장[8])이 하락하다가 2020년 3분기부터 회복하기 시작하여 2014년 이후 최고가를 갱신하였다(2021.1). 곡물 가격의 강세는 팬데믹으로 타격을 입은 파라과이 경제 회복에 도움이 되었다. 2022년에도 우크라이나-러시아 전쟁 여파로 곡물 가격 강세가 유지되었지만 수입 물가 상승으로 곡물 가격 상승 이익을 반납하였다.

파라과이에서 생산된 대두는 아래 형태로 판매된다(가공: 대두유, 대두박).

	수출(%)	가공(%)	내수(%)	비중(%)
2019/2020	63	32	5	100
2020/2021	66	29	5	100

파라과이 대두[9]의 약 75%는 아르헨티나로 판매된다[10]. 대부분 대두 상태로 수출되어 아르헨티나에서 대두박(大豆粕), 기름(식용유)으로 가공되어 중국을 포함한 전 세계로 수출되고 있다. 파라과이 각 곡물 터미널에서 대두를 바지선[11]으로 아르헨티나 로사리오(Rosario) 항구까지 운송한다[12].

8 CBOT, Chicago Board of Trade

9 대두 Granos de soja, 대두박 Harina de soja, 대두유 Aceite de soja

10 2020년 아르헨티나 향(向) 76%, 2021년 72% 점유(파라과이 CAPECO 통계)

11 파라과이 Río Paraná의 경우는 자시레타(Yacyretá) 수력 발전소를 통과하여야 한다. 갑문식 운하(esclusa de navagación)로 수위를 소설하여 배가 통과한다.

12 Gran Rosario 지역에 곡물 가공 시설(Crushing)의 80%가 밀집되어 있음. 아르헨티나 수출

곡물 수출 제2위 품목인 '옥수수(Maíz)'는 가공 없이 옥수수 알갱이 상태로 '브라질'로 약 50% 물량이 수출이 되고 있다. 육상으로 트럭 운송된다. 육상 운송의 가장 큰 변수는 트럭 기사들의 파업이 발생하는 경우이다. 유가 인상 보전을 요구하며 주요 국도의 길목을 장악하여 통행을 물리적으로 막는다. 또한 브라질 세관원들의 태업이 발생하는 경우도 있는데 트럭의 국경 통관이 지연되면서 물류 비용 상승을 유발한다. 2022년 실제 발생한 사례이다.

가뭄Sequía

파라과이는 두 개의 큰 강을 가지고 있는데 동쪽(브라질 접경 → 아르헨티나 접경)은 파라나강(Río Paraná), 서쪽(아르헨티나)은 파라과이강(Río Paraguay)이다. 파라과이 전체 수출입 물량의 70~80%, 특히 대두 수출의 90~95%의 운송을 담당하고 있다.

두 강은 아르헨티나 영토에서 파라나강(Río Paraná) 하나로 합쳐져(confluencia) 대서양까지 흘러간다. 이 강이 파라과이와 대서양을 연결하는 유일한 길이다.

그런데 이 두 개의 강이 가뭄으로 강 수위가 평균 이하로 낮아지고 여름(우기)에는 해소되는 현상이 2020년 9월 이후 반복되고 있다. 2020년의 경우, 파라과이 정부는 강 수위 비상사태[13]를 선포하는데 강 수위가 낮아지면서 다음과 같은 문제가 발생한다.

곡물의 약 80%가 Gran Rosario 지역의 12개 곡물 전용 항구에서 선적되었다.

13 Decreto Nro. 4084/2020, POR EL CUAL SE DECLARA ESTADO DE EMERGENCIA HIDROLÓGICA EN LOS RÍOS PARAGUAY Y PARANÁ POR AL AVANZADA BAJANTE QUE REPRESENTA DIFICULTADES EN LA NAVAGACIÓN(22 de Septiembre de 2020)

설명: Río Paraguay 지도, km 기점은 부에노스아이레스.

	문제점	비고
수운(水運) 물류	① 적재 가능 물량 감소(최저 흘수) ↓ ② 물량 감소 보전 목적 물류비 인상 ↓ ③ 수출, 수입 물류비 상승	준설 통한 선박 운영에 필요한 흘수[14] 확보
식수	① 식수 제한 급수 ② 식수원 오염 가속화	
기타	① 수력 발전 용량 감소 ② 어업 중단(생계 대책 요구) ③ 밀수 증가(국경 도강 용이) ④ 가뭄으로 인한 자연 발화 화재 증가	수력 발전량 감소는 정부 재정에 영향 미침(로얄티 금액 감소 등)

14 calado, 흘수(吃水)

파라과이의 경우, 지속적인 강의 준설[15](浚渫)이 필수임에도 쉽게 진행되지 않는다. 2020년의 경우에는 사전에 배정해 놓은 예산이 없어서 입찰 공고가 지연되었다. 다른 예산을 전용하여 준설업자 선정 입찰을 진행하였으나 탈락한 회사의 불복 등으로 적시에 진행되지 못하였다(2020). 2021년부터는 준설 예산을 배정해 놓고 있으며 준설시공 업체도 구간별로 나누어서 분할 낙찰하는 방식으로 진행하고 있다.

벨지움의 '잔 데 눌'[16]은 파라과이강을 관리하는 민관합작사업(PPP[17])을 파라과이 정부에 민간 제안[18]하였다(2020). 아르헨티나 정부와 위탁관리 계약을 체결하고 파라나강과 리오델라플라타강[19]을 1995년부터 2021년까지 관리한 바 있는 세계 유수의 전문 업체이다. 하지만 파라과이 정부는 현재(2023.4)까지 벨지움 제안에 대하여 의미 있는 반응을 하지 않고 있다. '강수로[20] 관리'가 '국가 중장기 발전 전략'에 후순위인 것이 가장 큰 이유로 보인다. 12월부터 우기(남반구 여름)에 접어들면서 강 수위가 정상 수위로 높아지기 때문에 후순위인 듯하다.

파라과이 중장기 발전 전략의 핵심은 '연결'로서 ①국도의 연결 및 ②전력의 연결(송·배전)이다. 국가(산업)가 발전하는 데 제일 필요한 두 가지를 선정한 것이다.

15 draga

16 Jan De Nul

17 파라과이는 'APP(Alianza Pública Privada)'라고 한다. 파라과이 PPP 허여 기간은 기본 30년이다.

18 Iniciativa privada

19 Río de la Plata

20 Hidrovía

'파라과이 재무부[21]'가 후순위 사업을 승인하는 경우는 거의 없다. 재무부가 집중 관리하는 것은 2013년 도입한 ①재정준칙[22]을 준수하는 것과 ②국가부채 관리이다. 팬데믹 긴급 예산 투입(2020/2021)으로 파라과이가 자부심을 가지고 있던 재정건전성[23]이 많이 훼손되었다. 재무부는 2024년까지 다시 원점(-1.5%)으로 돌려놓겠다는 원칙을 계속 천명하고 있으며 실제로 그렇게 되고 있다.

	2019	2020	2021	2022(추정)	2023(예상)
재정준칙[24]	-2.8%	-6.1%	-3.7%	-3%	-2.3%
국가부채[25]	22.9%	33.8%	33.8%	36.6%	35.2%

해외 금융 시장과 국내 금융 시장 자금 소달 비중은 평균 80:20 선이었다. 팬데믹 이후 국가부채가 증가하면서 해외 금융 시장을 통한 자금 차입이 증가하고 있다.

21 Ministerio de Hacienda

22 Ley N° 5098/DE RESPONSABILIDAD FISCAL(Artículo 7°, 1)(Promulgación 29-10-2013)

23 solidez fiscal, estabilidad fiscal, prudencia fiscal

24 재정준칙법상 재정적사(Deficit fiscal)는 국민 총생산(PIB)의 -1.5%를 넘어서는 안 된다.

25 국민 총생산(PIB, Producto Interno Bruto) 기준이다.

국가부채 현황 (2023.2 기준)

	2018	2019	2020	2021	2022(추정)
국가부채 금액 (백만 불)	8,040.0	8,859	12,212.9	13,631.3	15,053.7
부채 비율 (%)[26]	19.8	22.9	33.8	33.8	36.6
해외 금융 시장 조달					
금액(백만 불)	6,402.4	7,238.5	10,488.5	11,812.0	13,323.10
비율(%)	79.6	81.7	85.9	86.7	88.5
국내 금융 시장 조달					
금액(백만 불)	1,638.5	1,620.6	1,724.4	1,819.3	1,730.6
비율(%)	20.4	18.3	14.1	13.3	11.5

'해외 금융 시장 자금 차입'은 다자 개발은행[27] 및 국채(Bono soberano) 발행으로 대별되며 다자 개발은행의 경우 4개 정도의 은행에 집중되어 있다 (아래 도표는 국가부채 중 잔액의 비중임).

	2018	2019	2020	2021	2022(추정)
해외 금융 시장 다자 개발은행 비중(%)	37.1	36.5	40.3	41.0	45.2
해외 금융 시장 국채 발행 비중(%)	42.4	44.1	43.9	43.0	40.3

26 국민 총생산(PIB, Producto Interno Bruto) 기준이다.

27 Banco multilateral de desarrollo, 영어로 MDB.(MDB por sus siglas en inglés)

다자 개발은행[28]은 사업 용도별로 은행이 지정되는데 2022년 말 기준 상위 5대 은행의 대출 잔고 비중은 아래와 같다(국가부채 15,053.7백만 불 기준).

①BID(미주 개발은행) 21.1%
②CAF(라틴 아메리카 개발은행) 13.4%
③BIRF(국제부흥 개발은행) 5.9%
④FONFLATA('폰플라타' 개발은행) 2.3%
⑤JICA[29](일본 '국제 행정 기구') 0.9%

수로 주권Soberania hidrovía

아르헨티나는 파라나강 주권을 행사하고 있는데 강을 이용하는 국가 중 파라과이가 제일 큰 타격을 받고 있다. 아르헨티나 정부는 2023년 1월부터 [30]산타페 항구 구간까지 통행료를[31] 톤당 기준으로 징구하고 있다(U$1.47/ton). 파라과이를 비롯한 다른 국가와 사전 협의 없는 일방적인 결정이다.

파라과이강-파라나강 수로(Hidrovía Paraguay-Paraná)는 브라질 카세레스(Puerto de Cáceres)에서 우루과이 누에바 팔미라 항구(Puerto de Nueva Palmira)까지 약 3,400km이다. 메르코수르 4개국과 볼리비아까지 5개국이 협약을 맺고서 공동 사용[32]하는 강 수로이다. 하지만 대서양 입구에 있는 아르헨티

28 BEI(Banco Europeo de Invesiones), OFID(OPEC Fund for International Development), FIDA(Fonds international de développement agricole) 등도 파라과이에 대출하고 있다.

29 Bilateral (양자 간) 대출에 해당된다.

30 아르헨티나 교통부(Ministerio de Transporte) Resolución No. 625/2022, 1023/2022

31 peaje

32 ACUERDO DE TRANSPORTE FLUVIAL POR LA HIDROVIA PARA-

나가 절대적으로 유리한 입장이다. 내륙 국가가 겪는 숙명과 같은 애로 사항의 한 단면이다.

그렇다면 육로를 통한 해결책은 없을 것인지 궁금해진다. 태평양(칠레), 파라과이(내륙국), 대서양(브라질)을 육로로 연결하는 대공사가 진행 중이다. "양 대양 연결 도로"를 뜻하는 코레도르 비알 비오세아니코(Corredor Vial Bioceánico)가 공식적인 이름이다. 브라질 최대 항구인 산토스(Santos)항과 칠레 2개 항구를 연결하는 것인데 파라과이에서는 도로 공사(15번 국도)가 단계별로 진행 중이다.

폰플라타(Fonplata)라는 은행이 자금을 지원하는 사업이다[33]. 폰플라타 은행은 아르헨티나 라플라타강[34]을 접한 5개국(아르헨티나, 우루과이, 파라과이, 볼리비아, 브라질)이 출자한 개발은행이다. 라플라타강(Río de la Plata)은 파라나강(Río Paraná)과 우루과이강(Río Uruguay)이 합쳐진 강으로 대서양과 바로 접한 강이다.

내륙 국가인 볼리비아, 파라과이는 대양으로 나아가는 길을, 그리고 대서양 국가인 아르헨티나는 태평양으로 연결되는 길을 만드는 것이 염원이다. 특히 2000년대 초 브라질, 아르헨티나, 볼리비아 3개국 모두 좌파 대통령 집권 시절 중국이 남미 자원의 최대 구매자로서 자리를 잡으면서 태평양 연결 필요성이 강조되었다.

GUAY–PARANA(Puerto de Cáseres–Puerto de Nueva Palmira). 1992년 체결. 국가별 1993~1995년 기간에 비준한다.

33 Paraguay: FONPLATA financia proyecto clave para la concreción de corredor bioceánico regional(FONPLATA 홈페이지 www.fonplata.org)

34 Río de la Plata

출처: Fonplata 은행(재편집)

볼리비아는 브라질에서 시작하는 철도 연결 사업을 제안하였고 아르헨티나는 ABC(아르헨티나, 브라질, 칠레)를 연결하는 사업을 추진하였다. 프로젝트명 'Corredor Bioceánico de Agua Negra'는 안데스산맥에 길이 13.8km의 지하터널 2개를 건설하는 계획이었는데 2020년 12월 칠레 정부가 미주 개발은행(BID)의 대출 승인을 반납하면서 백지화되었다. 아르헨티나는 칠레 정부 입장에 당황하여 페르난데스 아르헨티나 대통령이 2021년 1월에 칠레를 방문하기도 하였다[35].

35 Encuentro con presidente Fernández es un paso clava para resurrección del Túnel de Agua Negra, LA REGION DE COQUIMBO, 28 de enero de 2021

양 대양 연결 프로젝트 개요

프로젝트	사업 내역	제안
Corredor Vial Bioceánico	브라질(Santos항), 파라과이, 아르헨티나, 칠레항구까지 육로 연결	2015년 비오세아니코 도로에 관한 아순시온 선언[36]
Corredor Bioceánico de Agua Negra	칠레(Coquimbo)-아르헨티나-브라질(Porto Alegre) 육로 연결	2009년 UNASUR 3국 정상 합의
Corredor Ferroviario Bioceánico Central	브라질(Santos), 파라과이, 볼리비아, 페루(Ilo) 철로 연결	2013년 Evo Morales 대통령, 중국 방문 시 협의

각 국가의 대양 연결 사업은 지방 균형개발을 염두에 둔 국책성 프로젝트이다. 하지만 일부 사업은 비현실적으로 낮은 사업성 외에도 안데스산맥 환경 파괴라는 심각한 문제가 있어 국제 금융 기구의 자금 조달이 쉽지 않다. 또한 안데스산맥을 보호하는 환경 단체(oenegé)[37]의 강력한 저지가 예상된다.

한편 파라과이 축산업(소고기)[38]은 현재 건설 중인 Corredor Vial Bioceánico와 생산지(가공지)가 상당히 일치하는지라 혜택을 받을 것으로 전망된다. 다만, 파라과이 대두는 강을 통하여 아르헨티나 로사리오까지 운송하는 물류망으로 이미 최적화되어 있어 'Corredor Vial Bioceánico의 실효성'은 높지 않다.[39]

36 Declaración de Asunción sobre Corredores Bioceánicos, 21 de diciembre de 2015

37 Organización no gubernamental

38 파라과이 서부 Chaco 및 동부 지방

39 본서에 수록된 '파라과이 발전을 견인할 2개의 교량' 참조.

소고기Carne bovina[40]

파라과이 동부, 서부에서 키우는 소 두수는 비슷하다. 도살(faena de bovinos) 두수 중 내수용 비중은 미미하다. 2018년의 경우, 내수 비중은 4.5%이다.

소 사육 · 도축 · 수출 현황

	2019	2020	2021
사육두수(백만)	13.8	14.0	13.9
동부(브라질 방향)	53%	52%	55%
서부(차코 지방)	47%	48%	45%
도살 두수(백만)	1.78	1.89	1.85
수출 대상국	42	49	43
수출 1, 2위국	칠레, 러시아	칠레, 러시아	칠레, 러시아
수출 3~5위국	대만, 이스라엘, 브라질 (매년 순위 변동함)	-	-

2019~2022년 파라과이의 수요 수출 지역을 보면 부동의 1위, 2위는 칠레, 러시아이다. 3~5위는 매년 순서가 바뀌는데 대만, 이스라엘, 브라질이다. 2022년 우크라이나-러시아 전쟁 여파로 러시아 향(向) 수출 물량이 감소하고 있다. 러시아도 파라과이 1개 회사[41]를 제외한 나머지 회사 제품에 대해서는 수입 금지를 발효 중이다. 전쟁으로 인하여 외화 유출을 막고자 수입을 최대한 제한하고 있는 것으로 해석된다. 파라과이의 4대 목표 신시장은 '미국, 일본, 한국, 중국'이다. 캐나다도 파라과이를 방문 실사를 하였다(2022.12). 캐나다는 미국 시장이 개방되면 자동으로 개방될 것으로 보인다.

40 소고기 관련 각종 통계는 정부 기관인 SENACSA(Servicio Nacional de Calidad y Salud Animal) 및 언론 보도 참고.

41 Minerva

축산업계를 대표하는 산업 단체 ARP[42]가 제기 중인 현안은 아래와 같다(2023.4 현재).

항목	요구 사항	현황
메탄가스 감축	메탄가스 감축 반대	파라과이 정부, 감축 반대 입장
미국 시장 개방	미국 소고기 시장 개방	미국 정부, 파라과이 방문 실사 완료(2021/2022) - 2023년 중 허가 여부 결정 예상
중국 수교	중국 수교 통한 중국 시장 진출	정부, 무대응으로 일관
마진 상향	수출 가격 상승에 맞추어 축산 농가 매입 가격 인상	-

중국 수교 문제(즉, 대만 단교를 의미)와 관련하여 ARP 요구가 수용될 가능성은 없다. 대만 또한 이러한 움직임을 외면할 수는 없어 파라과이산 소고기 구매량을 아래와 같이 지속 증가시키고 있다. 대만 소고기 시장의 수입 상위국은 파라과이와 미국이다.

파라과이, 대 대만 소고기 수출 현황

	2019	2020	2021	2022
물량(백만 톤)	16	25	30	20
금액(백만 불)	73	116	162	108
수출국 순위	4	3	3	4

대만 정부는 파라과이산 돼지고기(Carne porcina) 수입도 허가하였다(2022.11).

42 Asociación Rural de Paraguay

가공업체(Frigorífico)는 다국적 기업, 파라과이 기업으로 대별되는데 상위 2개 기업이 65% 이상의 수출 시장을 과점하고 있다. 메노니타[43]는 조합으로 운영되고 있다.

파라과이 육류 가공 공장별 수출 점유율(%)[44]

회사명	가공 두수	점유율(%)	소유(지주사)
Minerva	832,931	39.28	• 브라질 Minerva 그룹 • Frigomerc, Mussa, San Antonio, Belén(4개 공장)
Concepción	554,618	26.15	• 본사 파라과이(1997년 창업) • 브라질 대주주 97% 지분 • 자사 3개 공장 및 • 임대 공장(Frigo Norte) 가동 중
Neuland	175,090	8.26	• 메노니타, 조합원 공급망
FrigoChorti	193,394	9.12	• 메노니타, 조합원 공급망
Frigochaco	187,516	8.84	• 메노니타, 조합원 공급망
Guaraní	174,578	8.23	• 파라과이 기업(Ochoa 그룹) • 도심 공장 외곽 이전 중
Digna	2,462	0.12	• 칠레 자본, ‘22. 2월부터 가동 중지
합계	2,120,589	100	

소고기 가공 산업에 새로 진출하는 기업은 최근 증가 추세이다. 아래는 2023년 중 새로 가동 예상되는 회사들이다. (카르테스의 Chajhá는 기업 청산됨(2023.3))

43 재세례파로 독일계

44 Faena de bovinas de exportación en 2022, ULTIMA HORA, 4 de enero de 2023

회사명	취급 품목	위치	투자 금액(백만 불)
Itabo Agropecuaria	돼지고기	Luque	10
Chajhá	소고기	Villa Hayes	65
Los Lazos	소고기	Presidente Hayes	35
All Par Casing S.A. (Concepción 계열사)	소고기	Naranjal	7

참고로 남미 소고기 수출 가격은 kg당 4개국(브라질, 아르헨티나, 우루과이) 중 파라과이가 제일 저렴한 편이다.[45]

환경Ambiental

2019년, EU가 브라질에 제기한 아마존 환경 파괴 문제로 브라질만 환경을 파괴하는 것처럼 보일 수 있다. 하지만 아마존과 접하는 9개국에서도 이러한 파괴는 일어나고 있다[46]. 불법 금광 채굴(mina de oro ilegal)이 가장 많다. 아마존과 접하지 않은 칠레는 전기차 배터리에 사용되는 리튬이 개발되면서 환경 파괴가 가속화되고 있으며(사막화 가속화),[47] 파라과이는 생활 쓰레기 태우는 것부터 생활, 공업하수 무단방류까지 대단히 심각한 상황이다.

이렇게 심각한 상황에도 불구하고 남미 각국은 또 하나의 환경협약을

45 본서에 수록된 '파라과이와 메르코수르' 참조.

46 Destrucción del Amazonas: las principales amenazas para la mayor selva tropical del mundo en los 9 países que la comparten, por Camilla Costa, BBC News Mundo(18 febrero 2020)

47 Chile: Explotación de litio deja sin agua a pobladores, por Sophia Boddenberg , DW(27.1.2020), Extracción de litio en Chile ¿ bendición o maldición?, por Sophia Boddenberg, DW(27.4.2018)

놓고 이념으로 접근하고 있다. 에스카수 환경협약(Acuerdo de Escazú)이다[48]. 구체적으로는 2018년 중남미 24개국이 서명한 중남미의 환경협약이다. 2021년 1월에 멕시코와 아르헨티나가 비준함으로써 UN의 최소 비준 기준인 12개국을 충족하였다[49]. 참고로 2023년 4월 현재 총 15개국이 비준(ratificación)하였다.

에스카수 협약의 핵심은 민간인/민간단체(NGO)가 정부의 환경 관련 정책에 참여하는 것을 보장하는 것이다. 민간단체의 참여는 외국 환경 단체(다국적 NGO)의 참여로 이어지며, 이는 곧 민간 환경 단체가 궁극적으로 기업 의사 결정 과정에 영향력을 행사하게 된다는 것이 산업계의 해석이다.

그런데 환경 문제 또한 중남미에서는 이념의 대립을 피해 갈 수는 없는 모습이다. 우파가 집권하였던 칠레, 페루의 경우는 2020년에는 비준을 거부하였다[50][51]. 그런데 칠레는 정권이 좌파로 교체되자마자 협약을 비준하였다(2022.6). 우파 정권 당시(2020) 비준에 관심을 보이지 않던 브라질, 콜롬비아가 2022~2023년 기간에 좌파 정권으로 교체되었다. 브라질, 콜롬비아가 비준한다면 이 조약은 힘을 받을 것이다. 한편 파라과이 정부는 비준에 부정적이다[52]. 이 조약이 통과되면 기업들의 신규 사업 투자 시 환경평가[53]를 통과하는 기준이 더욱 엄격해질 것이 분명하다.

48 Acuerdo Regional sobre el Acceso a la Información, la Participación Pública y el Acceso a la Justicia en Asuntos Ambientales en América Latina y el Caribe.

49 CEPAL(Comisión Ecónomica para América Latina y el Caribe) 홈페이지 참고.

50 Acuerdo de Escazú: el Polémico rechazo de Chile al primer gran pacto medioambiental de América Latina y el Caribe, por José Carlos Cueto, BBC News Mundo, 23 Septiembre, 2020

51 Acuerdo de Escazú: la controversia en Perú por el rechazo a retificar el histórico pacto ambiental de América Latina y el Caribe, por Boris Miranda, BBC News Mundo, 21 octubre 2020

52 MAG pide rechazar tratado de Escazú, ABC, 05 de octubre de 2020

53 impacto ambiental

파라과이는 2020년 12월 산림 훼손 방지법(Ley de Deforestación Cero)[54]을 10년 추가 연장하였다. 이 법은 산림을 임의로 개발하는 것을 금지하는 것으로 2004년에 만들어졌다. 이 법은 곡물, 축산과 직접적인 관련이 있다. 곡물 및 축산은 대지 크기가 생산량의 주요 결정요소이다. 특히 세계적으로 곡물 가격이 폭등한 2000년대 중반 이후 파라과이의 대두 생산량은 급등한다. 2000년대 초 3백만 톤 선에서 2006/2007부터는 백만 톤 단위로 늘기 시작한다. 파라과이 단위 면적당 생산량과 총생산량 변화를 보면 환경 파괴가 과거보다는 적지만 아직도 존재하는 것으로 해석되는 부분이다. 우루과이는 2000년대 초까지 대두 생산을 거의 하지 않았으나, 곡물 가격이 폭등하자 대두 재배를 시작하여 2013년에는 3.5백만 톤을 달성하였다.

파라과이 대두 생산량[55]

	단위 생산량(Kgs/Ha)	경작지(Has)	생산량(Ton)
2004/2005	2,011	2,009,474	4,040,828
2010/2015	2,483	2,870,539	7,128,364
2018/2019	2,401	3,544,245	8,512,008
2019/2020	2,929	3,500,000	10,250,800
2020/2021	2,800	3,400,000	9,518,600

파라과이는 소가 인구당 2마리이다. 2009년 기준 대략 11백만 마리였던 소는 2021년 14백만 마리로 증가하였다. 즉, 환경 파괴가 일어났을 가능성이 있다. 또한, 환경 파괴는 파라과이의 초목만 사라지게 하는 것이 아

54 Ley N° 6.256, QUE PROHÍBE LAS ACTIVIDADES DE TRANSFORMACIÓN Y CONVERSIÓN DE SUPERFICIES CON COBERTURA DE BOSQUES EN LA REGIÓN ORIGENTAL.

55 Área de Siembra, Producción y Rendimiento(de Soja), CAPECO, Paraguay(재편집)

니라 원주민(인디오)과의 갈등의 불씨 역할을 하기도 한다는 점에서 대단히 안타까운 현실이다.

축산업계의 가장 큰 고민은 소의 배설물에서 발생하는 메탄가스[56]이다. 파라과이는 세계적인 축산국가로서 세계 메탄가스의 0.9%를 배출한다. 메탄가스 감축은 COP27 정상 회담[57](2022.11, 이집트)의 의제 중 하나이었는데 (환경 단체들은) 파라과이에게 30% 감축을 요구하였다. 소 수백만 두수를 줄여야 하는데 축산업계의 반발은 물론 2위 수출 품목의 축소는 경제에도 심각한 영향을 미친다. COP27 정상 회담에 참석한 파라과이 농축산부 장관은 메탄가스 감축합의서에 서명하지 않겠다고 밝혔다. 메탄가스를 대량 배출하는 세계강대국들은 서명할 생각도 하지 않고 있는데 파라과이처럼 작은 나라를 대상으로 서명을 강요한다고 환경 단체를 강하게 비난하였다. 파라과이는 2022년 기준 세계 11위 소고기 수출 국가이다.

축산자 생산자 단체(ARP)는 파라과이 내 최대 압력 단체이다. ARP는 EU 및 환경 단체[58]를 강하게 비난하는 데 앞장서고 있다. ARP를 무시할 수 있는 파라과이 정권은 지금까지 그래왔듯이 앞으로도 없을 것이다. 그런데 2022년 12월, EU에서는 (2020년 12월 31일 이후) 산림이 훼손된 지역에서 생산되는 제품에 대한 EU 수출입을 금하는 법안을 추진하기로 결정하였다[59]. 산림을 훼손하지 않는 즉, 'Deforestation-free' 상품만 수입하라는 규제이다. 1차로 적용될 상품들은 ①팜오일, ②목축, ③대두, ④커피, ⑤코코아, ⑥목재, ⑦고무 및 부산물(소고기, 가구, 초콜릿 등)[60]이다. 법안이 시행되면 남미 산업(소

56 las emisiones de metano

57 Conferencia del clima de la ONU

58 oenegé ambientalista

59 Pacto Verde, 2022.12.6, EU 의회, 관련법 통과(2023.4.19)되면서 품목도 3개 추가되었다.

60 ①aceite de palma, ②ganado bovino, ③soja, ④café, ⑤cacao, ⑥madera, ⑦caucho, y sus productos derivados(carne de vacuno, muebles, chocolate)

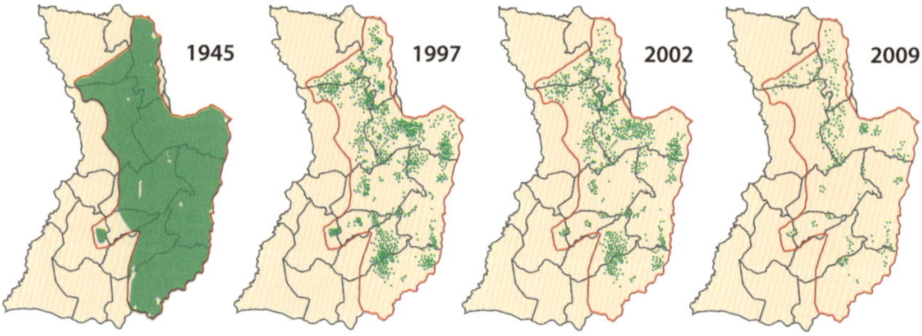

Evolución del proceso de deforestación en la región oriental del Paraguay(1945-2009).

출처: Situación de Energías Renovable en el Paraguay, publicado por GIZ, Marzo 2011(WWF 원본 자료 재작업).

설명: 파라과이 동부 지역 산림(푸른색)이 1945~2009년 대부분 사라지고 있음을 보여 주고 있다. 곡물 생산 및 가축(소) 사육이 확대된 것을 보여 준다.

고기, 대두, 목재)의 타격은 클 것으로 보인다. 유럽의 탄소국경세[61]에 이은 또 하나의 규제이다. 이러한 법들이 시행되면 농가들의 손실은 불가피하다.

2022년 11월, COP27 정상 회담은 기후 변화로 취약한 국가들의 손실과 피해를 보상하는 기금[62]을 만들기로 하였다. 선진국들이 기금을 조성하여 후진국들이 기후 변화에 동참할 수 있도록 하겠다는 것이다. 아직은 선언적 의미가 강하지만 과거보다는 진일보(進一步)한 것은 분명하다. 파라과이 정부가 가장 고민하고 있는 것은 '기후 문제로 인한 농축산업의 규모 축소, 그리고 농가에 대한 손실 보전 방안'이다.

파라과이의 탄소중립, 즉 국가온실감축 목표(NDC)는 2030년까지 20% 감축이다(2015년 서명). 20% 중 10%는 이행할 방법을 국제 사회가 만들어주

61 Carbon Border Adjustment Mechanism(CBAM)

62 fondo de pérdidas y daños para los países particluarmente vulnerables al cambio climático

는 조건부이다. 즉, 10% 감축을 이행하는데 발생하는 비용을 국제 사회에서 지원할 것을 요구하고 있다. 탄소중립은 1차 산업 국가인 파라과이로서 농가 및 축산 농가와 직접 부딪치는 아주 민감한 문제이다. 환경 단체가 파라과이에 제기하는 것은 온실가스[63], 산림 훼손, 지속 가능 농업, 인증서, 노동 모범사례, 지속 가능 금융 등이다. 참고로, 2009년, COP 15 정상 회담(코펜하겐)에서도 선진국들은 2020년까지 1천억 불 환경 기금 조성을 약속한 바 있으나 아직 이행이 제대로 되고 있지 않다.

카르테스 전 대통령Cartismo 그리고 2023 대선

브라질 발 2014년 라바 자투[64]는 브라질 주요 기업과 정치권 간 유착고리를 파헤친 부정/부패조사로 남미의 고질적 치부를 드러낸 최대 사건이다. 그 중심에는 오데브레시[65]라는 브라질 건설 회사가 있다. 오데브레시 주도 아래 브라질 6개 건설회사들이 VIP 클럽[66]을 운영하면서 브라질의 공공인프라 사업을 분배하였다. 또한 각국의 대통령 12명이 오데브레시 연루될 정도로 해외 사업도 활발히 전개하였으나, 파라과이에는 진출하지 않았다. 투자 조건이 맞지 않아 진출하지 않은 것으로 알려졌다[67].

63 gas de efecto invernadero, deforestación, produccón sustentable, certificación, buenas práctocas laborales, finanzas sostenibles

64 고속(Jato) 세차(Lava)를 뜻하는 포르투갈어이다. 첫 번째 적발된 돈세탁 장소가 Brasilia 소재 주유소라는 점에서 Lava Jato 작전(Operación Lava Jato)이라고 명명되었다.

65 Odebrecht. 회사명이 Novonor로 개명되었다(2020.12).

66 Clube VIP 라고 한다. Camargo Corrêa, Andrade Gutierrez, Odebrecht, OAS, Queiroz Galvão, UTC Engenharia. 총 6개사.

67 Grupo Odebrecht quiso instalarse en Paraguay, pero no fue aceptado, ULTIMA HORA, 22 de mayo de 2018

세계 최대의 소고기 수출 업체인 브라질의 JBS는 2017년에 파라과이에서 철수하였다. 당시 JBS가 브라질 룰라 전 대통령 등에게 증여한 뇌물로 조사를 받으면서 파라과이에서 철수하게 된 것이다[68](태평양을 연결하는 파라과이의 Corredor Vial Biocéanal 도로 공사 중 1개 구간을 수주한 업체인 브라질 건설 회사 케이로조 갈바옹[69]도 VIP 클럽 6개사 중 하나이다).

2019년까지는 브라질의 '라바 자투' 조사는 파라과이와 전혀 무관한 일인 듯 하였다. 그러던 중 브라질의 검찰이 파라과이의 오라시오 카르테스[70] 전 대통령(2013~2018)을 대상으로 체포영장을 발급하는 일이 생겼다[71]. 브라질 검찰이 돈세탁을 추적하는 과정에서 브라질 현지에 수감 중인 인물[72]이 옥중에서 카르테스 전 대통령에게 50만 불을 빌려달라는 손으로 쓴 편지를 보낸 것을 뒤늦게 발각한 것이다. 이 인물은 카르테스 전 대통령과 호형호제하는 사이로서 부친 간에도 친분이 있었다. 카르테스 대통령이 소유 중인 파라과이 'BASA 은행'은 수감 중인 인물이 카르테스 대통령 가문에 매각한 것이다. 카르테스 대통령은 이후 소송을 통하여 브라질 검찰의 체포영장을 무효화시켰으나 브라질 검찰은 생각이 다른 듯하다[73]. 파라과이의 재벌그룹 총수인 카르테스 전 대통령도 이 사건으로 큰 타격을 받은 것은 사실이다. 2022년 7월, 미국 정부는 카르테스 전 대통령을 부패 인사로 공식 지명하였다. 이러한 미국의 조처에도 불구하고 집권 여당(콜로라도) 당

68 JBS vende sus operaciones en Paraguay a empresas brasileñ, ULTIMA HORA, 06 de junio de 2017

69 Queiroz Galvão SA

70 Horacio Cartes

71 Orden de captura contra Horacio Cartes: por qué la justica brasileña ordenó la detención del expresidente de Paraguay, BBC News Mundo, 20 de noviembre de 2019

72 Darío Messer: Comprueban complicidad de Cartes y entidades, ULTIMA HORA, 2 de abril de 2019

73 Cartes zafó de prisión este año, pero Fiscalía brasileña insiste en condena, ULTIMA HORA, 30 de diciembre de 2019

원들은 카르테스를 당 대표로 선출하였다(2022.12.18). 카르테스 신임 여당 대표의 임기는 5년으로 2028년 1월까지이다.

임기 5년의 대통령 선거는 2023년 4월 30일 실시되었다.[74]

2023년 4월 대선 대진표

	여당(콜로라도) 후보	범야당 단일 후보
대통령 후보	Santiago Peña	Efraín Alegre(PLRA당)
부통령 후보	Pedro Alliana	Soledad Núñez(여성)

산티 페냐 대통령

2023년 4월 30일 실시된 대통령 선거에서 집권여당(콜로라도당) 후보(oficialista)인 산티 페냐(Santiago Peña Palacios, 1978년 11월 16일생)가 당선되었다. 임기는 5년(2023.8.15~2028.8.15) 단임제이다.

집권여당은 최악의 조건 속에서 치러진 선거에서 재집권에 성공하였다. 카르테스 전 대통령(현 콜로라도당 대표)에 대한 미국의 금융 제재(2023.1) 여파로 콜로라도당은 금융권에서 선거 자금을 대출받지 못하였다. 극심한 자금난 외에도 마리오 압도 대통령이 대통령 후보 선출 전당 대회(2022.12) 이후에도 '원 팀'을 사실상 거부하였기 때문이다. 산티 페냐 후보는 카르테스 전 대통령이 집권 후 재무 장관으로 전격 발탁한 야권 출신이다. 따라서 당내 장악력이 약하다. 선거 기간 중 당을 대표하는 '간판 정치인(referente)'인 대통령(마리오 압도)의 아군 공격, 당 총재(카르테스 전 대통령)의 현장 지원 유세 없이 단기(單騎)로 출병하여 이루어낸 성과이다.

74 본서에 수록된 '파라과이와 미국' 참조.

야당은 페냐 대통령을 카르테스의 차명(prestanombre) 출마, 꼭두각시라고 격하하면서 페냐 후보의 약점을 파고들었다. 하지만 페냐 후보는 열성 당원들의 막판 결집을 이끌어냈다. 브라질의 여론조사기관에서 야권 단일화 후보가 2% 정도 앞선다고 발표함으로써 대선판이 크게 요동친 바 있다. 남미의 핑크 타이드가 완성되는 것은 시간 문제로 보였다. 특히 야권 단일화 후보가 대만 단교를 내세우면서 외신의 주목을 받았다. 페냐 후보는 야권 후보와의 양자 TV 토론을 거부하면서 콜로라도 당원들의 이탈을 막는 데 주력하였다. 대통령 선거의 최대 패배자는 콜로라도 당내에서는 마리오 압도 대통령이다. 원 팀을 거부하고 이적 행위로 해석되는 발언들을 공공연히 하였다. 이번 대선에서 패배하여야 당권을 장악할 수 있다는 계산이 깔려있었다. 또 한 명의 인물은 주파라과이 미국 대사이다. 미국이 대선을 불과 3개월 앞두고 카르테스 콜로라도당 총재에 대한 금융 제재를 발표하였다. 선거를 목전에 두고 대표(titular)를 교체하는 정당은 없다는 지극히 상식적인 사실을 외면(vista gorda)하고 강행한 것이다.

2위, 3위 득표한 후보들이 야권표를 분열시켰다. 3위 득표자(Paraguayo Cubas, 1962년생)는 기존 정당에 염증(hartazgo)을 느낀 유권자들의 표(voto bronca)를 파고들었다. 좌파 수장(루고 전 대통령)이 2위 득표한 후보를 '암묵적으로 지지하였으나(deja entrever apoyo)' 오히려 좌파의 분열만 더 가속화시킨 것으로 보인다. 특히 2위 득표자인 야권 후보(Efraín Alegre, 1963년생)는 이번이 세 번째 대선 도전이었는데 젊은 페냐 후보(44세에 당선)와 비교 시 구세대의 인물로 보였던 점도 패인이다.

산티 행정부의 예상되는 파라과이 대외 정책은 다음과 같다.

상대 국가	예상 정책	예상 변수
대 미국	• 친미 정책 유지 • 국제회의에서 미국 정부 입장 대변 • 대만 외교 관계 유지	미국 정부의 카르테스 전 대통령 송환(extradición) 요구
대 브라질	• 선린 관계 유지	이타이푸 Anexo C 협상 결과 불만족 시 반브라질 정서 조성
대 아르헨티나	• 선린 관계 유지	
대 베네수엘라	• 마두로 대통령과 외교 관계 복원	

산티 페냐 대통령은 경제학자로서 친기업정책을 펼칠 것이 확실하다. 무엇보다 공공 부문 투자를 통한 일자리 창출, 주택 보급을 통한 서민 생활 안정을 강하게 추진할 것으로 보인다.

분야	예상 정책	예상 위협 요인
일자리 창출	일자리 500,000개 창출 공약(500.000 Nuevos Empleos)	• 국가부채 증가 • 재정준칙 미준수 • 재정건전성 훼손
주택 보급	주택 금융 활성화 통한 자가 주택(Tu Casa Propia) 보급 확대 공약	

산티 페냐는 아순시온 카톨릭대(UCA) 경제학과를 졸업하고 미국(Columbia대학, NY, 공공행정학 석사)에서 공부를 계속하였다. 파라과이 중앙은행(BCP) 근무(2000~2009), 국제 통화 기금(FMI) 워싱톤 본부(2009~2012), BCP 이사(2012), 재무 장관(2015~2017), 카르테스 그룹 계열 은행(Banco Basa) 이사(2018~2022)로 근무하였다. 페냐는 야당(PLRA) 당적을 가지고 있었는데 장관직을 수행하면서 PLRA를 탈당한다. 카르테스 대통령은 대통령 연임금지조항 철폐 개헌을 시도하였으나 국민저항으로 포기한 바 있다(2017.4). 카르테스 대통령은 플랜 B로 페냐를 대통령 후보로 당내 경선에 출마시킨다. 하지만 페냐는 처음 도전한 당내 대통령 후보 경선(2017.12)에

서는 낙선한다. 페냐는 카르테스 계파 소속으로 원외에서 활동하면서 4년 간의 절치부심(切齒腐心) 끝에 당 대통령 후보가 되었다(2022.12). 페냐를 카르테스의 정치적 '후계자(delfín)'라고 부르는 배경이다. 25년 전 결혼한 부인과 사이에 1남 1녀를 두고 있다.

이타이푸댐 조약 "C"ANEXO C

이타이푸댐은 파라과이의 자부심이다. 그런데 이타이푸와 브라질을 연결하는 순간 이분법, 애국 대 매국만 남는 민감한 주제로 바뀐다.

2019년 5월, 파라과이-브라질 양국 정부는 파라과이가 향후 구매(기간: 2019~2022)하는 전기량에 대한 합의서[75]를 브라질리아에서 비밀리에 체결한 바 있다. 이 협상 내역이 같은 해 7월에 공개되는데 거센 국민적 반발로 마리오 압도 대통령(2018.8 취임)이 탄핵 직전까지 몰릴 정도였다[76]. 결국 브라질이 양국 합의서 백지화에 동의하여 급한 불은 일단 끌 수 있었다[77].

이타이푸댐은 1973년 브라질, 파라과이 양국 정부가 합의하여 파라나강에 건설한 세계 최대의 수력댐 중 하나이다. 1973년 체결한 이타이푸댐 조약의 세 번째 부속문서(Anexo C)는 전력 판매 등에 관한 기본 원칙을 정한 문서인데 50년 뒤(즉, 2023년)에 수정한다고 명기되어 있다.

브라질은 2023년부터 적용할 전력 단가를 공표하였는데(2022.12) 파라과이는 강하게 반발하였다. 금융비 감축분만큼 전력 원가 계산 시 해당 금

75 Acta Bilateral relativa a la contratación de potencia. www.odd.senado.gov.py 중 Archivos

76 Itaipú: cómo un acuerdo sobre la mayor planta hidroeléctrica del mundo tiene contra las cuerdas al gobierno de Paraguay, BBC News Mundo, 30 julio 2019

77 Paraguay anula el acuerdo energético con Brasil que amenazaba con hacer caer el gobierno, por Santi Carneri, EL PAIS, 1 agosto 2019

융비를 제외하겠다는 브라질의 논리는 100% 맞았다. 하지만 파라과이 협상안의 저변에는 과거사를 포함하여 함께 검토할 것을 요구하고 있었다. 양측은 2022년과 마찬가지로 양측에서 제시한 가격의 평균 단가를 2023년 단가로 적용하기로 합의하였다(2023.4.17).

전력 단가 협상 결과 (단위: USD/Kw per month)

	브라질 요구	파라과이 요구	합의 전력 단가
2021	-	-	22.60
2022	18.90	22.60	20.75
2023	12.67	20.75	16.71

이러한 이견은 향후 단가 책성 시마다 계속될 것이다.전력 요금이 비쌀수록 전력 소비자에게 불리한데도 파라과이가 고가를 요구하는 것은 고가일수록 '환급되는 금액'이 많기 때문이다.[78]

파라과이가 삼국 동맹 전쟁[79]에서 인구의 50% 이상(최소로 추정)이 사망하였는데 '브라질'의 무자비한 보복 때문이라고 파라과이에서는 해석하고 있다. 이런 역사적 비극이 이타이푸댐을 통하여 표출되는 듯하다.

78 본서에 수록된 '이타이푸댐 50년, 현재와 미래' 참조.
79 3국(브라질, 아르헨티나, 우루과이) 연합군 대 파라과이 간 전쟁(1864~1870)

메르코수르Mercosur

메르코수르 의장[80]은 6개월에 한 번씩 교체된다. 2023년 1월부터 6월까지는 아르헨티나, 이후는 브라질, 파라과이, 우루과이 순으로 6개월씩 맡는다.

메르코수르의 대내외 현안은 아래와 같다(2022.12 기준).

	현안	메르코수르 내부
대외 현안	EU, EU-메르코수르 FTA 비준 선행 조건으로 환경 파괴 중지 및 보호 대책 요구	• 브라질 전 대통령(보우소나루)은 EU 요구 거부. 브라질 신정권(2023.1)은 환경 보호로 정책 선회 • 아르헨티나, FTA 협상에 소극적 입장 견지(EU와 재협상은 가능 입장)
회원국 현안	우루과이, 메르코수르 단체 협상 원칙 '예외 적용' 요구 ① 우루과이, 중국과 FTA 단독 협상 진행 ② 우루과이, 환태평양 경제 동반자 협정[81] 가입 신청	• 회원국 3개국(브라질, 아르헨티나, 파라과이) 모두, 우루과이 단독 협상에 반대 • 단독 협상 강행 시 제재할 것을 예고함(2022.12)

메르코수르 회원국 간의 최대 현안은 우루과이의 '단체 협상' 원칙 예외 요구로 인한 파장이다. 브라질 보우소나루 전 대통령 집권 시는 우루과이 입장을 지지하였으나 브라질 정권 교체(2023.1)로 우루과이는 '나 홀로'가 되었다. 결국 우루과이가 단독 협상을 포기할 수밖에 없을 것으로 보인다. 협상 상대방(중국 등)으로서는 우루과이를 얻고자 브라질, 아르헨티나와 불편한 관계를 만들 필요가 없기 때문이다.

한편 아르헨티나는 2019년 이후 초지일관 FTA 반대 입장이다. 아르헨티나는 5년 이상 지속되는 경기침체로 고전하고 있다. 아르헨티나의 최우

80 Presidencia pro tempore

81 Tratado Integral y Progresista de Asociación Transpacífico, 영어로는 CPTPP, Comprehensive and Progressive Agreement for Trans-Pacific Partnership.

선 과제는 ①연 100%에 육박하는 물가를 최대한 억제하는 것, ②중앙은행의 외환 보유고를 최대한 유지하는 것, ③고용 안정이다. 아르헨티나 산업구조, 산업별 경쟁력으로 판단 시 시장 개방은 '득(得)보다 실(失)이 많다'라는 냉정한 분석을 하고 있기 때문이다.[82]

파라과이는 대만 수교국이다. 우루과이가 추진하는 중국과의 FTA를 환영할 수 없다. EU와의 FTA도 찬성은 하지만 체결 효과가 크지 않을 것으로 보고 있다. 파라과이 대두박의 20%는 EU로 수출되고 있지만, 파라과이 대두 가공 능력[83]이 제한되어 있어 큰 폭의 성장이 쉽지 않으며, 소고기도 소량의 수출 쿼터만 가지고 있다. 무엇보다 메르코수르 4개국 수출 주력 품목이 서로 겹쳐 FTA(TLC, Tratado de Libre Comercio)가 파라과이에게는 큰 혜택이 없는 것이다.

파라과이 대 우루과이 '대 중국 교역' 비교

항목	파라과이	우루과이
대 중국 수출 비중(%)[84]	0	27
대 중국 수입 비중(%)[85]	30	18

82 본서에 수록된 '메르코수르 현재와 미래' 참조.

83 대두 가공 능력 4.2백만 톤/연. 2020/21 경우 2.8백만 톤 가공하여 87%(수출), 13%(내수)용으로 사용.

84 2021년 1월~12월 기준이다.

85 2021년 1월~12월 기준이다.

공공조달 사업Contratación Pública

파라과이는 2013년에 민관합작사업(PPP)법을 도입하고[86] 현재까지 2번 입찰을 공고하여 그중 하나(2번 및 7번 국도 확장)는 계약[87]하였다. 반대로 나머지 한 건은 입찰 취소되었다. 2016년 공고되었던 '공항 현대화 및 30년 운영' 입찰이었는데[88] 당시 3개 회사가 응찰하였다. 하지만, 1차 기술 심사에서 탈락한 우루과이 업체의 반발로 모든 절차가 중지되었다. 마리오 압도 당시 대통령 후보는 공항 사업은 취소되어야 한다고 발언하였으며[89] 결국 2018년 입찰을 취소시켰다[90].

또한 파라과이의 대외 신인도를 결정적으로 떨어뜨리는 사건이 발생한다. 아순시온시 버스 전용 차선 사업(Metrobús)이 공사 기간 중 계약이 취소된 것이다(2018.12). 시공 회사(포르투갈 업체[91])측은 당연히 국제중재를 신청하였으며, 정부는 선급금환급보증서[92] 몰수를 2020년 12월에 단행하였다[93].

86 Ley N º 5102/PROMOCION DE LA INVERSION EN INFRAESTRUCTURA PUBLICA Y AMPLIACION Y MEJORAMIENTO DE LOS BIENES Y SERVICIOS A CARGO DEL ESTADO(Fecha de Promulgación: 01-11-2013)

87 Ampliación y Duplicación de las Rutas Nacionales 2 Y 7, Tramo Ypacaraí-Coronel Oviedo(Ruta 2) Y Coronel Oviedo-km 183(Ruta 7). 5.07억 불 규모이다.

88 LLAMADO M.O.P.C. N º 206/2015 PROYECTO DE MODERNIZACIÓN DEL AEROPUERTO INTERNACIONAL SILVIO PETTIROSSI ASUNCIÓN-PARAGUAY. PROYECTO DE MODERNIZACIÓN DEL AISP BAJO LA MODALIDAD APP.

89 Para Abdo Benítez, la APP Aeropuerto tiene que ser cancelada, ULTIMA HORA, 22 de diciembre de 2017

90 MOPC cancela la APP del Aeropuerto y Dinac anuncia una nueva licitación, ULTIMA HORA, 29 de agosto de 2018

91 Mota Engil

92 garantía de anticipo

93 Estado recupera USD 5,7 millones en caso Metrobús de Mota-Engil, ULTIMA HORA, 31 de diciembre de 2020

수도 공항, 버스 전용 차선과 같은 인프라 사업은 국가 발전과 국민 복지에 직접적인 영향을 주는 사업으로 계획수립에서 실행까지 최소 십여 년 이상 소요된다. 인프라 발전의 중요성을 앞장서서 설명하여야 하는 대통령이 오히려 취소시킨 것은 이해되지 않는다. 저자 판단으로는 '전(前) 정권의 대형 사업 치적 지우기'의 일환이라고 보인다. 물론 공사 기간 중 제기된 민원에 대한 정치적 결정이라고 포장되어 있다. 아순시온이 한 단계 도약할 수 있는 기회를 놓쳤다. 마리오 압도 대통령(2018.8~2023.8) 재임 중 PQ(입찰참가자격 사전심사) 1건만 임기 말에(2023.2) 겨우 공고되었다.

파라과이 정부의 대형 인프라 사업재원은 다자 개발은행과 및 국채 발행에 의존한다. 인프라 사업에 대출을 제공하겠다는 은행이 많아도 파라과이가 수용하지 않는 것은 정부조달규정과도 관련이 있다. 특정 국가가 구속성 자금(영어로 'Tied loan'[94])을 파라과이에 제공하는 조건으로 특정 국가의 제품을 구매하라고 요청하면 파라과이는 거부한다. 국가가 계약자가 되는 모든 법(공공조달법[95], PPP법, 민자사업법 등)이 '공개 입찰' 원칙을 규정하고 있어 구속성 자금을 받아서 사업을 할 수 없는 것이다. 공공조달법이 극히 예외적으로 수의계약(隨意契約)[96]을 허용하는 경우[97]가 있으나 대형 사업에는 해당되지 않는다.

한편, 파라과이 조달본부(DNCP)[98] 홈페이지는 입찰에서 계약까지의 제 정보를 투명하게 제공하고 있다. 그럼에도 파라과이 공공조달에 대한 시비는 계속되고 있다. 가장 크게 문제가 되는 것은 ①입찰 전(前) 단계에서는,

94 préstamo condicionado(atado, vinculado)

95 Ley N° 2051/DE CONTRATACIONES PUBLICAS, Fecha de Promulgación: 21-01-2003

96 contratación directa

97 소액 구매, 공급원이 독점인 경우, 인간문화재 서비스용역, 또는 전쟁 시 방산물자 구매 등으로 한정하고 있다.

98 La Dirección Nacional de Contrataciones Públicas(DNCP)

'입찰 조건 사전 조율'이 지목받고 있다. 예로 보건부가 특정 의료기 업체와 사양을 합의하고 (이른바, 'Spec In') 입찰공고를 DNCP에 의뢰하는 경우이다. 또는 ②입찰 심사 과정에서는, 평가 점수 조정이다. 평가 점수 기준표가 존재하지만, 심사위원들이 특정 기업을 밀어주는 경우 또는 경쟁기업을 박하게 점수 주는 경우이다. 예로 건설부 심사평가위원들이 특정 응찰자를 지원하는 경우이다. DNCP는 입찰 점수 평가를 하지 않는다. 즉, 겉으로는 '투명'하나, 이면에는 '유착'으로 공정한 경쟁을 막는 비관세 장벽[99]이다. 참고로 세계 무역 기구(WTO)[100]의 정부조달협정[101]에 가입한 남미 국가는 아직 없다. 메르코수르 국가들은 공공조달시장 개방 시 자국 특정 산업의 몰락 가능성을 크게 우려하고 있다.

차기 정권(2023.8)에서 재정준칙 준수(즉, 인프라 사업의 축소를 의미함) 및 인프라 사업 확장(재정준칙 미준수)이라는 모순되는 과제를 어떻게 추진할지가 공공조달 관련자들의 최대 관심사이다. 현실적 대안으로 '공급자금융[102] 사업 활성화'가 가장 가능성이 높다. 공급자가 자기 비용으로 재화(Bienes)와 용역(Servicios)을 공급하고 정해진 조건에 따라서 공급한 비용을 장기간에 걸쳐 회수하는 것을 말한다. 가장 대표적인 것이 '야베 엔 마노(llave en mano[103])', 리스(leasing) 방식이 있다. 참고로 사업 이행 후 만기까지 대금지급을 기다리지 않고 금융 기관에 채권을 할인 매각하는 팩토링[104] 방식도 많이 활용되고 있다.

99 Barreras no arancelarias

100 Organización Mundial del Comercio(OMC)

101 El Acuerdo sobre Contratación Pública(ACP de 2012)

102 Crédito de proveedores

103 영어 Turn key로 직역되었다. 시공 비용은 공급자가 전액 부담한다. 준공 이후 합의된 조건에 의거하여 대금을 지급 받는다.

104 factoring sin recurso(무소구 팩토링), con recurso(소구 가능)

스트로에스네르 전 대통령Stronismo

11월 3일은 지지 세력에게는 행복한 날(Fecha Feliz) 그리고 동시에 반대 세력에게는 불행한 날(Fecha Infeliz)로 불린다[105]. 35년을 철권 통치한 스트로에스네르 대통령 생일이 바로 그날이다.

스트로에스네르 대통령[106]은 경제 발전[107] 대 빈부 격차 심화, 공산주의 퇴치 대 인권 유린 등 지지자와 반대자 간의 평가도 극과 극으로 상반된다. 그는 35년 집권 기간 내내 비상사태[108]를 유지하면서 공포 정치를 하였다. 1989년 발생한 제2인자의 쿠데타로 물러나서 타국(브라질)에서 2006년생을 마친 카우디요(Caudillo)[109]이다.

특히 1970년대에 남미 군사 정권들은 연합하여 좌파, 공산당, 노동운동, 학생 운동을 무자비하게 탄압하였는데[110] 파라과이 또한 12만 명 이상의 직간접 피해자가 발생하였다는 점에서 비극적인 인권 말살과 유린의 역사이다[111].

105 La "fecha feliz", el ritual exaltaba la figura de Stroessner, ULTIMA HORA, 03 de noviembre de 2016

106 Stronismo 스트로에스네르 통치 이념, Stronato 스트로에스네르 통치 시대 등을 의미한다.

107 Milagro ecónomico paraguayo로 불린다.

108 Estado de sitio

109 군벌(군과 정치를 장악한 인물)로 해석된다. 스페인의 Franco 총통(1892~1975)이 대표적인 인물이다. 현대적 의미는 '정파 지도자', '카리스마 지도자'.

110 Operación Cóndor 또는 Plan Cóndor이라고 한다 . 1975년 브라질, 아르헨티나, 칠레, 우루과이, 파라과이, 볼리비아 군정이 참여한다.

111 파라과이 진실·정의 위원회(CVJ)는 스트로에스네르 대통령 집권 35년간(1954~1989) 구금 119,175명, 고문 18,722명, 저형 348명, 실종 2,016명, 망명 20,181명 등 총 128,076명을 직간접 피해자로 발표(Informe Final, p.31).

스트로에스네르는 집권 5년차 해인 1959년 콜로라도당에 대한 두 번째 숙청을 통하여 당을 완전히 장악한다. 당-군-행정부를 중심으로 국가를 운영한다. 입법부, 사법부는 당의 하부 기관이었다. 콜로라도 당원 증가를 보면 당시 상황이 쉽게 이해된다.[112] 1986년에는 국민 3명 중 1명이 당원이었다.

콜로라도 당원 증가 및 경제 성장률 (단위: 명, %)

	1957	1962	1975	1980	1984	1986
인구[113]	1,761,448	2,006,670	2,791,241	3,181,625	3,571,272	3,783,074
당원수[114]	200,000	437,000	819,600	1,019,000	1,234,000	1,334,000
경제 성장률[115]	-	3.3	6.85	11.7	2.8	4.9

스트로에스네르 정권의 경제 분야 최대치적 중 하나는 이타이푸댐 건설 등 국가 인프라 확장이다. 내륙 국가의 한계를 극복하고자 추진한 동진 정책(東進政策, Marcha hacia el Este)의 산물인 시우다드델에스테(Ciudad del Este, '동부의 도시')라는 도시를 세워서 제2의 도시로 성장시켰다. 시우다드델에스테는 '스트로에스네르 대통령 항구 도시'[116]라고 불리다 현재의 이름으로 바뀌었다. 물론 인프라 건설 및 사업 허가권을 정권 지지 세력 위주로 분배하여 독재 정권 유지 수단으로 활용하였다는 비판 또한 존재한다.

112 Partido Colorado, La maxima organización mafioso, Anival Miranda, Miranda & Asociados, 2002, p.25

113 www.worldmeters.info에서 인용.

114 Partido Colorado, La maxima organización mafioso, Anival Miranda, Miranda & Asociados, 2002, p.26

115 세계은행(Banco Mundial)

116 Ciudad Puerto Presidente Stroessner

소모사 전 대통령이 폭사한 자동차(파라과이 정부 보관 사진을 재촬영, 2023.1)

1965년 개통한 친선 대교(Puente de la Amistad) 건너편은 브라질 이구아수 시(Foz de Iguazú)이다. 다리 하나를 사이에 두고 환율, 가격, 세금 구조가 다르면서 국경 무역이 번창한 것이다. '통합 대교(Puente de la Integración)'로 명명된 양 도시 간의 두 번째 교량도 2022년 발에 완공되었다.

스트로에스네르 정권의 통치 방법이 니카라과 독재자 소모사 가문(아버지, 아들 형제, 총 3명의 장기 집권)[117]의 독재 통치와 가장 유사하다고 비교된다[118]. 그러한 이유인지 소모사 대통령은 1979년 실각하면서 파라과이로 망명한다. 파라과이 진실·정의 위원회(CVJ)에서 발간한 결과보고서에 따르면 니카라과 소모사 전 대통령은 망명 직후 토지를 불법으로 불하받은 기록도

117 아버지 Anastasio Somoza García 대통령(1937~1947, 1950~1956), 아들 Luis Somoza Debayle 대통령(1956~1963), 동생 Anastasio Somoza Debayle(1974~1979)까지 3명이 1937년부터 1979년까지 집권한다.

118 Partido Colorado, La maxima organización mafioso, Anival Miranda, Miranda & Asociados, 2002, p.224

존재한다[119]. 소모사 대통령은 1980년 9월에 아순시온에서 차량 이동 중 로켓포를 맞고 현장에서 즉사한다. 당시 스트로에스네르 대통령은 아순시온 시를 가가호호 수색을 하였지만 6명 중 1명만 체포하는 데 그쳤다. 이 사건은 스트로에스네르 대통령 철권정치가 타격을 받은 사건 중 하나로 기록된다[120][121].

토지Tierra

파라과이에서 앞으로도 토지는 오랜 기간 정치·사회 분야의 이슈가 될 것이다. 그중에서도 스트로에스네르 대통령 시절(1954~1989) 군 장성에 불하된 토지가 문제가 되고 있다. 지난 2003년부터 활동을 시작한 진실·정의 위원회[122]는 군사 정권이 들어선 1954년부터 2003년까지의 과거사를 규명하였다.

2004년부터 4년간의 노력 끝에 방대한 보고서를 발표하였는데 그중 제4권이 토지 불하[123]에 관한 것이었다. 위원회가 문제 삼은 것은 군인은 불하 신청 자격이 없었다는 점이다. 그런데 토지 불하 이후 거래를 통하여 주인이 여러 번 바뀐 사례가 2008년 보고서에 이미 포함되어 있어 과거사 청산이 쉽지 않을 것을 예견하고 있었다.

119 1980년 2월 파라과이 정부로부터 토지 8천 헥타르(약 2천 4백만 평)를 불하받았다. Informe Final de la CVJ, Tome IV, p.39

120 Se cumple 40 años del atentado a Somoza que golpeó dictadura de Stroessner, ULTIMA HORA, 16 de septiembre de 2020

121 본서에 수록된 '스트로에스네르와 현대사' 참조.

122 Comisión de Verdad y Justicia

123 Tomo IV, Tierras Mal Habidas, Informe Final, Comisión de Verdad y Justicia, 2008

2008년 이후 정부에서 (잘못 불하된 토지에 대한 회수 목적으로) 제소한 33건 재판이 진행되었으나 모두 원고(파라과이 정부)가 패소하였다. 오히려 소송 비용 2천 4백만 불을 정부가 부담하게 되었다[124]. 과거사 청산이 얼마나 어려운지 보여 주는 경우이다. 현 마리오 압도 대통령의 아버지는 스트로에스네르 전 대통령의 비서 출신이다[125]. 대통령은 아버지가 불법 토지 불하 명단에 포함되어 정치적인 공격을 받고 있다.

2020년 파라과이 상원은 동부 Curuguaty 자연 보호 지역 내에 땅 중 약 2.4백만 평을 떼어내어 원주민 130여 가구에게 정착지를 제공하는 토지몰수법(Ley de expropiación de Marina Cué)을 통과시켰다. 이 지역에서 지난 2012년 6월 사유지를 점거한 원주민을 퇴거하는 과정에서 17명(원주민 11명, 경찰 6명)이 사망하는 안타까운 사건이 발생하였다. 탄핵으로 물러난 루고 대통령(2008~2012)의 탄핵 사유 중 하나가 된 내사선이다[126]. 사건 발생 직후 사유지 주인이 땅을 헌납하여 자연 보호 지역이 된 지역이다. 상원에서 법이 통과하자 축산 목장주들의 이익 단체(ARP)에서 강하게 반발하였다. 그렇지 않아도 원주민의 사유지 무단 점거가 여러 곳에서 발생하고 있는데 법으로 무단 점거를 인정하는 선례를 만들면 재산권 보호가 무너진다는 주장이 대두되었다[127]. NGO 단체에서도 자연 보호 지역 훼손이 된다는 사유로 역시 반대하였다.

124 Tierras malhabidas: El Estado perdió 33 juicios y adeuda USD 24 millones, ULTIMA HORA(02 de noviembre de 2020)

125 Mario Abdo Benítez, 스트로에스네르 대통령의 Secretario Privado이었음. 2건 총 2,906헥타르를 불하받았다.

126 Matanza de Curuguaty라고 칭함. 파라과이 대법원은 4~30년 징역형을 선고받은 원주민 11명에 대하여 파기 환송함. 전원 석방되었다(2018.7).

127 Marina Cué: "Será un nefasto antecedente", dicen gremios de la producción, GACETA GUAIREÑA, 28 diciembre, 2020

결국 2021년 1월, 대통령은 토지몰수법을 비토(거부)하였다. 자연훼손 방지법(Ley de deforestación cero)과 저촉이 된다는 것이 비토권 행사 사유이다[128]. 대통령은 관련 기관에 다른 대체 지역 수배를 지시하였다[129]. 원주민 주거지 문제 해결은 쉽지 않다. 일자리가 같이 만들어져야 생계 문제가 완성되기 때문이다. 결국 일자리를 찾아 주거지를 떠나 도시 최하층으로 유입되거나 다시 대농장을 찾는 안타까운 일이 반복된다. 현대판 라티푼디오[130](최저 임금에 기반한 대농장 제도)가 아직도 존재하는 배경이다.

석유Petroléo

지난 2011년 베네수엘라 국영 석유 공사(PDVSA)는 2.7억 불에 상당하는 석유를 파라과이에 판매하였다. 2004년 양국이 체결한 합의서에 의거한 것으로 판매 조건은 2년 유예 후 15년간 상환 조건이었다[131].

베네수엘라 차베스(Chavez) 대통령 사후(死後) 대통령을 승계한 마두로 정권(2013~현재)의 인권 문제가 국제 사회의 큰 문제가 되었을 때 파라과이는 반(反)마두로 입장을 고수하였다. 그러자 2016년 베네수엘라는 석유 판매 대금 조기 상환을 요구하며 파라과이를 압박하기 시작하였다. 파라과이는 베네수엘라가 우루과이, 도미니카 공화국[132]에 원금 50% 정도를 탕감

128 상원과 하원은 대통령 비토권을 수용하였다. 법안은 자동 폐기되었다(2021.4).

129 Poder Ejecutivo vetó totalmente Ley sobre tierras de Marina Cué. www.indert.gov.py, 13 de enero de 2021

130 Latifundio

131 Ley N° 2616/APRUEBA EL ACUERDO DE COOPERACION ENERGETICA DE CARACAS ENTRE EL GOBIERNO DEL PARAGUAY Y EL GOBIERNO DE LA REPUBLICA BOLIVARIANA DE VENEZUELA(Fecha de Promulgación: 17-06-2005)

132 República Dominicana

하였으니 파라과이에게도 원금 50%를 공평하게 탕감해 달라고 역제안하였다[133]. 그러자 베네수엘라는 우파가 집권한 파라과이의 50% 탕감 요구를 거부하면서 파리에 소재한 국제 상업 회의소(ICC)에 중재를 신청하였다(2016).

그런데 예상치 못하게 '한 나라에 2명의 대통령'이 생기는 사태가 발생한다.

2019년 1월, 후안 과이도(Juan Guaidó) 임시 대통령[134]이 취임을 하자 미국, EU, 브라질, 파라과이 등 50여 개국이 과이도 임시 대통령을 유일한 합법적인 대통령으로 인정한 것이다.

2019년 3월, 파리 국제 상업 회의소는 '과이도 임시 대통령만을 합법 대통령'으로서 인정하면서 베네수엘라-파라과이 간 중재건 심의를 중지 결정을 한다[135]. 이후부터 베네수엘라 정부와 임시 대통령(야당)은 베네수엘라 해외자산의 소유권을 놓고 법정 다툼을 시작한다.

영국의 경우, 베네수엘라 정부가 영국 중앙은행(Bank of England)에 예치한 10.2억 불 규모 금(Oro)을 놓고 2020년 열린 1심은 과이도 임시 대통령의 손을 들어주었으나[136], 2심은 과이도 임시 대통령 합법성 검토가 필요하다며 1심 결과를 무효화시켰다[137]. 2022년 7월 영국대법원은 과이도 임시

133 Petropar insiste en cancelar la deuda con PDVSA este año, con quita del 50%, IP, 8 de junio de 2016, (www.ip.gov.py)

134 Presidente interino

135 PETROPAR–PDVSA, Tribunal Arbitral reconoce autoridades disignadas por Guaidó y suspende temporalment el proceso, 26 de marzo de 2019, (www.petropar.gov.py)

136 Oro de Venezuela: por qué el Banco de Inglaterra retiene 31 toneladas de lingotes del país sudamericano(y cuál es la pelea política y judicial que genera), por Mar Pichel, BBC News Mundo, 18 de Junio 2020

137 Oro de Venezuela en Inglaterra: un tribunal británico annual el fallo que le daba acceso a Guaidó a los lingotes depositados en Reino Unido, BBC News Mundo, 5 de Octubre 2020

대통령에게 자산을 관리할 권한이 있다고 판결을 내렸다. 한편, 후안 과이도 임시 대통령은 2019년 11월에는 파라과이 채권 원금을 50% 탕감하는 조건으로 상환을 요구하였으나 파라과이에서 거절한 바 있다.

2023년에 들어서면서 후안 과이도 임시 대통령이 교체되었다(2023.1.5). 미국 정부의 전폭적인 지원을 받고도 4년간 뚜렷한 성과를 내지 못하자 야권 내에서 지도자를 교체한 것이다('재야 의회(IV Legislatura de la Asamblea Nacional de Venezuela)' 투표 결과: 교체 찬성 72명, 교체 반대 29명, 기권 8명). 야권, 즉 '재야 의회(IV Legislatura de la Asamblea Nacional de Venezuela)'가 새로운 지도자(의회 의장)로 스페인에서 망명 중인 여성 정치인 디노라 피게라[138](1961년생)를 선출하면서 역시 망명 중인 제1부의장, 제2부의장도 함께 선출하였다. 야당(임시 대통령 측)은 해외에 있는 베네수엘라 자산을 자신들이 관리하는 것이 중요하다고 하는데 국민들 입장에서 보면 '밥그릇 싸움'으로 보일 가능성이 높다. 한편 콜롬비아-베네수엘라는 외교 관계를 복원하고 닫혔던 국경(육로로 연결되어 있음)을 7년 만에 열었다(2022.9). 콜롬비아 좌파 대통령(구스타보 페트로)의 예상된 수순이었다. 브라질(룰라 대통령)도 마두로 대통령을 인정하였다(2023.1). 유가동향이 변수이지만 브라질, 콜롬비아가 친 마두로 정책을 취할수록 미국의 베네수엘라 압박 전략은 실패로 끝날 확률이 높다.

마두로 대통령은 유가가 오를수록 미국과 협상이 용이해지는 구조이다. 하지만 유가 상승이 물가 상승을 촉발하면 마두로를 지지하는 일반서민들이 반 마두로 세력으로 돌변할 가능성이 높다.

파라과이는 산유국이 아니다. 석유가 차코(Chaco) 지역에 매장되어 있을 것이라고 1900년대 초부터 믿어왔다. 차코 전쟁(1932~1935) 이후에도 여러 회사[139]가 현재까지도 석유를 발견하기 위하여 노력하였으나 아직까

138 Dinorah Figuera(소속 정당은 Partido Primero Justicia)

139 Union Oil Company(1944~1949), Pure Oil Company(1957~1959), Placid Oil Co(1967~1968) 등. 파라과이 Vice Ministerio de Minias y Energía가 주무부처이다. www.

지 상업 생산으로 연결된 탐사는 없었다. 정부 발표에 의하며 현재까지 총 52개 시추작업에서 가스가 발견된 곳은 1개뿐이다(2022.9).

2022년 9월, 차코에서 원유 탐사 중인 프랑스기업[140]이 20여 년간 생산이 가능한 150백만 배럴이 매장된 것을 발견하였다고 밝혔다. 2024년까지 4개를 시추할 예정으로 최대 800백만 불을 투자하겠다는 계획을 공개하였다. 좀 더 시간을 가지고 지켜보아야겠지만 자원탐사는 투자자들을 달래고 추가 투자를 받기 위하여 추정 매장량을 발표하는 경우도 있다. 볼리비아 접경으로 최대한 접근하여 탐사하면 차코에서 원유(천연가스)가 발견될 가능성이 높다. 하지만 '외교분쟁'으로 이어진다. 가이아나(Guyana)와 베네수엘라 사이의 해상에서 발견된 엑손모빌사의 원유(2015) 발견이 가장 최근의 유사한 사례이다.

한편, 차코 지역에서 원유[141]가 발견되는 경우 정유[142] 방법은 ①볼리비아로 운송(Villamonte 지역), ②파라과이 정유공장 재가동, 또는 ③차코 지역에 정유공장 신설이 있다. 차코 지역(Loma Plata)에 정유공장을 새로 건설하는 경우, 9번 국도를 통하여 내수 시장, 15번 국도를 이용하여 칠레로 수출이 가능할 것이다.

에너지 회사들이 가이아나에 처음 진출한 것은 1940년이다. 75년이 지나서 상업성 유전이 발견되었다. 그런데 가이아나는 오일 메이저회사들이 과거부터 탐사에 적극적으로 참여하였다. 파라과이 탐사에 참여한 회사들은 규모에서 작은 편으로 분류된다.

ssme.gov.py. 국영 기업(Petropar) 및 국내외 민간 기업 7개 사가 광구개발 중. 3개 회사는 개발 허가 신청 중이다(2023.3 현재).

140 Riviera S.A.

141 Petróleo Crudo

142 refino del crudo 또는 refinación del petróleo

파라과이를 포함한 메르코수르의 곡물 산업을 분석하면 글로벌 메이저가 지배하고 있다. 전통의 ABCD(ADM, Bunge, Cargill, Louis-Dreyfus) 외에도 Glencore, 중국의 COFCO(中糧集團), 일본의 종합상사 마루베니(丸紅), 미쓰이(三井) 등 주요 메이저(major)가 메르코수르에서 활동하고 있다. 이들의 강점은 자금력과 글로벌 밸류체인이다.

수매(originación), 보관(acopio), 가공, 운송, 판매까지는 물론 생산에 필요한 현물성 자금 지원까지 포함하는 제 과정을 직접 통제하고 있다. 곡물 가격이 급등한 2010년대 중반부터 중국 COFCO는 싱가포르에 상장된 Noble 및 남미에서 오랜 기간 곡물 사업을 하던 네덜란드의 Nidera 인수를 통하여 대형화에 성공하였다. 일본 종합상사 또한 미국 Gavilon 및 브라질 Multigrain 인수를 통하여 몸집을 키웠다.

식량 주권 확보를 위한 국부펀드, 정부 기관의 투자는 계속되고 있다. 2020년 11월 아부다비 에미레이트 정부가 보유한 ADQ 사는 메이저 LDC(Louis-Dreyfus Company)의 지분 45%를 비간접 방식으로 인수를 하면서 곡물 장기 공급 계약도 함께 체결하였다[143]. 2020년 4월에는 일본 전농(全農)은 메이저인 Bunge의 미국 곡물 엘리베이터 35개를 인수하기로 합의하였다[144]. 지난 2015년 일본 무역 보험(NEXI)는 일본 정부 요청 시 곡물을 공급한다는 조건으로 아르헨티나 곡물 기업인 CAGSA에 1억 불 상당의 수출보험 한도를 지원한 바 있다[145]. 파라과이 1위 소고기 업체 Athena

143 ADQ enters agreement to acquire stake in Louis Dreyfus Company, ADQ 홈페이지 2020.11.11. LDC는 파라과이에서는 CAIASA(Complejo Agro Industrial Angostura S.A.)라는 대두 가공 공장의 지분 33%를 보유하고 있다.

144 Bunge to sell 35 U.S. grain elevators to Zen-Noh Grain, by Karl Plume, REUTERS, April 21, 2020, 매각 완료(2021.7).

145 Argentina/Loan Insurance for CAGSA Long-term Financing, Septermber 24, 2015, Nippon Export and Investment Insurance

Foods를 소유한 Minerva Foods의 1대 주주는 사우디아라비아 국부펀드(PIF, Public Investment Fund)이다[146].

카타르 국부펀드(Qatar Investment Authority) 공급망 구축 현황

품목	지분 투자 회사	비고
곡물 외	Glencore	• 국부펀드 자회사(Hässad Food, Qatar Holding LLC) 통한 지배. Qatar Holding LLC는 Glencore의 최대주주이다. • Tiryaki Agro Group(Turquía)와 MOU 체결
곡물	Sunrise Foods International(Canadá,Turquía), AAAID(중동 6개국)	
육류	Paraway Pastrol Co. (Australia), ACOLID(중동 6개국)	
가금류	A'saffa Foods(Oman)	

중국의 일대일로(一帶一路)는 남미에서는 자원 및 식량 안보(seguridad alimentaria) 전략에 집중한다. 글로벌 자원과 곡물 기업 모두 대형화되었고 앞으로도 그럴 것이다. 한국 정부도 '한국판 카길'을 추진하다 실패한 사례[147]가 있다. 식량안보 문제를 기업에만 맡겨놓으면 쉽게 달성이 될 것 같지 않다. 정부, 기업 다 함께 검토해 볼 시점이다.

146 사우디아라비아 국부펀드가 소유한 Salic(Saudi Agricultural and Livestock Investment Company)은 Salic UK를 설립하여 브라질 Minerva Foods의 대주주가 되었다. Salic 홈페이지(www.salic.com) 및 Minerva Foods(www.minervafoods.com) 참고.

147 '한국판 카길 계획'의 교훈, 송창섭·이코노미 조선 기자, 2013.11.1
일본의 해외농업개발사례, 김용택, 한국농촌경제연구원(2008)

한편 '곡물 M&A는 인수 전(前) 실사 과정[148] 단계에서는 잠재 부실(defecto latente)'을 밝혀내기 어렵다. 일본, 중국 기업들이 곡물 사업을 육성하는 과정에서 비싼 수업료를 낸 경우가 대부분 'M&A 인수 이후 잠재 부실이 발견'된 것에 해당된다. 일본의 경우는 농장 진출 실패를 포함하여 1960년대부터 밸류체인 구성 과정에서 다양한 시행착오를 하였다. 곡물 후발주자들은 일본이 완성한 최적화된 비즈니스 모델을 벤치마킹할 필요가 있다.

EPP 파라과이 인민군

EPP[149]라는 단체는 "파라과이 인민군"으로 번역된다. 파라과이 정부는 '금전을 목적으로 납치, 살인하는 범죄 집단'으로 규정하고 있다.

파라과이는 스트로에스네르 대통령 정권(1954년 집권)이 붕괴된 1989년을 민주화 원년으로 보고 있다. 독재 정권 시절에는 남미 여러 나라처럼 파라과이에도 게릴라 조직이 있었다[150]. 하지만, EPP라는 조직은 민주화 이후인 1992년[151]경 만들어졌다. 1997년, 혁명 자금을 마련 목적으로 은행까지 연결되는 터널을 파다가 미수[152]로 잡히면서 3년 만기 복역 출소하였다. 이후 2001년부터 인질을 담보로 몸값을 받아내기 시작하여[153] 현재까지(2020년 기준) 총 135회 습격/강도, 15회 납치, 67명 살인을 자행한 것으로

148 diligencia debida, 영어 due diligence
149 Ejército del Pueblo Paraguayo
150 1960년대 활동하였던 조직으로 FULNA(Frente Unido de Liberación Nacional) 및 M-14(Movimiento 14 de Mayo para la Liberación de Paraguay) 등이 있다. La Resistencia Armada a la dictadura de Stroessner, NOVALPOLIS, Edición No. 8, Agosto de 2004
151 EPP라는 명칭은 2008년부터 사용하였다.
152 은행이 소재한 지명(Choré)에서 유래되어 "Choré의 도둑 떼(Banda de Choré)"라고 한다.
153 EPP, HISTORIA NO AUTORIZADA, por Andrés Colmán Gutiérrez, Editorial Servilibro, 2020

추정된다[154].

EPP는 유명 가문의 가족을 납치, 살해로 2000년대 초 유명해졌다. 지난 2020년 9월 9일에 발생한 오스카르 데니스 전 부통령[155] 납치 사건은 전 세계 언론에 보도되었다. 전직 부통령이 납치되는 경우가 쉽게 상상이 되지 않았기 때문이다. 전직 부통령은 은퇴하고 농장에서 생활하는 당시 74세의 노인이었다. 무방비상태에서 보복성 납치를 당한 것이다. 2023년 4월 현재까지도 전직 부통령의 생사를 파악하지 못하고 있다.

그동안 군경합동군의 계속된 토벌로 조직원이 거의 죽거나 체포되어 현재는 10여 명 선이라고 당국은 추정하고 있다. 2020년 언론 기사를[156] 보면 최대 100여 명까지 추정하기도 한다.[157]

154 EL EPP: Un proyecto de guerrilla que se convirtió en banda criminal, ULTIMA HORA, 21 de noviembre de 2020

155 Óscar Denis, 1946년생, 부통령 재임 기간: 2012~2013.

156 Por qué Paraguay no ha logrado derrotar al EPP, el grupo guerrillero que mantiene secuestrado a un expresidente. Veronica Smink, BBC News Mundo, 17 setiembre 2020

157 본서에 수록된 'EPP 30년' 참고.

경제 전망Prospectivas económicas

파라과이 경제를 전망할 때 가장 중요한 요소는 다음과 같다.

항목(무순)	파라과이 내 변수(무순)
농축산물 생산량	• 가뭄 • 물류비 • 국제 가격(유가, 중국 수요, 미·브라질 생산예측분)
공공지출 규모[158] (인프라, 의료, 교육)	• 해당 연도 재정준칙 관리 목표
국경 무역 도시	• 브라질 헤알화(Real) 환율 동향
브라질 경기	• 마킬라[159] 수출 증감 여부 • 국경 무역 매출 증감 여부
건축 경기	• 아르헨티나 자본 유입 여부

위의 주요한 변수를 감안 시 2023년 소폭 성장할 것으로 예상된다. 경기 예측시 사용하는 전통의 지표(국제수지(balanza de pagos), 무역수지, 금리, 물가 상승률, 외환 보유고[160], 환율, 근원인플레이션(inflación subyacente), 소비자물자지수(Índice de precios al consumidor) 등)와 지정학적 변수(브라질 신정부의 국유화 철회 등)는 당연히 고려한다.

158 국가 예산(PGN, Presupuesto General de la Nación)의 '500'번으로 구분되는 투자 예산(Inversión Física)을 의미.

159 Maquila('가공, 조립')라는 파라과이 수출 진흥 제도. 수입산 60%, 파라과이 내 40% 부가가치 창출하여 외국 수출 시 세금 혜택 부여한다. Ley N으 1064/DE LA INDUSTRIA MAQUILADORA DE EXPORTACION , Fecha de Promulgación: 13-05-1997. 마킬라에 대한 메르코수르 역내 특혜는 2030년 12월 31일까지이다.

160 RIN, Reservas Internacionales Netas, 기준금리(Taza de política monetaria)

2023년 예상 성장률[161]

	2019	2020	2021	2022(잠정)	2023(예상)
경제 성장률(%)	-0.4	-0.8	4.0	0.1	4~5%[162]

16개 현안을 선정하여 검토하였다. 파라과이를 이해하는 데 도움이 되기를 바란다.

161 2019, 2020년은 세계은행(BM), 2021, 2022년은 파라과이 중앙은행(BCP) 자료.
162 파라과이 정부는 2023년 4.5% 경제 성장을 전망한다(2023.1).

2

이타이푸댐 50년, 현재와 미래[1]

세계 2위의 발전량을 자랑하는 이타이푸(Itaipú) 수력 발전소(공식 명칭: Entidad Itaipú Binacional(IB))는 파라과이 및 브라질 양국 정부가 공동 운영하는 댐이다("양국이 소유한 이타이푸 회사"라고 번역할 수 있다).

해당 댐[2]은 파라과이 전력 수요의 약 85~90%[3]를 공급하며 파라과이 국민들이 자부심을 갖는 국민기업이다. 이타이푸댐(이하 '이타이푸')과 관련된 현안에 대한 파라과이 입장을 분석하고자 한다. 참고로 이타이푸의 브라질 전력 시장 점유율[4]은 계속 하락하고 있으며 2021년의 경우 8.4%이다[5].

1 한·중남미협회 발행 계간지 "K-Amigo" 2021년 가을호에 게재된 기고문(원제: 이타이뿌댐 50년(1973~2023))을 개정한 것이다.

2 Central Hidroeléctrica de Itaipú(CHI, 이타이푸 수력 발전소), represa de Itaipú(이타이푸댐)

3 85.5%(2021년), Memoria Anual Itaipú Binacional 2021 인용(p.30).

4 participación

5 Memoria Anual Itaipú Binacional 2021 인용(p.30).

이타이푸 조약

파라과이-브라질 양국은 1973년 4월 26일 이타이푸 조약(Tratado de Itaipú)을 체결하였다(비준일자: 1973.8.13). 이타이푸 조약은 본문과 3개의 부속서류(Anexo A, B, C)로 구성되었다.

Anexo	내역
A	회사 정관(Estatuto de la Itaipú)
B	발전 시설[6]
C	전력 공급 및 계약 조건[7]

1974년 5월 17일 공사가 착공되어 1984년 12월 5일 준공되었다. 1985년 3월 발전기 2대 가동을 시작으로 1991년 1단계 공사 완료, 2006년 12월 마지막 발전기 2대씩을 가동하면서 대역사(大役事)가 마무리되었다.

이타이푸댐(파라과이, 2022)

6 Descripción general de las instalaciones destinadas a la producción de energía eléctrica y de las obras auxiliares

7 Bases financieras y de prestación de los servicios de electricidad de la Itaipú

공동 경영Condominio

이타이푸 설립 목적은 양국(파라과이-브라질) 국민들이 균등한 전력 혜택을 누리는 것이다. 이에 양국은 발전소를 50%씩 공동 운영하기로 합의하였다.

'50% 규칙'은 파라과이와 브라질 양국 수도(Asunción, Brasília)에 위치한 2개의 본사, 각국에서 1명씩 임명한 2명의 회사 대표(Director General), 그리고 경영위원(Director), 자문감사위원(Consejero)도 양측이 동수이다. 생산된 전력도 50%씩 분배하고 발전소 운영하고 남은 이익금도 50%씩 배분한다.

표로 쉽게 정리하면 아래와 같다.

항목	파라과이	브라질
주주	ANDE[8]	ENBPar[9]
운영사	ANDE	ENBPar
자본금(총 1억 불)	50%	50%
전력 분배	50%	50%
이익 분배	50%	50%

브라질은 2022년 6월 주주가 변경되었다. 브라질 국영 전력 공사(Electrobras)[10]가 원래 주주였었는데 브라질 정부는 Electrobras 민영화[11] 계

8 Administración Nacional de Electricidad. 파라과이 국영 전력 회사 (1948년, 전력국영화 조처로 탄생)

9 Empresa Brasileira de Participações em Energia Nuclear e Binacional S.A. 브라질 광산 및 에너지부(Ministerio de Minas y Energía) 산하 공기업이다.

10 Centrais Eléctricas Brasileiras S.A.(Electrobras)

11 브라질 정부의 브라질 국영 전력 회사 지분은 민영화(privatización) 이후 72%에서 45%로 줄었다. 기업 공개 방식(Oferta pública de venta, OPV)으로 진행된 민영화를 통하여 29,920백만 헤알(미화로 5,724백만 불) 규모의 자금이 확보되었다. 브라질 국영 석유 회사(Petrobras) 기업 공개(2010) 이후 브라질 증시 역대 2번째로 큰 기업 공개.

획에 맞추어 ENBPar(엔베빠)라는 국영 기업을 새로 만들었다[12]. Electrobras가 보유하던 이타이푸댐, 브라질 원자력 발전소[13]는 민영화 대상에서 제외되었고 해당 발전소들의 주식은 ENBPar에서 인수하였다.

브라질 주주 변동(2022.6)

이타이푸 보유지분	이전 주주	현재 주주
50%	브라질 국영 전력 공사 (Electrobras)	ENBPar

이타이푸에서 생산된 전력을 균등 분배하는 것은 아래와 같이 진행된다.

항목	내역
전력 구매 약정[14]	① 양국(전력 회사)은 구매할 전력을 약정한다. 양측이 매년 합의한 전력 판매 단가[15]를 적용한다. ② 50%를 초과하여 약정한 자(즉, 브라질)는 전력 양도 보상금을 추가로 지불하는 조건이다.
잉여 전력 구매[16]	① 파라과이(ANDE)는 잉여 전력(약정분 초과하여 생산된 전력)을 선구매할 권리를 갖는다. 로얄티 및 관리감독비만 지불한다. 로얄티 및 관리감독비는 전력 순생산 원가이다. ② 파라과이 구매 이후 남은 전력은 브라질이 구매할 권리를 갖는다.

12 Decreto n⁰ 10.791/2021(10 de septiembre de 2021)

13 회사명 Electronuclear. 발전소는 리우데자네이루주 위치, Angra 1기 및 2기 가동 중. 브라질 전력 시장의 3%, 리우데자네이루주의 30% 점유.

14 Potencia contratada

15 tarifa

16 Excedentes de Potencias

그런데 '구매 약정분'과 '잉여 전력 구매분'에 적용하는 전력 단가는 다르다. 잉여 전력이 훨씬 저렴하다. 참고로 이타이푸댐 운영 방식은 자원 분야에서 흔히 사용되는 '오프테이크(offtake)[17] 투자 방식'과 유사하다. 예로 '파라과이'와 '브라질'이라는 회사가 금(oro)을 채굴하고자 금광 특수목적법인[18]을 50%씩 투자하여 세웠다고 가정하자. 갑과 을은 채굴된 금을 특수목적법인에 투자한 지분만큼 매입할 권리를 가진다. 가장 큰 차이는 일방(파라과이)이 매입 의무를 못 채우는 경우 상대방(브라질)이 매입할 권리를 가지며 양도 보상금까지 지불하는 것이다.

수입

이타이푸의 운영 수입[19] 중 전력 판매 대금이 99%를 점한다. 그리고 이자수입, 잡수익 등이 있다. 이타이푸로부터 전력을 독점 구매하는 구매자는 주주인 2개 회사이다. 전력을 판매한 수입은 아래와 같이 3개 항목으로 구분되어 이타이푸로 입금된다[20].

17 offtake agreement, acuerdo de offtake

18 SPC(Special purpose company), 스페인어 Sociedad de propósito especial(SPE), Entidad de propósito especial

19 Ingresos operacionales

20 Estado financiero al 31 de diciembre de 2021 e Informe del Auditor Independiente, Itaipu Binacional, p.49

(단위: 천 불)

판매 항목	2020			2021		
	브라질	파라과이	합계	브라질	파라과이	합계
구매 계약분[21]	2,884,442	406,570	3,291,012	2,847,224	443,788	3,291,012
전력 양도 보상금[22]	217,973	0	217,973	186,085	0	186,085
잉여 전력 계약분[23]	9,952	40,008	49,960	6,876	37,532	44,408
합계	3,112,367	446,578	3,558,945	3,040,185	481,320	3,521,505

전력 양도 보상금은 브라질만 지불하고 있다. 파라과이에 배정되는 50% 전력을 파라과이는 전량 소진할 만큼 산업이 발전하지 못하였다. 따라서 미사용 전력을 브라질에 유상 판매를 계속하고 있다. 국가 간 '양도(Cesión)'에 해당되면 브라질은 '양도에 대한 보상금'을 파라과이에 지불한다. 브라질은 양도 보상금을 이타이푸에 지불하고 이타이푸는 해당 금액을 받아서 파라과이에 지불한다.

잉여 전력 계약분은 파라과이 비중이 높다. 2002년, 파라과이의 ANDE(국영 전력 회사)가 경영 위기를 겪자 이타이푸는 ANDE에게 잉여 생산 전력(Excedentes de Potencias) "할인" 특혜를 제공하였다. 나아가 지난 2016년에는 잉여 생산 전력을 50:50으로 양 국가에 분배하되 ANDE에게 우선 구매권을 주며 (전력 판매 단가를 적용하지 않고 훨씬 저렴한) 로얄티 및 관리감독 보상금으로 (잉여 생산 전력 대금을) 지불하도록 조치하였다.

위와 같은 사유로 국별 평균 구매 단가[24]를 산출하면 차이가 발생한다[25].

21 Potencia contratada

22 Compensación por cesión de energía

23 Royalties y resarcimiento energía adicional al valor de la energía garantizada asociada a la potencia contratada

24 Costo promedio equivalente de la energía

25 Memoria Anual Itaipú Binacional 2021 인용(p.51).

(단위: US$/MWh)

연도	브라질	파라과이	평균
2017	40.86	28.30	35.65
2018	41.45	26.16	35.64
2019	49.86	26.98	42.37
2020	51.83	28.16	44.01
2021	60.56	30.46	50.54

*계산 방법: 2021년 적용 단가 U$22.60/KW per month는 약정 물량으로 계산 시 U$43.80/MWh가 됨. 전력 판매 금액(양허보상금 제외)은 US$3,354.4백만임. US$3,354.4백만을 2021년 총공급된 전력(65,996.4GWh)으로 나눔.

지출

수력 발전[26]은 재생 에너지[27]이다. 따라서 원가[28] 중 발전소 운영과 관련된 지출[29]은 비교적 간단하다. 2020년 및 2021년 발전소에서 집행한 운영 관련 지출 항목이다[30]. 운영 지출 항목은 OPEX[31](운영 비용, 영업 비용)로 이해하면 된다.

26 hidroelectricidad 또는 energía eléctrica
27 energía renovable
28 Costos
29 Gastos operacionales-gastos generales y administrativos
30 Estado financiero al 31 de diciembre de 2021 e Informe del Auditor Independiente, Itaipu Binacional, p.51
31 operating expense, operating expenditure, operational expense, operational expenditure

(단위: 천 불)

항목	2020	2021
종업원 임금	317,310	317,228
자재(소모품 외)	13,563	16,732
외부 용역	91,130	90,069
의보, 퇴직충당금 외	151.554	343,715
노사합의분 지출 등	328,813	303,976
합계	902,370	1,071,720

이타이푸댐은 이익 창출을 목표로 하지 않는다. 이타이푸 조약에 의거하여 발전소 수입과 발전소 지출을 매년 동등하게 맞추어야 한다[32]. 따라서 발전소가 창출한 이익 중 최소한의 운용 경비만 남기고 양측에 균등지불 및 배당한다.

항목	수령자	내역
로얄티[33]	양국 정부	파라나강 사용료
자본 이익[34]	양국 전력 회사	최초 납입한 자본금에 대한 이익 배당
관리감독 보상금[35]	양국 전력 회사	발전소 운영 및 관리 비용

32 Artículo IV del Anexo "C"

33 Royalties

34 Utilidad de capital. 납입 자본금은 주주별 50백만 불이다.

35 Resarcimiento de cargas de administración y supervisión

아래는 2020년 및 2021년 발전소에서 집행한 관련 지출[36] 항목이다[37].

(단위: 천 불)

항목	2020			2021		
	브라질	파라과이	합계	브라질	파라과이	합계
자본 이익	25,005	25,005	50,010	27,330	27,330	54,660
로얄티	212,113	212,113	424,226	202,212	202,212	404,424
관리감독비	16,316	16,316	32,632	15,555	15,555	31,110
전력 양도	0	217,973	217,973	0	186,085	186,085
합계	253,434	471,407	724,841	245,097	431,182	676,279

위 금액은 달러 조정 금액(Ajuste del dólar)이며 양국(각 정부, 각 운영사)이 이타이푸로 받은 금액이다. 2021년에는 전력 양도 금액이 2020년 대비 감소하였다. 파라과이 구매 약정분의 증가, 이타이푸 발전량의 감소(76.4백만 MWh(2020년)에서 66.4백만 MWh(2021년)) 등이 이유이다.

지금까지 발전소 수입과 지출을 살펴보았다. 2020년 및 2021년, 브라질 및 파라과이의 지출과 수입은 아래와 같다.

36 Gastos operacionales–remuneraciones, resarcimientos y compensación

37 Estado financiero al 31 de diciembre de 2021 e Informe del Auditor Independiente, Itaipu Binacional, p.50

(단위: 천 불)

항목	2020		2021	
	브라질	파라과이	브라질	파라과이
지출한 금액(1)	3,112,367	446,578	3,040,185	481,320
수령한 금액(2)	253,434	471,407	245,097	431,182
(1)-(2)차액	2,858,933	-24,829	2,795,088	50,138

파라과이는 2020년 경우는 필요한 전력을 사용하고도 2천 4백만 불을 오히려 돌려받았다. 2021년은 파라과이 전력 약정 물량 증가로 수령 금액 대비하여 50백만 불을 더 지출하였다(2020년 17,990MW, 2021년 19,637MW). 브라질은 2년 연속해서 2,858백만 불, 2,795백만 불을 순(純)지출하였다.

채무

이타이푸는 브라질의 100% 대출로 건설되었다. 2021년 중 2,064.3백만 불(원금 1,858.5백만 불, 이자 205.8백만 불)이 상환[38] 되었다. 2021년 말 기준 채무 잔액[39]은 1,992.6백만 불이다. 아래는 채권자별 2020년 및 2021년 기준 채무 잔액 현황[40]이다.

38 Servicio de la deuda

39 Saldo a pagar

40 Memoria Anual Itaipú Binacional 2021 인용(p.54).

(단위: 백만 불)

		2020년 상환액	2021년 상환액
상환액		2,061.0	2,064.3
		2020년 말 잔액	2021년 말 잔액
잔액		3,856.8	1,992.6
채권자	Electrobras	3,383.8	1,552.0
	브라질 정부	245.2	244.9
	CAJUBI[41]	18.8	8.5
	기타 금융 기관	5.3	2.6
	Fibra[42], CAJUBI[43]	203.7	184.6

건설 자금 대출 잔액은 조약에 의거하여 2023년 말까지 전액 상환된다. 연도별 채무 상환 계획표이다[44].

연도	원금 상환 금액(천 불)
2023	240,946
2024	255,628
2025	12,948
2026	13,676
2027	14,445
2028~2038	104,803
합계	642,446

41 Caja Paraguaya de Jubilaciones y Pensiones del Personal de la Itaipu Binacional

42 Fundação Itaipu BR de Previdência e Aissistência Social

43 Débito actuariales(직원 연금의 경우 현재 수입과 향후 지출할 금액의 차이가 발생한다.)

44 Estado financiero al 31 de diciembre de 2021 e Informe del Auditor Independiente, Itaipu Binacional, p.31

아래는 2020/2021년 영업 이익[45] 및 채무 상환[46] 현황이다.

(단위: 백만 불)

항목	2020	비중	2021	비중
운영 수입[47]	3,558.9	100%	3,521.5	100%
운영 지출[48]	-)1,627.2	-	-)1748.0	-
운영 이익[49]	1,931.7	-	1,773.5	-
금융 수입[50]	30.2	-	25.3	-
금융 비용[51]	-)312.3	-	-)188.6	-
환차 외[52]	206.6	-	-)0.9	-
재무 이익[53]	-)75.5	-	-)164.1	-
기타 수입/지출[54]	-)22.1	-	-)21.2	-
영업 이익[55]	1,834.1	-	1,588.1	-
보유현찰[56]	2,033	-	2,160	-
-)원리금 상환	-)2,061	-	-)2,064	58.6%
최종 잔액	-)53	-	61	-
누적 이익	12,168.7	-	13,768.5	-

45 Memoria Anual Itaipú Binacional 2021 인용(p.57).

46 Estado financiero al 31 de diciembre de 2021 e Informe del Auditor Independiente, Itaipu Binacional, p.6(Flujo de caja, 현금 흐름표) 참조.

47 Ingresos operacionales

48 Gastos operacionales

49 Resultado del servicio

50 Ingresos financieros

51 Cargas finanacieras sobre préstamos y financiamientos

52 Variaciones monetarias

53 Resultado financiero

54 Otros ingresos/gastos

55 Resultado del ejercicio

56 Caja líquida proveniente de actividades operacionales

원리금 상환 비중이 운영 수입 대비하여 58.6%(2021)이다. 건설 자금 대출이 상환이 끝나는 2023년부터는 전력 단가(원가)가 이론상으로는 (2021년 대비하여) 대폭 줄어든다.

1985년~2021년 누계 지불 금액

조약 부속서류 C(Anexo C)에 의거하여 이타이푸에서 1985년부터 2021년까지 발전소 운영 및 양도 보상금을 지불하였다. 아래와 같다[57].

이타이푸에서 지출(지불)한 금액 (단위: 미화 백만 불)

	수혜자	1985~2020	2021	합계
로얄티	파라과이 정부	6,011.4	201.50	6,212.90
	브라질 정부	6,302.90	201.50	6,504.40
전력 양도 보상금	파라과이 정부	4,586.40	202.80	4,789.20
	브라질 정부	0	0	0
자본 이익	ANDE	509.70	25.0	534.70
	ELECTROBRAS	531.70	25.0	556.70
관리감독 보상금	ANDE	468.20	15.5	483.70
	ELECTROBRAS	481.10	15.5	496.60

57 Memoria Anual Itaipú Binacional 2021 인용(p.53).

총수령액 (단위: 백만 불)[58]

	1985~2020	2021	합계
브라질	7,315.70	242.50	7,557.70
파라과이	11,575.70	444.80	12,020.50
차액	-	-	4,462.80

양국의 평균 전력 구매량은 브라질 85%, 파라과이 15% 선이다[59]. 브라질이 구매한 85%는 50%(균등배정분)+35%(파라과이 양도분)로 구성된다. 댐 상업 가동 이후 브라질은 75억 불, 파라과이는 120억 불을 이타이푸로부터 수령하였다. 브라질, 파라과이 차액은 4,462백만 불이다. 이 금액은 전력 양도전력 양도 보상금(4,789백만 불) 차이와 비슷하다. 분배 방법이 명기된 서류가 "Anexo C"이다.

Anexo "C"아네호 "쎄" 개정

조약의 부속서류인 Anexo C는 조약발효 50년 경과 후 개정(Revisión)이 가능하다는 조항이 담겨 있다. 즉 2023년 8월 14일 이후에 가능하다(조약 본문 및 Anexo A와 B는 양국 정부 합의 시 언제든지 개정이 가능하다). Anexo C는 전력 구매량을 포함하여 전력 가격 및 분배를 정하는 기준이 되어 타 문서보다 훨씬 중요하다. 그동안 Anexo C는 외교문서(Nota Reversal) 등 다양한 형태의 보완/수정을 거쳐왔다. 이러한 Anexo C는 반드시 개정되지 않아도 됨에도 불구하고 '2023년 Anexo C 개정 협상'이 파라과이의 최대 국가적 관심사로 부상한 지 오래되었다.

58 Memoria Anual Itaipú Binacional 2021 인용(p.53).

59 ANDE가 24%의 전력을 구매(2021). Memoria Anual Itaipú Binacional 2021 인용(p.29).

지난 2019년 5월, 당시 마리오 압도 현 대통령(2018년 8월 취임)이 브라질 정부와 Anexo C 조건을 개정하는 상호합의서(Acta Bilateral)를 비밀리에 체결하였다. 비밀 협상 결과가 2개월 후 공개되면서 압도 대통령은 탄핵 위기로 내몰렸고 당시 연루된 관련자들은 '주권'을 팔아넘긴 매국노로 몰리며 'Anexo C'와 '2023년'은 국민적 관심사로 확고히 자리 잡았다(압도 대통령 탄핵 위기 직후 브라질의 동의로 합의 내역은 백지화되었으며, 파라과이 정부는 정부 협상준비단을 2019년에 미리 발족하였다[60]).

당시 비밀 합의 배경 및 내역은 다음과 같다.

2019년 집권한 보우소나루 브라질 대통령(극우)은 좌파인 브라질 노동자당(PT)이 집권(2003~2016)했을 당시 이타이푸를 포퓰리즘에 바탕을 두고 운영했다고 판단하여 이타이푸 개혁을 추진하였다. 제일 먼저 한 것이 파라과이의 계약 용량을 증가시키는 합의서를 체결한 것이다(2019.5). 당시 상호합의서(Acta Bilateral)는 "파라과이가 구매하는 계약 용량"[61]을 단순 명기한 것에 불과하다. 당시 합의서에 명기된 파라과이의 매년 평균 계약 용량(Potencia contratada)을 보면 매년 증가한다는 것을 알 수 있다.

	2019	2020	2021	2022
계약 용량	1,370MW	1,534MW	1,718MW	1,924MW

파라과이가 50% 배정 물량을 최소 구매하고 필요한 전력을 잉여 생산 전력에서 구매하는 관행을 시정하려고 한 것이다. 즉, 파라과이도 처음부터 최소량만 구매[62]하지 말고 실제 필요 전력량을 구매하라는 것이다. 파라

60 Decreto No. 3173 de diciembre de 2019, 협상단 및 4개 분과위로 구성된다.

61 Acta Bilateral, 24 de mayo de 2019, I 항 및 I항 Paráfono 1°

62 파라과이는 2020년 12.3%, 2021년 13.2%만 약정하고 부족한 전력은 잉여 전력에서 구매하였다.

과이는 전기를 유상 구매했음에도 불구하고 다른 형태로 전기 구매 대금을 전액 돌려받았다(2020). 이러한 혜택에 힘입어 파라과이 전력 공사 ANDE는 지난 2021년 파라과이 기업 중 종합납세 부문 1위를 기록할 정도로 초우량 기업으로 발돋움했다.

Anexo C에 명기된 "일방이 사용하지 않는 전력은 다른 일방에게 '양도'하게끔 되어 있는 조항"이 파라과이의 주권을 침해하고 있다는 믿음이 오래전부터 있었다. 파라과이는 본인들이 사용하지 않는 전력을 자유롭게 브라질 또는 제3국에 '시장 가격' 또는 '공정 가치'로 자유롭게 '판매'하는 것이 주권 행사라고 해석한다. 2020년, 2021년 내내 파라과이 언론에서 Anexo C 협상의 중요성을 환기시키면서 다양한 협상 시나리오를 함께 보도하였다. 전반적으로 2020년 단가를 유지하여야 파라과이에 유리하다는 수장이 주류를 이루었다. 아래 시나리오(즉, 현재 단가 유지)는 앞으로도 계속 유효할 것이다. 현 단가 유지가 파라과이에게는 제일 좋은 시나리오이다.

2020년부터 준비한 파라과이의 2023년 협상 시나리오 (미화/Kw-mes)

안	단가	실제 효과	파라과이 입장
현행 유지	22.6 (2020)	대폭 인상 (Alta)	• 현재(2020) 수준의 세수 확보에 따른 인프라 투자 자금 확보 • 이타이푸 주권(Soberanía sobre Itaipú) 수호
절충 (Intermedia)	15.0	인상	• 브라질 입장(=전력 단가 인하) 감안 시 현실적 협상안
인하 (Baja)	9.61	원가	• 이타이푸 조약 정신에 부합 • 물가 인하, 산업경쟁력 강화, 투자 유치

한편 브라질은 브라질 정부의 100% 건설 자금 융자가 없었다면 댐 건설 자체가 불가능했다는 입장을 건설 당시부터 현재까지 견지하고 있다(이에 대하여 파라과이는 이타이푸 자본금을 각 50%씩 출자하였으므로 브라질 주장이 근거 없다고 일축한다). Anexo C와 관련하여서는 브라질은 초지일관 금융비(원리금 상환)만큼 "전력 요금 인하"가 옳다고 주장하고 있으며 Anexo C를 개

정하지 않아도 된다는 입장이다(그러면 자동으로 전력 요금이 인하됨).

또한 브라질은 자국민에게 저렴한 요금의 전력 공급이 목적인 이타이푸의 정신에 부합한다고 설명하면서 Anexo C를 개정하는 경우에는 (2020년 금융비 비중이었던) 약 60%만큼 인하된 전력 요금을 적용하자는 입장을 2020년 당시에도 고수하고 있었다.

이러한 브라질 입장에 아랑곳하지 않고 파라과이는 2020년 단가가 유지될 것이라는 희망을 가지고 2022년을 맞이하였다. 하지만 브라질은 단가를 대폭 인하하여 적용한다고 밝히면서 파라과이 측의 반발을 일으켰다. 2022년 무려 8개월간 양쪽의 입장이 대립한 끝에 평균값을 적용하기로 합의하면서 마무리하였다(2022.8.9). 브라질이 양보한 것이다.

(단위: U$/kW per month)

	브라질 요구	파라과이 요구	합의 전력 단가
2021	-	-	22.60
2022	18.90	22.60	20.75

한편 파라과이는 2023년 Anexo C 협상 때 금융비 대신에 원가 항목을 하나 새로 만들자고 제안할 예정이다. 금융비(약 60%)를 새로 만든 원가 항목에 반영하여 그 돈을 파라과이에 투자하게끔 할 의도인 것이다. 즉, 전력 단가 인하를 반대하는 입장인 것이다.

	요구 사항	내역
파라과이 안	원가 항목 신설[63]	2020년경 기준 발생하는 금융비만큼(약 60%) 해당 금액을 원가로 반영. 발생하는 이익을 브라질, 파라과이에 배분

63 Costo del servicio de electricidad

지금까지 살펴보았듯이, 파라과이는 이타이푸로부터 비싸게 전력을 구매하기를 희망하고 있고 가격 인하는 무조건 반대하는 협상안을 가지고 있다. "경제적인 측면"에서만 분석하면 파라과이로 분배되는 금액이 커지기 때문이다. 브라질 및 파라과이에 판매한 전력 대금 중 (이타이푸는) 최종적으로 남는 돈(이익)을 절반(50%)씩 (브라질, 파라과이에) 분배하는데 전력 단가가 고가일수록 분배 금액이 많아진다. 물론 브라질도 같은 분배 혜택을 본다. 하지만 전력 단가가 고가일수록 브라질에게는 불리하며 파라과이에게는 유리하다.

파라과이의 불만

파라과이는 이타이푸에 불만이 많다. 해당 불만은 이타이푸 회사, 브라질 정부, 그리고 파라과이 정치인까지 포괄한다.

가장 큰 불만은 남는 전력(미사용 전력)을 브라질에 무조건 양도하게 되어 있다는 것이다. 파라과이가 사용하지 않는 전력 35%를 브라질에 양도하지 말고 제3국(아르헨티나, 우루과이, 칠레)에 고가로 "판매(venta)"하면 파라과이 국익에 큰 도움이 된다는 입장이다(또는 브라질 전력 거래 시장에 시장가로 판매). 이 주장은 이타이푸 주권 행사의 핵심 요구이다.

지난 2009년 룰라 당시 브라질 대통령은 파격적으로 브라질 전력 시장에 시장가 판매 및 (2023년 이후에는) 제3국 판매하는 것을 동의하였다. 이는 61년 만에 우에서 좌로 평화적인 정권 교체에 성공한 루고 대통령(2008~2012)에 대한 이념적 지원이었다. 하지만 실제로 브라질 향 시장가 판매 및 제3국 판매는 실현되지 못했다.

'판매'라는 개념은 '양도'와 완전히 다르다. '판매'는 파라과이가 생산 전력의 50%를 이타이푸로부터 전량 "선구매"를 의미한다. 그런데 선구매를 하게 되면 파라과이는 잉여 전력 선구매권을 행사할 명분을 상실한다. 또 하나는 기술적인 문제이다. 2023년 4월 현재 기준 이타이푸에서 제3국으로 전력을 보낼 500kV 송전망이 없다. 즉, 제3국 판매는 기술적으로 불가능하다. 이러한 현실에도 불구하고 파라과이 일부 정치인들은 '제3국 판매를 통한 주권 확보'를 지속 주장하고 있다.

두 번째 불만으로는 전력 양도 보상금이 충분하지 않다는 것이다. 이는 "주권 회복"이라는 대의(causa)에 가려있으나, 상당히 강한 불만 중 하나다. (참고: 파라과이는 '보상(compensación)'이라는 어휘 자체를 좋아하지 않는다. 강대국이 약소국에 대하여 지불하는 보상금액으로 해석될 여지가 있기 때문이다.)

즉, 브라질 국영 전력 공사(Electrobras)가 이타이푸 전력을 브라질 국내 시장에서 몇 배 이상 값비싸게 판매하고 있기에 전력 양도 보상금도 이에 맞게 인상하여야 한다는 것이 파라과이 입장이다. 하지만 브라질은 Electrobras의 브라질 내 도매 가격을 시비하는 것은 "브라질 주권 침해"로 해석한다. 파라과이의 ANDE 또한 브라질이 ANDE가 책정한 도매 가격을 가지고 시비하는 것을 용납하지 않을 것이다.

또 다른 불만은 정보 공개가 불투명하다는 것이다. 파라과이 야당 등 사회단체들이 이타이푸 경영 회의 의결 사항, 비용 집행 내역 등 공기업 정보 공개법[64]에 기초하여 정보 공개를 지속적으로 요구하였으나 이타이푸에서 매번 제한된 정보만을 제공해 불만을 고조시켰다. 그러던 중 지난 2021년 7월 파라과이 정치권은 이타이푸 장부 등을 의무 공개하는 이타이푸 감사법[65]을 제정하였다. 하지만 이타이푸는 비용 집행 내역 감사는 위헌이라며 강하게 반발하였다.

64 Ley 5.189/14 y Ley 5.282/14 DE LIBRE ACCESO CIUDADANO A LA INFORMACIÓN PÚBLICA Y TRANSPARENCIA GUBERNAMENTAL

65 Ley No. 6763, QUE DISPONE EL PROCEDIMIENTO DE CONTROL, VIGILANCIA Y FISCALIZACION DE LAS CUENTAS NACIONALES, LOS BIENES Y EL PATRIMONIO DE LAS ENTIDADES BINACIONALES ITAIPU Y YACYRETA, DE CONFORMIDAD CON LO DISPUESTO EN LOS ARTICULOS 281, 282 Y 283 NUMERALES 1)y 4)DE LA CONSTITUCION NACIONAL

지난 1980년대부터 브라질 내에서도 정보 공개를 요구하는 목소리가 여러 번 있었으나 번번이 무산되었으며, 파라과이 사법부도 1심(2021)은 정보 공개 명령 판결을, 2심은 정보 공개 명령이 위헌이라는 판결을 내듯이 해석이 다른 것이 현실이다. 나아가 정보 공개 집행명령이 확정되어도 집행된 금액을 50%씩 나누어 책임을 물을 현실적인 방법도 없다. 파라과이 정부가 예산을 지원하는 회사가 아니기에 혈세를 낭비한 범위를 객관적으로 입증하는 문제에 대하여 사회적 합의를 이루기 쉽지 않아 보인다.

2021년 7월, 파라과이 감사원[66]에서 1985~1997년 기간 이타이푸가 판매한 전력 단가가 파라과이 정부에 손해를 끼쳤다는 감사보고서를 전격 발표하며 파동이 일었다[67]. 감사원의 입장은 지난 1985년 브라질 경제가 어려워 쌍방 합의하에 낮은 판매 단가가 적용된 것이 이타이푸 채무를 증가시켰으며, 이는 곧 파라과이의 손실 발생으로 이어졌다는 주장이다. 파라과이 야권은 해당 보고서가 공개되자 즉시 과거사를 바로잡아야 한다며 지난 1985년부터 1997년까지 재직한 이타이푸 임원들을 배임죄[68]등으로 고발하였다. 고발 직후 이는 오랜 기간 제기된 주장을 구체적인 숫자(물론 추가 검증이 필요함) 공개와 함께 이슈화한 것에 불과하다는 지적도 나왔다. 나아가 고발 당시 이타이푸의 파라과이 측 임원들만 고발했다는 점에서 이타이푸의 법적 지위를 짐작하게 한다.

66 Contraloría General de la República del Paraguay(CGR)

67 Examen Especial a la deuda de la Entidad Binacional ITAIPU, Resolución CGR Nros. 394/09 y 524/2020, Año 2020, CGR(Contraloría General de la República

68 Lesión de confidencia

이타이푸 파라과이 본사 전면(아순시온, 2023.1)

2021년 10월, 파라과이 감사원(CGR)이 이타이푸 감사를 요구하게 되면서, 2021년 11월, 양국 정부의 감사원(브라질 TCU[69], 파라과이 CGR)이 참여하는 이타이푸 감사 위원회를 발족하였다. 독립적으로 감사를 수행하는 조직이다.

마지막으로 이타이푸에 재직하고 있는 전 현직 정치인, 고위직 본인 또는 가족, 친척, 측근 등에 대한 불만이 누적되고 있다. 이른바 낙하산 인사, 전관예우로 입사한 인사들을 거명하며 성토하는 보도기사가 자주 지면을 덮고 있다(비슷한 문제로 파라과이-아르헨티나가 공동 운영 중인 자시레타(Yacyretá) 발전소도 집중 조명됐다. 반이타이푸, 반자시레타 여론이 2021년 7월 제정된 이타이푸/자시레타 감사법 제정의 원인이기도 하다). 이타이푸의 채용 공정성 문제를 제기하는 것인데 남미의 엽관주의[70](파라과이 현행법으로는 엽관주의는 불법임)는 스

69 Tribunal Federal de Cuentas

70 Nepotismo는 엽관주의(獵官主義), 연고주의(緣故主義)라고 번역된다. 관련법 Ley No. 5295/14

페인 식민역사 이래 사회 전반에 깊이 뿌리 내린 채용 시스템으로 쉽게 변하지 않을 것이다.

파라과이 정부는 이타이푸로부터 ①로얄티와 ②전력 양도 보상금을 매월 수령한다. 파라과이 정부는 이 금액 중 약 25%를 댐 공사 수몰 지역 또는 비수몰 지역으로 차등하여 전국의 지방 자치 단체에 교부한다. 40% 정도는 교육 및 보건에 사용한다. 이 교부금을 '국가 공공 투자 및 발전기금(Fonacide[71])'라고 부른다. 주목할 점은 다수의 지방 자치 단체에게 이타이푸 교부금이 가장 중요한 세수원이라는 사실이다.

즉, 이타이푸가 중요한 세수원이라는 사실에 입각해 사안을 바라보면 다수의 정치인이 Anexo C 협상에 민감한 이유가 설명된다. Anexo C 협상 결과에 따라 교부금 금액이 요동칠 수 있다. 최대로 많이 받을 수 있는 협상안을 선호하다 보니 정치인, 비정부 기구[72]들이 앞다퉈 더욱더 '주권 수호'를 외치며, 전력 단가 인하를 주장하는 집단에게 (브라질에 나라를 팔아먹는) '매국노'라는 프레임을 사용하는 것이다.

기후 변화

이타이푸댐의 가장 큰 도전은 '기후 변화로 강수량이 감소'하는 것이다. 라 니냐(La Niña) 현상이 발전 용량에 직접적인 영향을 주고 있는데 2020년부터 발전소가 위치한 파라나강(Río Paraná)이 가뭄이 심각한 상황이 계속 반복되고 있다. 브라질, 파라과이, 아르헨티나 모두 최악의 가뭄이 주기적으로 반복되고 있고 겨울(6~8월) 기간 발전량이 대폭 감소한다. 파라나강에는 2개의 대형 발전소가 가동 중인데 또 하나는

71 Fondo Nacional de Inversión Pública y Desarrollo
72 organización no gubernamental, ONG, oenegé

파라과이-아르헨티나 정부가 공동 운영하는 자시레타 발전소[73]이다. 이타이푸 조약(1973.4.26)으로 지정학적 균형이 깨질 것을 우려한 아르헨티나는 파라과이와 자시레타 조약(Tratado de Yacyretá)을 서둘러 체결한다(1973.12.3).

양대 발전소의 연간 발전량 변화표 (단위: GWh)

	설치 용량 (MW)	2017	2018	2019	2020	2021	2022
이타이푸[74]	14,000	96,387	96,586	79,445	76,382	66,369	69,873
자시레타	3,200	20,828	20,826	17,280	15,039	13,368	16,129

자시레타 발전소도 이타이푸와 동일한 방식으로 양국 정부 간 운영된다. 하지만 경영성과는 만족스럽지 않다. 자시레타(Yacyretá) 발전소는 1983년부터 공사를 시작하여 1994년부터 전력을 생산하기 시작하였다. 1994년부터 2021년까지 생산된 전력의 약 7%는 파라과이가 사용하였으며 나머지 93%는 아르헨티나가 사용하였다. 아르헨티나는 파라과이에 전력 양도비(즉, 50% 중 43%)를 지불하였다. 아래는 5년간(2018~2022) 각 발전소에서 파라과이 정부에 지불한 금액이다.

73 Central Hidroeléctrica Yacyretá(CHY), 회사명은 EBY(Entidad Binacional Yacyretá).

74 Memoria Anual Itaipú Binacional 2021 인용(p.19). 2022년은 이타이푸 발표 인용.

(단위: 천 불)

기간	이타이푸댐	자시레타댐
2022년 1~11월 누계	345,000.0	78,936
2021년 1~12월 누계	404,213.2	45,760
2020년 1~12월 누계	444,784.9	46,000
2019년 1~12월 누계	519,960.5	125,139.6
2018년 1~12월 누계	556,060.0	46,193.3

지난 2017년 5월 4일, 파라과이-아르헨티나 양국 정부는 아르헨티나가 자시레타 발전소에 빚진 채무를 탕감하는 마크리/카르테스 합의[75](당시 아르헨티나 마크리 대통령, 파라과이 카르테스 대통령)를 체결한 바 있다. 아르헨티나의 채무(180억 불)를 40억 불로 탕감하는 합의서이다. 이후 파라과이 야당에서는 탕감과 관련된 법안[76]을 백지화하라는 요구가 계속되고 있다. 아르헨티나에서는 해당 합의문서[77]를 의회에서 심의하지 않기로 결정하였다(2022.10). 아르헨티나의 전(前) 정권 업적 지우기의 일환이다.

미래 수요

파라과이가 더 이상 양도 없이 이타이푸 50% 전력을 전량 사용이 가능한 시점은 언제쯤일지 궁금할 것이다. 전력 수요 증가율, 경제 성장률 등을 감안하여 2030년에는 이타이푸 전력을 전량 사용 가능할 것이라는 막연하지만 낙관적인 예측이 팬데믹 발생 전(2020.3)에 있었다. 하지만 팬데믹 발생 이후는 예측조차 어려운 상황이다.

75 Acuerdo Cartes/Macri
76 Ley 6135/18
77 Nota Reversal N^{0} 2/17

2021~2022년 경제가 소폭 성장은 하였으나 2020년 기저효과로 인한 성장으로 보이기 때문이다.

그런데 파라과이 국영 전력 공사(ANDE) 자료에 의하면 ①인당 전기 소비율 (2016~2021) 연평균 3% 성장, ②업종별 전기 소비율(2016~2021) 연평균 3.3%, ③전기 사용자 증가(2016~2021) 연평균 1.1%이다. 이 자료[78]에 의거하여 판단하면 2040년까지도 전력 50% 완전 사용이 쉽지 않을 것으로 보인다. 그 이유는 전력 다소비 업종[79](예, 제철소)의 신규 투자 유치가 사실상 없기 때문이다. 대규모 전력을 사용하는 업종이 전력 수요를 견인하는데 파라과이는 제조업 분야 외국인 직접 투자 비율이 높지 않다. 전력 다소비 업종은 2차 산업 국가에 집중되는데 파라과이는 1차 산업 국가이다.

전기차 시대(2035년 이후 EU를 중심으로 대중화될 것으로 보임)에 맞추어 전기 수요도 증가할 것으로 예측을 한다. 파라과이는 2022년 1~8월까지 24,094대 신차를 수입하였다[80]. 그중 3%만 전기차로 추정될 정도로 시장 규모가 아직 작다. 무엇보다 파라과이가 수입하는 신차의 60% 물량을 공급하고 있는 브라질, 아르헨티나가 본격적으로 전기차를 생산하고 있지 않다. 브라질, 아르헨티나가 전기차로 먼저 전환되면 파라과이도 자연스럽게 전환될 것이다. 따라서, 파라과이의 전기차 대중화는 시간이 필요하다.

이러한 여러 사실을 종합 시 파라과이가 이타이푸댐 50% 전력을 완전 소진하는 것은 2040년까지도 불가능할 것으로 보인다. 참고로, 이타이푸 사장을 역임한 인사[81]에 의하면 이타이푸의 가치는 최소 600억 불이고 수명은 2123년까지라고 한다.

78 Compilación Estadística, correspondiente al periodo 2001~2021, ANDE

79 Industrias electrointensivas

80 CADAM(파라과이 자동차 수입 협회) 발표 자료

81 Jorge Samek, 2003~2016년까지 브라질 본사 사장

역사적 배경 및 의의

이타이푸 지역이 수력 발전 대상지로 떠오른 것은 1900년대 초부터이다. 당시는 수력 발전 기술적인 한계로 진전이 없었다. 1950년대 시작된 브라질 수입 대체 산업화로 브라질 전력 수요가 증가하면서 파라나강, 특히 살토스 델 과이라[82] 지역이 수력 발전 유력후보지로 떠오른다. 그런데 이 지역은 국경 분쟁 지역이었다. 삼국 동맹 전쟁[83](1874~1870)에서 패전 후 1872년 체결된 브라질·파라과이 국경을 정한 조약[84]은 새로운 국경선을 파라나강[85]의 중앙(centro del río)이라고 규정하였다. 그런데 살토스 델 과이라 앞의 여러 갈래의 폭포[86]가 흐르는 지역은 어디가 중앙인지 규정하기가 어려웠다. 특히 브라질은 강변[87] 20km를 자국 국경으로 주장하고 있었다.

1956년, 양국은 파라나강 지류인 아카라이상, 몬다이강 수력 발전 연구 협력합의서[88]를 체결하고 작은 수력 발전소를 시범으로 건설하고 있었다. 브라질에서 비용을 전액 부담하고 파라과이에 기증하기로 하였다. 브라질은 또한 이 발전소로부터 20년간 20%의 전력 구매를 약정하였다(건설기간: 1965~1968). 아카라이 발전소[89]는 파라과이에 건설된 최초의 수력 발전소이다.

82 Saltos del Guairá

83 Guerra de Triple Alianza

84 Tratado de Demarcación de Límites

85 Río Paraná

86 Saltos del Guaira(스페인어), As Sete Quedas(포어), 댐 건설지가 160km 강 하류 지역(현 위치)로 결정나면서 이 살토스 델 과이라 지역의 폭포들은 수몰되었다(1982).

87 franja

88 Convenio de cooperación para el estudio y aprovechamiento de la energía hidráulica de los ríos Acaray u Monday

89 represa Acaray, 200MW(potencia disponible)

1961년, 국경선 확정 목적으로 양국 합동 위원회가 구성되어 활동을 하던 중 브라질 측이 일방적으로 철수를 하면서 중단된다. 이후에도 계속 국경선 문제로 알력이 있던 중 1965년 11월 브라질군이 국경 분쟁 지역을 점령하는 사태가 발생한다. 파라과이 학생들은 아순시온에 있는 브라질 문화원을 점거하고 언론은 '제국주의자'라고 브라질을 맹공하였다. 전운(戰雲)이 감돌 정도로 한때 긴장이 고조되었으나 이후 양국이 평화적인 합의[90]를 체결하면서 브라질 군부대 점령사건은 원만하게 종결된다(1966.6).

이러한 합의 과정을 거쳐서 1973년 이타이푸 조약이 체결되었음에도 파라과이 국민 일부의 브라질에 대한 시각은 크게 변하지 않았다. 시우다드델에스테 건설(1957), 양국을 연결하는 친선 대교 준공(1965), 이타이푸 건설(1974)이 파라과이 동부 지방의 대개발을 이끌었다. 동시에 브라질 대농(大農)들의 파라과이 진출이 함께 이루어졌다. 브라질 대농들이 진출하면서 파라과이의 각종 사회 문제(빈부 격차, 도농 격차)가 크게 부각되면서 브라질의 파라과이 침략이라는 새로운 해석으로 브라질에 대한 비난을 촉발시킨다. 당시에도 이타이푸 건설을 극렬히 반대한 인사들이 있었다. 정치적인 이해관계를 가지고 브라질과의 협력, 즉 '매국노'라는 프레임을 가지고 선동하였다. 브라질이 자금을 조달하지 않았다면 불가능한 규모의 초대형 사업이었다(파라과이는 50% 공동 출자한 회사가 대출을 받은 것이라고 주장하면서 반박하고 있음. 브라질 정부가 보증을 하였기에 대출이 가능한 것이었음. 파라과이 정부의 보증으로는 대출이 불가능하였음). 또한 이타이푸가 없었다면 아르헨티나와 공동 설립한 자시레타 발전소도 없었을 가능성이 대단히 높다. 역사적인 배경을 바탕으로 형성된 반브라질 정서는 계속될 것으로 보인다.

1970년대 파라과이 외교의 최대 성과는 브라질과 함께 댐을 건설한 것이다. 인권을 말살한 독재자로 오명을 가지고 있는 알프레도 스트로에스네르 대통령(집권 기간: 1954.8~1989.2)의 가장 큰 공적 중 하나가 '이타이푸댐 건설'인 것은 분명하다. 파라과이 경제 기적의 시작과 끝이 이타이푸댐 건설 기간과 거의 일치한다. 이타이푸는 명실상부한 국민기업이다. 파라과이 전 국민, 전 산업이 사용할 수 있는 전력을 생산하고 있고 또한 이익 분배 과정을 통하여 정부 재정, ANDE 재무 상태 개선이 큰 기여를 하였고 앞으로도 계속할 것이다. 무엇보다 재생 에너지로 더욱더 중요성이 부각되고 있다.

브라질에서는 이타이푸의 중요도가 하락하고 있다. 결국, 파라과이에서는 절대적인 지위를 앞으로도 계속 누릴 것이다. 파라과이가 전력을 활용할 수 있는 여러 가지 사업을 구상 중이지만 아직 효과가 나타나지 않고 있다. 이타이푸라는 공기업의 한계를 극복하는 것은 쉽지 않을 것이다. 파라과이는 송전, 배전에 대한 투자를 지속 확대하고 있으나 제조업체 유치가 기대만큼 이루어지지 않고 있다. 파라과이 정부가 앞으로도 큰 공을 들여야 할 것은 제조업 유치경쟁력을 올리는 것이다.

2023년 및 향후 전망

브라질에서 2023년에 적용할 전력 단가를 2022년 12월 말에 전격 발표를 하였다. 브라질은 원가에서 차지하는 금융비(원리금 상환)가 줄어드는 만큼 전력 단가를 인하한다는 입장이었다. 파라과이 측에서는 또 한 번 인하된 가격에 강하게 반발하였다. 결국, 양측은 2022년과 마찬가지로 양측의 평균 단가를 2023년 단가로 적용하기로 합의하였다(2023.4.17).

(단위: U$/kW per month)

	브라질 요구	파라과이 요구	합의 전력 단가
2021	-	-	22.60
2022	18.90	22.60	20.75
2023	12.67	20.75	16.71

2023년 전력 단가는 브라질의 양보로 평균 단가를 적용하였지만, 전력 단가 협상에서 파라과이는 논리적으로 열세이다. 원가에 맞추어 전력 단가를 조정하겠다는 브라질의 논리가 맞기 때문이다. 룰라 현 대통령(좌파), 보우소나루 전 대통령(우파) 모두 이념에 관계없이 '브라질은 파라과이의 대형(大兄)'이라는 파라과이에 대한 시각을 가지고 있었다. 파라과이 차기 정부(2023.8)가 이러한 보이지 않는 외교역학을 잘 활용하는 것이 파라과이에 가장 유리한 Anexo C 개정 조건을 정치적으로 얻어내는 방법 중 하나로 보인다.

*끝으로 스페인어 독해 가능한 독자들을 위하여 아래 참고 자료를 준비하였다.

참고 자료

1. Anexo C 개정 조항(Artículo VI del Anexo C)

원문	Las disposiciones del presente Anexo serán revisados, después de transcurrido un plazo de cincuenta años a partir de la entrada en vigor del Tratado, teniendo en cuenta, entre otros conceptos, el grado de amortización de las deudas contraídas por la ITAIPU para la construcción del aprovechamiento, y la relación entre las potencias contratadas por las entidades de ambos países
번역	여러 항목 중에서 (특히) 발전소 건설을 위하여 이타이푸가 차입한 채무 상환 정도 및 양국의 전력 공사가 계약한 발전 용량 비례 등을 고려하여 (본) 조약이 발효일로부터 50년 경과 후에는 본 부속 문서의 제 조항들은 개정이 가능하다.

2. 로얄티 조항(III.4, "Costo del Servicio de Electricidad")

파라나강 사용료

원문	El monto necesario para el pago de los "royalties" a las Altas Partes Contratantes, calculado en el equivalente de seiscientos cincuenta dólares de los Estados Unidos de América por gigawatt-hora generado y medido en la central eléctrica. Este monto no podrá ser inferior, anualmente, a diez y ocho millones de dólares de los Estados Unidos de América, a razón de la mitad para cada Alta Parte Contratante. El pago de los "Royalites" se realizará mensualmente, en la moneda disponible por la ITAIPU.
번역	양국 정부에 지불되는 로얄티 금액은 발전소에서 발전되고 측정된 시간당 기가와트 전력 당 미화 650불로 계산한다. 1천 8백만 불 이상이 되어야 하며 각 정부는 50% 씩 수령한다. 로얄티는 이타이푸에서 가용한 통화로 매월 지불되어야 한다.
공식	650US＄/GWh x GWh generados x 4(Factor Multiplicador) x Factor de Ajuste(base 1986)

3. 관리감독 보상금(III.5, "Resarcimiento de las cargas de administración y supervisión")

원문	El monto necesario al pago, a la ANDE y a la ELECTROBRAS, en partes iguales, a título de resarcimiento de las cargas de administración y supervisión relacionadas con la ITAIPU, calculadas en el equivalente de cincuenta dólares de los Estados Unidos de América por gigawatt-hora generado y medido en la central eléctrica.
번역	ANDE 및 ELECTROBRAS에 지불되는 관리/감독 보상 비용은 발전소에서 발전되고 측정된 시간당 기가와트 전력당 미화 50불로 계산한다.
공식	50US $ /GWh x GWh generados x 4(Factor Multiplicador) x Factor de Ajuste(base 1986)

4. 자본 이익(III.1, Utilidades del Capital)

원문	El monto necesario para el pago, a las partes que constituyen la ITAIPU, de utilidades del doce por ciento annual sobre su participación en el capital intergrado, de acuerdo con el parágrafo 1° del Artículo III del Tratado y con el Artículo 6° del Estatuto(Anexo A).
번역	이타이푸를 구성하는 쌍방에게 지급되는 금액은 본 조약 3조 1항, Anexo A 제6조에 의거하여 납입 자본에 대하여 연(年) 12%를 적용하여 자본 이익으로 지불한다.
공식	12% x US$ 100 millones x FA(base 1975)

5. 전력 양도 보상금(Compensación por cesión de energía)

원문	La energía producida por el aprovechamiento hidroeléctrico a que se refiere el artículo I será dividida en partes iguales entre los dos países, siendo reconocido a cada uno de ellos el derecho de adquisición, en la forma establecida en el artículo XIV, de la energía que no se utilizada por el otro país para su propio consumo.
번역	본 조약 1조에 명기된 수력 발전으로 생산된 전력은 양국에 균등하게 분배되며 본 조약 8조에 의거하여 일방이 사용하지, 전력을 다른 일방이 자국 수요로 구매할 권리를 가지고 있음을 쌍방은 인정한다.
공식	US$ 30 por GWh x 양도분 x Factor de ajuste(FA)

6. 전기 계약 물량(2020~2021년, 백만 불, MW, MWh)[91]

구분	2020			2021		
	브라질	파라과이	계	브라질	파라과이	계
계약 용량 금액 (백만 불)	2,884	406	3,291	2,847	443	3,291
양도 보상비 (백만 불)	217	0	217	186		186
잉여 생산 전력 (백만 불)	9.9	40	49	6.8	37.5	44
금액 계	3,112	446	3,558	3,040	481.3	3,521
MW 계약분	127,630	17,990	145,620	125,983	19,637	145,620
MWh 공급확약분	58,391,513	9,214,008	67,605,521	49,155,613	10,112,082	59,267,695
MWh 총공급분	60,045,120	15,861,298	75,906,418	50,197,184	15,799,169	65,996,353

91 Estado financiero al 31 de diciembre de 2021 e Informe del Auditor Independiente, Itaipu Binacional, p.49

7. 2021년 기준 전기 공급 원가표[92]

(단위: 백만 불)

항목	Componentes del costo del servicio de electricidad	금액
자본 이익	Utilidad de Capital	54.7
로얄티[93]	Royalties	404.4
관리감독 보상금	Resarcimientos de Cargas de Administración y Supervisión	31.1
대출원금 상환	Amortización de Préstamos y Financiamientos	1,856.2
대출이자 및 금융 비용[94]	Cargas Financieras de Préstamos	205.6
생산 및 운용 비용	Gastos de Explotación	800.5
합계	Total	3,352.5

92 Memoria Anual Itaipú Binacional 2021 인용(p.52).

93 잉여 생산 전력 로얄티 포함.

94 ANDE 2개 계약 건 제외.

8. 파라나강(청색 줄로 표시) 및 댐 위치(● 표시)

* 브라질에서 시작하여 아르헨티나 Rio de la Plata강까지 총 3개국에 걸친 약 4,880km 길이의 강이다. Rio de la Plata강은 대서양으로 흘러간다.

* Yacyretá 발전소는 파라과이, 아르헨티나가 공동 운영 중이다(Entidad Binacional Yacyretá; EBY). 아르헨티나 전력의 약 14%, 파라과이 전력의 약 9%를 공급한다.

* Panamax급 화물 선박 입항이 가능한 곳은 아르헨티나 로사리오(Rosario)항이다. Rosario항 이북(以北)은 수심이 낮아서 바지선으로 화물을 운반한다.

3

파라과이 발전을 견인할 2개의 교량[1]

파라과이 국가 중장기 발전 계획을 살펴보면 "전 국토의 연결(Conectividad)"이 최우선 과제이다. 전 국토의 연결은 주변국(브라질, 아르헨티나)을 거쳐서 대서양, 태평양, 즉 양 대양으로 연결하는 것이 최종 목표이다. '연결'은 내륙 국가의 생존과 관련된 국가의 지상 과제이다. 마리오 압도 현 대통령(2018.8~2023.8)이 집권 기간 중 치적을 밝힐 때 아스팔트 포장 길이를 꼭 인용하는 배경이다.

내륙국 파라과이의 미래를 바꿀 교량 3개가 건설 중이다. 그중 2개를 중심으로 파라과이 경제에 미칠 영향을 분석하고자 한다.

1 KDI(한국개발연구원) 발행 월간 "나라 경제" 2022년 12월호에 게재된 기고문(원제: 연결 통해 내륙 국가의 약점 극복하는 파라과이)의 개정판이다.

파라과이-브라질 국경 "통합 대교"

파라과이 현대 경제사에서 가장 중요한 한 획을 그은 것은 '이타이푸댐'을 브라질과 함께 건설한 것이다(1974~1984). 또 하나는 동쪽의 대서양을 연결하겠다는 동진(東進) 정책의 일환으로 '시우다드델에스테'라는 도시를 건설(1957)한 것이다. 브라질 방향으로 국도가 처음 개설되면서 시작된 동진 정책은 파라과이 동부, 중부의 미개척 내륙 지방 개발, 인구 분산, 파라과이 북동부 지역을 세계적인 곡물 산지로 개발하는 발판을 만들었다.

독립(1811) 이후 대양의 길목을 장악하고 있던 아르헨티나의 눈치를 볼 수밖에 없던 파라과이가 브라질을 끌어들이면서 주변국 간의 지정학적 균형을 맞추는 계기를 만든 것이 이타이푸댐과 동진 정책이다. 파라과이, 브라질의 양국 주민들이 자유롭게 도보로도 왕래할 수 있는 하나의 교량(친선 대교)이 대서양으로 접근하는 물류 혁명은 물론 내륙국의 약점을 보완하는 지렛대 역할을 한 것이다. 제2교량의 필요성이 제기된 것은 1990년대 초부터이다. 30여 년의 기다림 끝에 2번째 교량이 2019년에 착공되어 2022년 말에 완공되었다. 2023년 중 준공식만 남겨놓고 있다.

교량 이름	파라과이 도시	브라질 도시	준공	길이, 차선
친선 대교 (Puente de la Amistad)	시우다드델에스테	포수두이구아수	1965	552m, 왕복 2차선
통합 대교 (Puente de la Integración)	프레시덴떼프랑코 (시우다드델에스테 접경)	포수두이구아수	공사 완료 ('22.12)	760m, 왕복 2차선

파라과이에서 바라본 건설 중인 통합 대교(2022.10)

통합 대교의 신설로 양국을 오가는 물류 비용 절감 효과가 클 것이다. 또한 이구아수 폭포를 방문하는 연 1.5백만 명 중 일부라도 숙박지를 시우다드델에스테로 정하는 낙수 효과도 기대된다. 하지만 통합 대교에서 시우다드델에스테까지의 연결 순환 도로가 아직 준비가 안 되어 개통의 완전한 효과는 좀 더 시간이 걸릴 듯하다. 또한 곡물 수출 도로(7번 국도)와도 연결될 것이다.

아순시온의 2번째 교량,
"차코 전쟁영웅 대교"

1880년대부터 유럽 이민자들이 파라과이에 이주하기 시작한다. 하지만 많은 이민자들이 정착에 실패하고 파라과이를 떠난다. 정착 실패 주요 원인 중 하나는 '도로 인프라'의 부재였다. 이민자들이 배정된 곳은 사람이 살지 않던 곳이 많았는데 정착지부터 아순시온을 연결하는 도로가 없었던 곳이 많았다. 가장 대표적인 예가 서부 차코 지방으로 온 독일계 메노니타들이다. 정착 후 수십 년간 고초를 겪다 1980년대부터 정착에 성공하기 시작한다. 아순시온의 첫 번째 교량인 레만소 대교가 결정적 역할을 한다. 즉, 생산지와 소비지가 원스톱 연결된 것이다. 아순시온의 유일한 다리인 레만소 대교가 준공된 지 40년이 훨씬 지난 2020년 제2대교가 착공되었다.

<table>
<tr><th>교량 이름</th><th>연결 지역(현재)</th><th>연결 지역(미래)</th><th>준공</th><th>길이, 차선</th></tr>
<tr><td>레만소 대교
(Puente Remanso)</td><td rowspan="2">① 9번 국도, 차코 지방 연결함
② 9번 국도, 아르헨티나 국경 연결함</td><td rowspan="2">① 12번 국도 경유 15번 양 대양 연결 국도(Corredor Vial Biocéanico)
② 신도시 개발(미확정 사업)</td><td>1978</td><td>550m,
왕복 2차</td></tr>
<tr><td>차코 전쟁영웅 대교
(Puente Héroes del Chaco)</td><td>2023
(예상)</td><td>600m,
왕복 4차</td></tr>
</table>

볼리비아와 벌인 영토 전쟁인 차코 전쟁(1932~1935) 참전 용사들을 기려서 명명한 '차코 전쟁영웅 대교'에서 아르헨티나 국경까지는 육로로 불과 20여 km이다. 향후 수출입 물류비 절감은 물론 강 건너 '신 아순시온(Nueva Asunción)' 지역 발전도 견인할 것이다. 또한 이 교량은 차코 지방을 동서로 관통하는 '양 대양(대서양·태평양) 연결 국도'와도 연결될 것이다. 양 대양 연결 국도는 칠레(태평양 항구), 아르헨티나(북부), 파라과이(차코), 브라질(대서양 항구) 4개국을 연결하는 것이다. 양 대양을 연결하고자 현재 파라과이-브라질과 접하는 625m 길이의 교량 1개(Puente de la Biocéanica)는 건설 중이고

항공기에서 바라본 라만손 대교. 아래측이 아순시온, 위측이 9번 국도

파라과이 내 3번째 육로 구간(Tercer tramo, 220km)은 입찰을 통하여 시공사를 2022년 11월에 선정하였다.

내륙 국가
한계 극복을 위한 도전

내륙 국가를 포위하고 있는 주변국의 움직임 하나가 큰 위협이 된다. 파라과이강과 파라나강, 즉 두 개의 강이 합류하는 지점부터 아르헨티나가 시작된다. 그런데 아르헨티나 정부에서 이 합류지점부터 아르헨티나 산타페(Santa Fe) 항구까지의 648km 구간에 대한 통행세를 부과하겠다고 일방적으로 결정하였다(2022.10). 통행세는 톤당 1.47불로서 2023년 1월 1일부터 부과되고 있다. 1년 기준 최소 35백만 불 정도 파라과이 기업의 추가 비용이 발생할 것으로 예상되고 있다. 수출입 물동

량의 약 70%까지 영향을 받는 이러한 조처에 대하여 파라과이 정부는 수로 이용 협약(파라과이·아르헨티나·브라질·우루과이·볼리비아 5개국이 1992년 체결)을 근거로 자유로운 통행을 강하게 요구하고 있으나 재정이 취약한 아르헨티나가 파라과이 입장을 수용할지 의문이다.

통행세가 일방적으로 부과되었을 때 대체할 노선이 없는 한 대항할 방법은 많지 않다. 결국은 대양을 연결하는 국도, 교량 등을 계속 건설하고 유지하면서 스스로 길을 확보하여야 한다. 하지만 문제는 '재정'이다. 파라과이는 인프라 투자 예산은 차입(2022년의 경우, 국가 예산의 15%가 차입임. 인프라, 교육, 보건 투자에 배정되고 있다)에 의존하고 있다. 그런데 파라과이 재무부는 국가부채의 증가를 수반하는 인프라 예산의 확대를 경계하고 있다. 이러한 재정 건전성 정책은 정권의 이념과 관계없이 앞으로도 계속될 전망이다. 앞에 언급한 통합 대교 30년 만에 착공 원인도 결국 "재정 문제"이었다. 오랜 기다림 끝에 "(상환이 불필요한) 원조성 자금"이 확보되면서 해결된 것이다.

건설 중인 교량	건설 비용	재원	현 문제점
통합 대교	84백만 불	이타이푸댐 전액 부담	통합 대교-시우다드델에스테 연결 순환 도로 공사 지연
차코 전쟁영웅 대교	125백만 불	파라과이 정부	교량 건설 회사에 기성고(=공사진척분) 대금 지급 지연
양 대양 대교	87백만 불	이타이푸댐 전액 부담	

지난 2022년 9월 내륙 국가 개발 도상 그룹 회의(UN-OHRLLS)가 UN에서 개최된 바 있다. 이 자리에서 파라과이 외무장관은 대서양, 태평양을 하나로 연결하는 지역 통합이 제일 중요하다고 밝혔다. 국경을 넘어서 대양을 연결하는 길을 개척하는 것은 지정학적 균형과도 관련된다. 이런 점에서 현재 건설 중인 3개의 대교는 단순히 교량이라는 기능을 넘어서 내륙 국가 파라과이의 경쟁력을 강화하는 데 큰 기여를 할 것이다. 동진 정책과 같은 제2의 경제 기적을 기대한다.

4

콜로라도당 경선 문화[1]

(당내 경선 6개월 전, 2022년 6월 초 상황)

파라과이는 2023년 4월 30일 차기 대통령(5년 단임)을 선출한다. 대권을 꿈꾸는 정치인들이 당내 경선에서 우선 이기기 위하여 모든 노력을 기울이는 것은 우리와 같다. 또한 상대 후보에 대한 네거티브 공세를 펼치는 것 또한 비슷하다. 하지만 네거티브 소재는 많이 다르다. 우리에게는 낯선 파라과이 대선 문화를 살펴보기로 하자.

집권여당(콜로라도당)은 대통령 후보(러닝메이트인 부통령 후보 포함) 및 당 총재를 2022년 12월 18일 같은 날에 선출한다. 콜로라도당에는 2개의 양대 계파가 있는데 전직 대통령 및 현직 대통령이 이른바 각파의 보스이다. 그런데 두 계파의 보스, 즉 전현직 대통령이 총재선거에서 맞붙는다. 오라시오 카르테스 전 대통령(2013~2018)이 총재가 되는 것을 수수방관할 수 없다고 판단한 마리오 압도 현 대통령(2018~2023)도 총재 출마를 선언한 것이다. 현직 대통령은 헌법상 겸직이 불가능하다. 현직 대통령이 "위헌"이라는

1 KDI 발행 "나라 경제" 2022년 7월호에 게재된 기고문(원제: '내년 대선 앞둔 파라과이, 마약·밀수 소재로 여당 계파 간 공세 격화')을 일부 개정한 것이다.

정치적 부담을 안고 총재에 출마하는 것은 선례(16년 전 당시 대통령이 총재에 당선된 직후 3시간 만에 심복에게 물려준 바 있음)에 힘입은 듯하다. 자파 대통령 후보가 선출된다는 보장이 없는 상황에서 총재 자리까지 상대방에 내주는 것보다는 위헌으로 비난받는 것 났다는 계산임이 분명하다.

2022년 1월, 내무부 장관[2]이 기자 회견을 자청하여 카르테스 전 대통령에 대한 네거티브 공격의 서막을 올렸다. 전 대통령이 소유한 "카르테스 그룹" 계열사인 담배 회사(파라과이 납세 2위 기업)에서 생산된 담배 상당량이 브라질, 멕시코 등 해외로 밀반출되고 있다고 주장하였다. 카르테스 전 대통령계의 대선 후보 산티아고 페냐(전 재무 장관)를 공격한 것이었다. 하지만 여당 내 최대 정파인 카르테스 계파는 바로 연이어 반격을 하여 오히려 현직 대통령을 궁지로 몰아넣는다. 내무부 장관이 브라질에 가족여행을 다녀온 사실이 공개되는데 문제는 브라질에서 수감 중인 거물 마약상이 내무부 장관에게 렌트카를 무상으로 빌려준 것이었다. 내무부 장관은 바로 경질된다. 연이어 항구를 관할하는 해군기지에 밀수품 운반 트럭이 심야 시간에 출입하는 장면이 녹화된 CCTV가 공개된다. 해군 사령관[3]은 현 대통령 계보의 내선 후보(벨라스케스 부통령[4])의 진농생이다. 밀수범 뒤를 봐주는 것은 현 부통령 가족이라는 "이슈는 이슈로 덮는 상황"이 바로 연출된다. 비슷한 시기에 미국, EU, 우루과이 당국이 합동 수사하던 마약 사건[5]에 현직 장관 1명[6], 하원 의원 1명[7]도 연루되어 줄 사직하게 된다. 현 대통령은 더 강한 네거티브를 준비할 필요성을 느꼈을 것이다(한편, 위 마약 사건을 담당한 현

2 Arnaldo Giuzzio(2022.2 내무부 장관에서 해임되었다.)

3 Carlos Velazquéz 해군 사령관은 2022년 10월 경질되었다.

4 Hugo Velazquéz 부통령은 미국 정부에서 부패 인사로 공식 지명(2022.8)하였다. 대선 후보는 사퇴(2022.8)하였으나 부통령직은 계속 유지하고 있다(임기: 2023.8).

5 작전명 Ultranza PY(미국(DEA), EU경찰, 우루과이 반마약부대, 파라과이 합동 작전)

6 ministro de Emergencia Nacional, Joaquim Roa

7 diputado Juan Carlos Ozorio

직 검사[8]가 콜롬비아에서 신혼여행 중에 백주에 청부 살해되어 파라과이 전체가 충격에 빠졌다. 청부 살인에 가담한 5명이 사건 한 달 뒤인 2022년 6월 초 체포되었다[9].

네거티브 공격 소재로만 보아도 밀수, 마약이 파라과이 경제, 정치 전반에 스며들었음을 반증하고 있다. 제조업이 발달하기 힘든 작은 내수 인구(7.4백만 명)와 제조업이 발달한 브라질, 아르헨티나와 내륙으로 국경을 접한 것이 "공산품 밀수"가 근절되지 않는 이유이다. "마약"의 경우는 환적지 역할[10]을 주로 한다. 마약 생산국(페루, 볼리비아), 마약 중간상(브라질)에 옆에 위치한 국가로서 느슨한 국경 통제, 허술한 수출통관 등이 유럽으로 환적되는 허브 역할을 하고 있다. 그렇다면 왜 단속을 못 하는지 궁금할 것이다. 단속을 하여야 할 단속 공무원(경찰, 세관 등)의 상당수가 밀수, 마약상과 유착되어 있다. 공무원의 박봉이 유착의 시작이었겠지만 이러한 유착이 장기간에 걸치면서 공생 시스템으로 발전되어 버린 것이다.

밀수(마약)상들은 돈세탁을 주목적으로 합법적인 사업체를 운영하는 경우가 많은 데 이 사업체들이 정치자금원인 것은 공공연한 비밀이다. 정치 초년생 시절부터 정치 자금을 받다 보면 훗날 대통령이 되어도 마약상과의 거래를 손절하는 것이 얼마나 힘든지를 보여 주는 좋은 실례가 있다. 2022년 1월 퇴임한 후안 올란도 에르난데스 전 온두라스 대통령(재임 기간: 2014~2022.1)은 현재 미국에서 재판을 받고 있다. 미국 정부에 따르면 2004년부터 콜롬비아, 베네수엘라에서 재배된 마약이 온두라스를 거쳐 미국으로 밀반입되는 것을 지원하였다고 한다. 2022년 상반기 파라과이 국회를 통과한 지자체장 피선거권을 22세로 두 살 낮추는 법안을 놓고 정치 자

8 fiscal Marcelo Pecci, 미국 정부는 5백만 불 현상금(recompensa)을 걸고서 청부 살해 지시 조직을 찾고 있다.

9 청부 살인을 최종 지시한 조직 및 인물은 아직 밝혀지지 않았다(2023.4).

10 마약을 생산하는 국가(Colombia, Peru)보다는 선적검사가 느슨하거나 단속 기관과 유착이 쉬운 파라과이, 에콰도르, 파나마가 마약 환적지로 이용된다. 미국, EU, 아시아 등이 최종 목적지이다.

금이 궁한 젊은 정치 후보생들이 마약상들과 유착하는 계기가 될 것이라는 언론의 우려도 좋은 예이다. 그런데 정말로 심각한 것은 따로 있다. 파라과이 국경 무역 대도시[11]의 현직 시장이 대낮에 총기 피격을 받아 살해되는 사건이 2022년 5월에 발생하였다. 현직 검사 살해 사건에 연이어 발생한 이 사건은 "마약 조직이 정부를 더 이상 두려워하지 않는 상황"까지 되고 있음을 보여 준다. 일부 전문가들은 아직은 멕시코 정도로 심각한 수준은 아니라고 보고 있다. 브라질 최대 범죄 조직 PCC[12]파가 파라과이 마약을 장악하고 있는데 브라질 당국과 공조 여부에 따라 상황이 더 악화되는 것을 막을 수 있다는 낙관론이다. 하지만 반대 의견도 많다.

다시 여당을 살펴보자. 재벌 총수인 카르테스는 정치 입문한 지 4년이라는 짧은 시간에 2013년에 대통령에 전격 당선되었다(여당 전통 주류에서는 카르테스를 아직도 "아웃사이더"로 볼 가능성도 있다). 2017년 당내 대선 후보 경선에서는 전통 주류가 이기면서 1승 1패가 된다. 전통 주류출신 마리오 압도 대통령(1971년생)은 취임 후 현재까지 2번에 걸쳐서 국회에서 탄핵[13] 위기를 맞았었다. 그때마다 하원 최대 의석을 보유한 카르테스 전 대통령 계파에서 앞장서서 탄핵을 막아주었다. 몇 달간 잠잠하던 네거티브가 2022년 6월 들어 다시 시작하고 있다. 정부 당국에서 그간 내사한 "카르테스 전 대통령 그룹사에 대한 밀수 및 돈세탁 보고서"가 언론에 유출되어 대서특필된 것이다. 카르테스파에서는 "정치적 탄압"이라고 반발하고 있다. 그런데 저자 판단으로는 내사 보고서의 상당한 내용이 이미 공개된 정보인지라 카르테스 파를 침몰시킬 결정적인 한 방으로 보이지는 않는다. 미국이 나서서 비토 입장을 표명하지 않는 한 후보 간 상호 비방전이 계속되면서 12월

11 도시명 Pedro Juan Caballero

12 Primeiro Comando da Capital(Primer Comando de la Capital)

13 juicio político

경선을 맞을 듯하다[14]. 여당지지자들 입장에서는 12월 18일 경선 이후 대선에서 두 계보가 "원 팀"이 되는지 여부가 가장 중요할 것이다. "원 팀"이 된다면 장기 집권(2013~2028)으로 들어가게 될 것으로 보이기 때문이다.

한편 제1야당 및 군소 야당, 지방의 정치운동 세력들은 단일화[15]를 추진 중이다. 지난 2008년 대선에서 61년 만에 정권 교체에 성공한 바 있는 좌파 야당은 이미 단일화 후보를 선출하였다. 대선에서 야당이 승리하려면 범야권 세력 단일화는 필수이고 집권 여당의 분열도 필요하다. 범야권이 단일화에 성공할지는 좀 더 지켜보아야 한다. 끝으로 파라과이는 대표적인 친미 국가이다. 카르테스 계파의 담배 밀수(돈세탁) 문제가 다시 현안으로 떠올랐지만 2022년 6월 현재 미국은 관망하고 있다[16]. 카르테스 계보의 대선 후보가 시내에 걸어놓은 플래카드에는 "차비스모(베네수엘라 차베스 대통령 이념, 즉 포퓰리즘) 없는 나라(즉 파라과이)"라고 적혀있다. 야당을 차베스 좌파로 규정하는 이념 프레임 전쟁이다. 경선 및 대선이 임박할수록 새로운 공약이 쏟아져 나올 것이다. 아직까지는 후보별 경제 공약이 없다. 경제 공약은 시간을 더 두고 지켜보아야 할 것 같다.

> 2022년 12월 18일 실시된 집권당인 콜로라도당 경선에서 카르테스 전 대통령이 압도 현 대통령을 꺾고 당 대표로 당선되었다. 카르테스 계파[17] 후보인 산티 페냐가 대통령 후보로 당선되었다. 현 대통령 계파[18]의 완패이다. 득표율을 비교해보면 카르테스 계파의 지지층은 이탈표가 없었다.

14 2022년 7월부터 미국 정부는 양 계파 1명씩(카르테스 전 대통령, 우고 벨라스케스 현 부통령)을 부패 인물로 지명하였다(2022.7~2022.8).

15 루고 전 대통령은 뇌혈관 수술 후 회복 중이다(2023.4). 선거용 후보 단일화는 Alianza, 연정을 전제로 한 후보 단일화는 Concertación이라고 한다.

16 미국 정부는 카르테스 전 대통령을 부패 인물로 공식 지명하였다(2022.7).

17 Honor Colorado라고 함.

18 Fuerza Republicana라고 함.

콜로라도 경선 결과(2022.12.18)

	대통령 후보	득표(득표율)	당 대표	득표(득표율)
1위 (당선)	산티 페냐	618,651표 (51.6%)	카르테스 전 대통령	605,917표 (50.56%)
2위	아르놀도 윈스	526,061표 (43.87%)	마리오 압도 현 대통령	457,302표 (38.16%)

콜로라도당 산티 페냐 후보 선거 본부(아순시온, 2022.6)

*여당 후보 카르테스 계파의 대통령, 부통령 후보 선거 캠프 전경. 콜로라도(Colorado)는 스페인어로 "붉은색"을 의미한다. 선거 캠프가 붉은색이다. 공산당과 구분하기 위하여 콜로라도당 깃발에 "별"이 표시되어 있다.

5

파라과이와 미국[1]

(2022~2023)

파라과이는 전통적으로 친미 국가로 분류된다. 2008~2012년 기간을 제외하고는 콜로라도당(우파)이 1947년부터 현재까지 집권하고 있다. 콜로라도당 집권 기간이 동서 냉전 시대와 겹치면서 파라과이는 미국으로부터 경제지원 혜택을 받았고, 대신 미국은 파라과이를 반공의 보루로 활용할 수 있었다. 냉전 종식 이후 미국의 영향력은 더욱 커져서 파라과이 정치가 대혼란을 겪을 때마다 정권의 운명을 결정하는 역할을 수행해왔다. 이렇게 파라과이 정치에 절대적 영향을 미치는 미국이 파라과이 전직 대통령과 현직 부통령을 부패한 인물(Significativamente corruptos)로 전격 지명하는 일이 2022년에 연이어 발생하였다.

저자는 양국 간의 관계를 현재에서 시작하여 과거로 거슬러 올라가 보고자 한다. 미국의 국익 기준, 영향력, 결과를 살펴보면서 양국 관계의 미래까지 전망하고자 한다.

1 한·중남미협회 발행 계간지 "K-Amigo" 2022년 겨울호에 게재된 기고문. 작성 시점 이후 발생한 2022년 12월 경선 결과를 반영하였다.

콜로라도당Partido Colorado

2022년 12월 18일, 여야 각 당은 대통령 후보를 선출하였다. 집권여당인 콜로라도당은 당 대표도 함께 선출하였다. 카르테스 전 대통령 계파의 산티아고 페냐가 대통령 후보로, 카르테스 전 대통령은 당 대표로 선출되었다. 대통령 선거는 2023년 4월 30일이며 취임식은 8월 15일이다.

콜로라도당(공식 명칭은 ANR, Asociación[2] Nacional Republicana"공화주의자 국민협회"라는 뜻임)에는 두 개의 계파가 있다. 현 대통령과 전 대통령이 양 계파의 수장이다. 이 두 계파는 지난 2022년 사활을 건 정쟁을 하였다. 이 전투구(泥田鬪狗) 정쟁에 미국이 개입하면서 예상치 못한 일들이 벌어진다.

여당 경선 최초 대진표 (2022.7 기준)

계파	자파 의원수[3]	대통령 후보	당 대표 후보
전 대통령 계파 Movimiento Color Colorado	23	산티아고 페냐 (Santiago Peña) 전 재무 장관	오라시오 카르테스 (Horacio Cartes) 전 대통령
현 대통령 계파 Movimiento Fuerza República[4]	17	우고 벨라스케스 (Hugo Adalberto Velázquez Moreno) 현 부통령	마리오 압도 (Mario Abdo) 현 대통령

마리오 압도 현 대통령은 재임 기간(2018.8~2023.8) 중 2번이나 탄핵 위기를 맞았다. 집권 초기부터 탄핵으로 몰려서 지도력 손상을 입은 상황에서 팬데믹 발 보건 체제 붕괴, 경기침체로 하락한 대통령의 인기를 반등할

2 정당(Partido)보다는 더 폭넓은 각 사회 계층을 포용한다는 의미로서 협회(Asociación)라는 용어를 사용한다.

3 하원은 총 80석.

4 원 공식 명칭은 Colorado Añetete이다. 2022년 대선 운동 과정에서 명칭을 새로 만들었다.

콜로라도당 중앙당(아순시온, 2023.1)

기회가 좀처럼 오지 않았다.

현 대통령 계파에서는 카르테스 전 대통령(2013.8.~2018.8.)을 "담배 밀수출, 돈세탁, 테러리스트 연계"된 범죄자라고 2022년 초부터 집중 공세를 펼쳤다. 이들은 감사원(CGR)을 동원하여 카르테스 불법(의혹)행위를 백서로 출판하였고 미국 정부 및 의회에 카르테스의 불법(의혹)을 고발하였다. 소위 '미국을 힘입어 판세를 뒤집어 보자'라는 전략인 셈이다. 미국은 전혀 호응하지 않았다.

당내 경선 선거운동이 치열하게 전개되던 2022년 6월, 이란/베네수엘라 화물기 1대가 아르헨티나에서 압류되는 사건이 발생한다. 그러데 '각종 의혹 제기에도 미동도 없던' 미국이 이 압류 사건을 계기로 카르테스 전 대통령을 부패 인사로 전격 지명하면서 파라과이 대선 정국이 요동(搖動)을 치기 시작한다.

아르헨티나, 이란/베네수엘라 화물기 압류

2022년 6월 6일, 아르헨티나 항공 당국은 에세이사(Ezeiza, 부에노스아이레스) 국제공항에 착륙한 베네수엘라 국영 항공사 소속 화물기(보잉 747-300) 1대를 압류한다. 이란의 국영 항공사(마한 항공, Mahan Air)가 2021년 2월에 베네수엘라에 매각한 화물기이다. 항공기를 매각한 마한 항공은 이란 혁명 수비대[5]의 무기, 군수물자를 항공기로 수송한 혐의로 미국 정부로부터 2011년부터 제재를 받고 있었다. 화물기를 매입한 EMTRASUR[6]는 베네수엘라 국영 항공사(Convisa[7])의 화물 전용 계열사이다. 그런데 모기업인 Convisa는 2020년부터 미국의 제재를 받고 있었다. 미국산 기술 및 제품(무기류, 항공기 등)은 중고로(de segunda mano) 제3자에게 매각할 때도 미국 정부의 사전 동의를 받아야 한다. 미국 정부의 승인 없이 미국산 항공기를 제3자에게 매각하는 것은 불법인바 미국 정부가 아르헨티나에 화물기 압류 요청을 한 것이다. 양 항공사 모두 제재 대상인바 미국 정부에서 중고거래 승인을 신청하여도 "불허"가 확실하다. 따라서 양 항공사 간 무허가 거래를 한 것인데 무허가 거래는 미국 정부의 '압류' 위험은 물론 '수리 유지 부품'을 정상적인 방법으로 구매할 수가 없다.

화물기가 압류되면서 승무원 19명도 같이 억류되었다. 6월 12일 최초 보도가 될 때만 해도 정확한 사유가 공개되지 않았다. 며칠 후부터 파라과이 카르테스(Horacio Manuel Cartes Jara) 전 대통령이 소유한 담배 회사(회사명 Tabacalera del Este S.A., 약칭 Tabesa)의 담배 밀수출에 이 화물기가 이용되었다는 보도가 나오기 시작하였다. 또한 해당 화물기를 미국에 신고한 것도 '파라과이 정부'임이 공개되기 시작하였다.

5 Guardia Revolucionaria Islámica de Irán(영어 약자로 IRGC)
6 Empresa de Transporte de Aerocargo del Sur
7 Consorcio Venezolano de Industrias Aeronáuticas y Servicios Aéreos

또한 화물기 조종사, 이란인 고람레자 가세미(Gholamreza Ghasemi)는 이란 혁명 수비대의 전투 조직인 쿠드스군(Fuerza Quds) 소속이라는 보도도 나오기 시작하였다. 미국은 쿠드스군(軍)을 테러리스트 단체로 지난 2019년 지정한 바 있다. 미국 제재를 받는 2개의 항공사, 테러리스트 단체 소속 조종사, 화물기 용도에 비해 너무나 많은 승무원, 담배 밀반출 등이 의혹을 증폭시키면서 전 세계 언론의 관심을 끌기 시작하였다.

공개된 화물기 경로

일자	출발지	도착지	화물 및 특이 사항
2022.5.13	베네수엘라	파라과이 밍과수(Minga Guazú) 국제공항(삼국 국경 접경 도시인 Ciudad del Este 소재)	• Tabesa 담배 선적 • 승무원 18명 내림(이란인 5명, 베네수엘라인 13명)
2022.5.16	파라과이 Minga Guazú 국제공항	아루바(Aruba, 베네수엘라 인근 도서 국가, 네덜란드 자치령)	• 아루바 공항에서 담배화물 내림(Descarga)
2022.6.6	멕시코 Queretaro (멕시코 출발 후 베네수엘라 주유)	아르헨티나 코르도바(Cordoba) 공항	• 멕시코에서 자동차부품 선적 • 에세이사 공항, 기상악화로 코로도바 착륙
2022.6.6	아르헨티나 코르도바(Cordoba) 공항	아르헨티나 에세이사(Ezeiza) 국제공항	• 부품 하역함 • 주유 거부 당함
2022.6.6	아르헨티나 에세이사(Ezeiza) 국제공항	우루과이 몬테비데오(Montevideo)국제공항	• 주유 목적 공항 이동 • 착륙 거부 당함
2022.6.6	아르헨티나 에세이사(Ezeiza) 국제공항		• 비행기 압류 • 승무원 19명 여권 압류(이란인 5명, 베네수엘라인 14명)

참고로 9월부터 아르헨티나 당국은 억류되었던 승무원 19명은 순차적으로 출국 허용하였다. 2023년 4월 현재 미국은 보잉 화물기 압류(incautación)를 추진 중이다.

조사 과정을 통하여 많은 의혹은 해소되었다. 베네수엘라는 보잉 화물기를 구매하면서 '마한 항공 조종사 임대'까지 계약 조건에 포함시켰다. 14명의 베네수엘라 승무원들은 탑승 교육 중이었던 것이었다. 미국의 압류를 두려워하여 미국의 힘이 미치지 않는 곳만 취항(이란, 중국, 벨라루스, 러시아)하는 베네수엘라 항공사가 아르헨티나(좌파 정부)를 반미 정부로 과신하였던 것으로 보인다. 멕시코(좌파 정부)와 다른 조처를 한 것이다. 착륙을 거부한 우루과이는 우파로서 미국 정부 지시를 따른 것이다. 한편, 이스라엘 정부는 이란이 베네수엘라로 원유를 수출하고 베네수엘라가 현물로 결제(pago en especie)한 금(oro)을 이란으로 이동하는데 사용한 화물기로 확신하고 있다. 금은 터어키 등에서 현금화되어 헤즈볼라로 지원된다는 것이 이스라엘의 설명이다.

미국, 전 대통령을 부패 인물로 지명

2022년 7월 22일, 미국 국무부장관 명의의 성명이 발표된다. 2022년 3월에 부임한 아순시온 주재 미국 대사(마크 오스필드, Marc Ostfield)는 기자 회견까지 직접 한다. 대사는 카르테스 전 대통령이 "부패 인물"로 지명되었음을 밝힌다. 카르테스 성인 자녀 3명까지 포함되었다. 성명서 내역은 다음과 같다.

미국 대사관 스페인어 번역판	번역
El expresidente Cartes obstruyó una importante investigación internacional sobre el crimen transnacional para protegerse a sí mismo y a su asociado criminal de un posible enjuiciamiento y daño político.	카르테스 전 대통령은 다국적 범죄에 연루된 본인 및 공범에 대한 법의 심판 및 정치적 타격을 피하고자 국제적으로 진행되는 중요한 수사를 방해하였다.
Estas acciones socavaron la estabilidad de las instituciones democráticas de Paraguay, al contribuir a la percepción pública de corrupción e impunidad dentro de la oficina del presidente del Paraguay.	이러한 수사 방해행위는 대통령은 부패하여도 어떠한 처벌도 받지 않는다는 생각을 국민들에게 심어줌으로서 파라과이 민주주의 제도의 근간을 흔들었다.
Además, estas acciones permitieron y perpetuaron la participación recientemente documentada de Cartes con organizaciones terroristas extranjeras y otras entidades designadas por los Estados Unidos, lo que socava la seguridad de los Estados Unidos contra el crimen y el terrorismo transnacional y amenaza la estabilidad regional.	미국의 안보를 위해 하는 다국적 범죄 및 테러리즘, 그리고 미주 지역의 안정을 위협하는 해외의 테러리스트 조직, 또는 미국 정부가 지정한 기타 단체들과 카르테스 전 대통령이 아직도 연루되었음을 보여 주는 최신 자료를 검토해보면 (카르테스의) 수사 방해가 있었기에 이러한 연루가 가능하였고 아직도 계속되고 있음을 보여 주고 있다.

2022년 7월 22일, 미국 정부의 발표가 있자 카르테스 반대파인 현 대통령은 물론 우고 벨라스케스 부통령 진영은 그야말로 축제 분위기였다. 노력이 보답받는 순간이었다. 카르테스는 물론이고 대선 후보 산티아고도 동반 사퇴하고 수사를 받으라고 여론몰이를 시작하였다. 특히 산티아고를 카르테스의 꼭두각시(Títere)라고 칭하면서 기세를 올렸다.

오라시오 카르테스(1957년생)는 돈과 권력 둘 다 가진 인물이다. 34여 개 회사(그룹 홈페이지 기준임, 재산 신고 시는 46개 사를 신고함)를 가진 재벌 총수로서 담배 회사(Tabesa)는 파라과이 법인세 납세 2위, 카르테스 본인도 파라과이 개인소득세 납세 1위인 부호이다. 카르테스는 대통령 재임 기간 동안 외국 공식 방문 시 자가용 비행기를 자비로 이용하여 정부 예산을 아낀 인물로 유명하다. 남미 국가 방문은 자가용 비행기로, 미국, 유럽 방문 시는 상파울루(환승 공항)까지는 자가용 비행기로, 즉 자비로 가서 대형 항공기로 환승할 정도였다.

카르테스는 '미국의 주장은 허위'라는 성명서(Comunicado)를 발표한다.

성명서 스페인어 원문	번역
Ante la designación anunciada por la Embajada de EEUU niego y rechazo el contenido de las acusaciones, las que considero infundadas e injustas.	미국 대사관이 발표한 (부패 인사) 지명은, 근거도 없고 터무니없는 비난으로서 사실이 아님을 밝히고 받아들일 수 없다.
Siempre estamos y estaremos compromitidos en ofrecer el apoyo y la información de primera fuente que las autoridades necesiten para esclarecer los asuntos que nos cuestionan.	(파라과이) 정부 당국이 우리와 관련된 문제들을 검토하기 위하여 필요한 정보 및 지원을 우리는 현재와 마찬가지로 앞으로도 우리가 직접 제공할 것이다.
Seguiremos trabajando en el mismo rumbo, acompañando el fortalecimiento de la democracia, apostando a la inversión en el Paraguay y generando oportunidad y fuentes de trabajo miles de compatriotas.	민주주의를 더욱 발전시키면서 대 파라과이 투자를 유치하고 또한 수천 명 국민들의 일자리, 일할 기회를 창출하는 길을 계속해 온 것처럼 앞으로도 같은 길을 걸을 것이다.

그런데 카르테스 대통령은 미국의 발표를 접하고 무슨 생각을 했을까?

대통령을 퇴임한 지 3개월 경과 후 2022년 4월에 미국으로 송환된 온두라스(Honduras)의 오르란도 에르난데스(Juan Orlando Hernández, 재임 기간: 2014.1~2022.1) 전 대통령이 떠올랐을 것이다. 동시에 미국이 부패 인물로 지명한 파라과이 정치인 3명도 생각났을 것이다.

미국 정부 지정 부패 인물(2022.5 현재)

이름	직위	미국 지명 연도	현 상황
Javier Díaz Verón	전 검찰총장	2019	파라과이에서 불구속 재판 중
Ulises Quintana	현 하원 의원	2021	집권여당 소속 현역 의원으로 활동 중
Óscar González Daher	전 상원 의원	2019	68세로 아순시온에서 심장마비 사망(2021.10)

미국이 '부패 인물'에 대하여 어떠한 조처를 취하는지 알아볼 필요가 있다. 조사, 송환, 금융 제재 등 여러 가지 조처가 가능한데 가장 대표적인 것이 "종신(Por vida)" 미국 입국 금지이다. 즉 미국 입국 비자를 발급하지 않는 것이다. 그런데 위 파라과이 3명을 보더라도 출국하지 않고 파라과이에서 계속 거주하면 미국의 제재는 제한적일 수밖에 없다. 무엇보다 파라과이 내에서 기소 및 재판을 통하여 미국 송환 명령 판결이 있지 않으면 송환은 불가능하다. 카르테스 및 자녀에게는 종신 입국 금지만 적용되었다.[8] 즉, 미국 정부에서 지명한 부패 인사들을 뜻하는 리스타 엔헬(Lista Engel)에 등재된 것이다.

주파라과이 미국 대사는 카르테스 부패 인사를 지명되었음을 발표하면서 기자들과 질의응답을 하였다. 한 기자가 "파라과이에서 조사도 받지 않고 재판도 받지 않은 인물(즉 카르테스를 의미함)을 미국은 왜 부패한 인물로 지명하는가"를 묻자 "증거가 충분하고 신빙성이 있는 경우는 미국은 지명한다. 그리고 오늘 발표가 끝이 아니다."라고 답을 하면서 추가발표가 있을 것임을 시사하였다.

한편 미국이 특정한 카르테스가 방해한 수사는 현재 브라질에서 수감 중인 "돈세탁의 왕[9]" 다리오 메세르(Darío Messer)와 관련된 것을 의미한다. 브라질 역사상 최대의 부패 스캔들인 라바자투(Lava Jato, 2014년부터 수사 시작) 작전으로 드러난 돈세탁의 핵심 인물이다. 카르테스가 파라과이 대통령일 때 라바자투와 연계된 돈세탁을 카르테스 그룹의 금융계열사가 개입한 것으로 브라질 당국은 확신하고 있다. 또한 수감 중에 카르테스에게 법률비용으로 50만 불을 지원 요청할 정도로 두 사람은 각별한 사이(Hermanos de alma)인 것으로 알려져 있다. 브라질에서 카르테스 전 대통령을 2019년 체포하려고 했던 배경이다.

8 la Sección 7031(c) de la Ley de Asignaciones sobre Operaciones Extranjeras y Programas Relacionados del Departamento de Estado de 2022

9 Doleiro dos doleiros, Cambista de cambaistas, 직역하면 "환전상 중의 최고 환전상"이다.

카르테스의 변호사는 브라질 당국이 해외에서 체포할 수 있으니 해외 방문을 자제하라고 카르테스에게 조언했었다. 그럼에도 카르테스는 대통령 퇴임 후 바티칸을 방문하여 로마 교황을 알현한 바 있다(2019.8). 바티칸 이후 카르테스가 해외를 방문하였다는 기록은 없다.

미국, 현직 부통령을 부패 인물로 지명

2022년 8월 초순, 우고 벨라스케스 현 부통령은 대통령 후보 당내 경선(2022.12.18)에 전념하기 위하여 부통령직을 조만간 사임할 것이라고 밝혔다. 부통령직 남은 임기(2023.8)를 채울 후보군으로 3명의 상원 의원 이름이 언론에 거론되고 있었다.

한편 현 검찰총장은 카르테스 대통령 시절 5년 임기로 임명되었다. 카르테스에 대한 기소를 거부하자 현 대통령 계는 검찰총장에 대한 탄핵(Juicio Político)안을 2022년 7월부터 의회에 상정하기 시작하는데 9월까지 4번 모두 부결된다. 탄핵에 필요한 표수가 2/3(54표)인데 야당 일부 의원이 카르테스와 손을 잡으면서 계속 부결되는 것이다. 현 압도 대통령은 차기 검찰총장을 새로 임명하였다(2022.12). 2023년 3월에 취임 예정인데 대선 1개월 앞둔 시점이다. 대선 결과를 보고 후속 조처를 결정할 것이다. 참고로 사법부(판사) 및 검사의 약 70%가 콜로라도 당원이다.

2022년 8월 12일, 미국 대사가 기자 회견을 자청한다. 예상대로 미국 대사는 부패 인사 추가발표를 하였다. 하지만 전혀 예상치 못한 이름이 호명된다. 대사는 벨라스케스 부통령(1967년생), 두아르떼(Juan Carlos "Charly" Duarte) 변호사, 부통령 부인, 부통령의 자식 3명, 두아르떼 가족까지 총 8명을 지명한다. 이들은 카르테스와 동일한 법이 적용되었다[10].

약 20여 일 사이 대선 정국이 반전된다. 마리오 압도 대통령 계파는 그야말로 머리 위에 핵폭탄이 터진 꼴이 된다. 미국 대사는 기자 회견장에서 공무원에게 제공된 뇌물 금액이 1백만 불 이상이라고 밝힌다.

미국의 발표 내역이다.

미국 대사관 스페인어 번역판	번역
Duarte, un colaborador personal y profesional cercano del vicepresidente Velázquez, ofreció un soborno a un funcionario público paraguayo para obstruir una investigación que amenazaba al vicepresidente y a sus intereses financieros.	벨라스케스 부통령과 동업 관계이며 최측근 인사인 두아르떼는 부통령과 자신의 금융자산에 위협이 되는 수사를 막고자 파라과이 공무원 1명에게 뇌물을 제공하였다.
Actos de corrupción, como estos, contribuyen a la disminución de la confianza en el gobierno y a la percepción pública de corrupción e impunidad, dentro de la oficina del vicepresidente de Paraguay.	이러한 부패한 뇌물 제공 행위들로 인하여 부통령은 부패하여도 처벌받지 않는다는 국민적 공감대가 조성됨은 물론 정부에 대한 국민적 신뢰를 떨어지게 만들었다.
Además, el acto de corrupción de Duarte, abusó y explotó su poderosa y privilegiada posición pública dentro de la Entidad Binacional Yacyretá, poniendo en riesgo la confianza pública en uno de los activos económicos más vitales de Paraguay.	두아르떼의 부패 행위는 (소속 회사인) 자시레타 발전소의 (본인) 직위가 가지는 힘과 특권을 남용하고 악용한 것으로서, 파라과이 경제의 가장 중요한 자산 중 하나인 자시레타의 국민적 신뢰를 떨어뜨렸다.

언급된 자시레타(Yacyretá)는 파라과이-아르헨티나 양국 정부가 50:50 공동 소유하고 운영 중인 수력 발전소(EBY, Entidad Binacional Yacyretá)이다. 현 대통령 계파의 원로 격인 니카르노(Nicarno Duarte Frutos) 전 대통령(재임기간: 2003.8~2008.8)이 현 정권 출범에 맞추어 파라과이 측 사장으로 부임

10 la Sección 7031(c) de la Ley de Asignaciones de Programas Relacionados y Operaciones Extranjeras del Departamento de Estado de 2022

한 곳이다. 현 정부의 많은 고위 인사들이 퇴임 후 전관예우로 이곳에서 월급을 받는다. 두아르떼도 자시레타 법률고문으로 재직 중에 부패 인사로 지명된 것이다. 한편, 니카르노 전 대통령은 카르테스 공격하는 데 항상 앞장서는 인물로 유명하다.

미국 대사가 부통령 사퇴예정일에 맞추어 기자 회견 날짜를 정한 것으로 보였다. 미국이 성명서를 발표하자 벨라스케스 부통령은 대통령 후보 당내 경선 사퇴 및 부통령직 사퇴를 즉각 발표한다.

여당 양 계파는 이제 1:1이 된 것처럼 보인다. 하지만 당내 경선 4개월을 앞두고 자파의 대선 후보를 변경하는 것은 절대적으로 불리할 뿐 아니라 '미국 정부에서 지명한 부패한 인물'에 대한 총공세를 한 것이 부메랑이 되어 돌아온다. 현 대통령은 건설부 장관을 대통령 당내 경선 후보를 전격 투입한다.

당내 후보 "변경" 대진표 (2022.11 기준)

	대통령 후보	총재 후보
전 대통령 계파 Color Colorado	산티아고 페냐 전 재무 장관 (1978년생)	카르테스 전 대통령
현 대통령 계파 Movimiento Fuerza República	아르놀드 윈스(Arnold Wiens Dürksen) 전 건설부 장관 (1964년생)	마리오 압도 현 대통령

그런데 부통령은 대통령 후보 경선은 사퇴하지만, 부통령직은 유지하겠다고 1주일 후 마음을 바꾸면서 소속 계파에 2차 타격을 입힌다. 1백만 불이라는 거액을 제공하여 무마하려고 한 사건이 무엇인지 대중의 궁금증을 풀고자 현지 언론들이 추측 기사를 쏟아내기 시작한다.

2004년의 언론폭로가 다시 주목을 받는다. 레바논계 브라질 국적자인 카셈 모하마드 히자지(Kassem Mohamad Hijazi)는 파라과이 시우다드델에스테에서 돈세탁을 조직적으로 운용하는 데 이 지역의 검사 두 명이 뒤를 봐

주고 있다는 특종 보도였다. 이 두 명의 검사는 훗날 자시레타 발전소 법률 고문이 된 두아르떼와 부통령이 된 벨라스케스였다. 당시 보도는 카셈 모하마드는 매일 2~3백만 불 돈세탁을 하였고 이 두 명의 검사에게 수백만 불을 보호비로 상납하였다는 폭로였다.

2016년에 공개된 사진도 다시 거론되었다. 검사 시절 레바논에 여행 가서 요트 위에서 여러 명과 함께 찍은 사진이다. 벨라스케스 검사 옆에 앉은 인물이 헤즈볼라(Hezbolá) 자금 총책 격인 왈리드 아미네 스웨이드(Walid Amine Sweid)인 것이 밝혀진다. 왈리드 아미네 스웨이드 역시 삼국 국경 지대에서 활동하는 인물이었다. 당시 부통령은 헤즈볼라 자금 건 수사에 참여하던 검사였다. 삼국 국경 지대(Triple Frontera)는 브라질, 아르헨티나, 파라과이 3개국이 강을 사이에 두고 접하는 지역이다. 파라나강, 이구아수강이 만나는 곳이다.

카셈 모하마드는 2021년 파라과이에서 체포되어 2022년 7월 8일 미국으로 송환되었다. 벨리스케스 부통령이 트위터에 글을 올린다.

원문	번역
La extradición de Kassem Hijazi a EE.UU. por cargos de lavado de dinero muestra mi compromiso en la lucha contra el crimen organizado.	돈세탁 혐의로 Kassem Hijazi이 미국으로 송환된 것은 조직범죄와 전쟁을 하고 있는 나의 헌신을 보여 줬다.
Como Fiscal Adjunto, lo llevé a Juicio Oral y Público aunque curiosamente fue absuelo por el Poder Judicial.	내가 검사 시절, Kassem Hijazi를 기소한 바 있었다. 하지만 사법부에서 어처구니없이 그를 풀어줬다.
El tiempo nos dio la razón.	이제야 내가 옳았음이 입증되었다.

부통령은 현재(2023.4)까지도 현직을 유지하고 있다. 대통령은 부통령직 사퇴를 공개적으로 압박하고 있지만, 부통령은 '국민이 뽑은 자리'를 스스로 사퇴할 생각이 없다고 하면서 남은 임기(2023.8)를 채울 것이라고 밝히고 있다.

그런데 레바논인들과 검찰 간의 유착 관계는 이들이 국경상권을 장악하고 있음을 잘 보여 준다. 또한 정계 주류에 다수 진입한 것도 유착의 배후로 추정된다. 아래는 레바논, 시리아계로 대통령이 된 경우이다.

레바논 · 시리아계 대통령 배출 현황

이름	국가	재임 기간	생몰	부친 가계
마리오 압도 베니테스 (Mario Abdo Benítez)	파라과이	2018.8~2023.8	1971~	레바논(부)
카를로스 사울 메넴 (Carlos Saúl Menem)	아르헨티나	1989.7~1999.12	1930~2021	시리아 부모 (1910), 수니파
미첼 테메르 (Michel Miguel Elias Temer)	브라질	2016.8~2018.12 (탄핵 승계)	1940~	레바논 부모 (1925), 마로니타
하밀 마후아드 (Jorge Jamil Mahuad)	에콰도르	1998.8~2000.1	1949~	레바논(부)
압달라 부카람 (Abdalá Jaime Bucaram Ortiz)	에콰도르	1996.8~1997.2	1952~	레바논(부)

헤즈볼라

1994년 7월 18일, 부에노스아이레스 시내에 소재한 AMIA(아르헨티나-유태인 상조 협회) 건물에 르노 승합차가 돌진하여 폭발한다. 현장 사망자만 85명, 부상자가 300여 명에 달한 아르헨티나 역사상 최악의 테러 사건이다. 앞에서 '이란' 화물기가 억류되었다고 하였을 때 많은 아르헨티나인들은 본능적으로 AMIA(Asociación Mutual Israelita Argentina) 폭탄 테러 사건이 떠올랐을 것이다. 또한 부에노스아이레스의 이스라엘 대사관 차량 폭발 사건(1992.3, 22명 사망, 242명 부상)도 연상되었을 것이다.

AMIA 사건은 10여 년의 조사를 통하여 이란이 사주하고 헤즈볼라가 감행한 사건으로 밝혀졌다. 아르헨티나에서 이란과 체결한 원자력 기술 이전 협정을 중지한 것에 대한 이란의 보복이라고 아르헨티나 정보당국은 해석하였다. 이스라엘의 시아파 수뇌부 암살에 대한 경고, 아르헨티나의 걸프전 미 연합군 지원에 대한 보복 등 다른 해석도 있다. 무엇보다 테러를 지시한 이란인들은 모센 레자이(Mohsén Rezai) 현 부통령을 포함하여 5명이 특정되었으나 그 누구도 아직 처벌받지 않은 테러로서 남아 있다. 이 사건을 조사하던 아르헨티나 검사(Alberto Nisman)는 2015년 1월 당시 크리스티나 대통령(현 부통령)을 AMIA 사건 조작 관련자로 고발하여 파문을 일으킨다. 그런데 이 검사는 5일 후 자택에서 총상을 입고 죽은 채 발견된다. "이란"은 검사 피살(미제 사건), AMIA 폭탄 테러, 대사관 폭파 등 아르헨티나인들에게 "테러"를 연상시키는 "부정적" 단어가 된 것이다. 또한 "이란=헤즈볼라"도 함께 떠올랐을 것이다. 헤즈볼라는 시아파(Chií)이며 시아파의 종주국은 이란이다. 시아파인 헤즈볼라는 레바논의 정당에 속한 군사 조직으로서 이란의 지휘를 받는다.

사건 당시 AMIA 폭탄 테러를 감행한 헤즈볼라 대원(현장에서 차량과 함께 폭사)이 삼국 국경 접경지대를 거쳐서 아르헨티나로 입국하였음이 밝혀지면서 삼국 국경 지대와 헤즈볼라가 주목을 받았었다.

레바논인들은 시리아인들과 함께 오스만 제국(Imperio Otomano) 말기(~1922)부터 시작하여 프랑스 신탁(~1943)을 거쳐 독립 이후인 레바논 내전(1975~1990) 중 남미로 대거 이민을 온다. 특히 레바논 내전 기간은 시우다드델에스테가 성장한 기간과 거의 일치한다.

삼국 국경 지대 접경도시

주요 산업	도시 (국가)	창설 연도	인구
도소매 유통, 서비스, 제조, 이타이푸댐	Ciudad del Este (파라과이)	1957	308천 명
관광(이구아수 폭포), 도소매 유통, 이타이푸댐	Foz do Iguaçu (브라질)	1914	257천 명
관광(이구아수 폭포)	Puerto de Iguazú (아르헨티나)	1901	45천 명

"상업"을 목적으로 이민 온 모든 사람에게 신생도시 시우다드델에스테는 원주민의 텃세가 없는 기회의 땅(Tierra de oportunidades)이었다. 1990년대를 거치면서 레바논 및 시리아인들은 상권을 장악하기 시작한다. 2008년 미국 마약 단속 기구인 DEA(Agencia de Control de Droga)의 작전(작전명: Proyecto Cassandra) 보고서에 따르면 헤즈볼라는 삼국 국경 접경지대에서 마약 및 돈세탁, 무기 거래에 이미 깊이 간여한 것으로 되어 있다.

당시 보고서는 마약이 삼국 국경 지대에서 시작하여 서아프리카를 거쳐서 유럽으로 유통되는 경로를 밝히면서, 레바논은행을 돈세탁 창구로 특정하였다. 세탁된 돈이 미국으로 보내져서 미국산 중고 자동차를 매입하고 중고 자동차는 서아프리카로 보내져서 현지에서 판매된다. 당시 미국은 헤즈볼라를 "국제 범죄 재벌(Conglomerado criminal internacional)"로 규정하였다.

2019년 8월 21일, 미국 국무성은 아래와 같은 성명을 발표한다. 파라과이 정부가 헤즈볼라를 테러리스트 집단으로 지정한 것에 대한 감사 성명이다. 전문 중 일부는 아래와 같다. 참고로 헤즈볼라를 테러리스트로 지명한 남미 국가는 파라과이, 아르헨티나, 콜롬비아 3개국에 불과하다.

미국 국무성 발표문	번역
21 de agosto de 2019 Encomiamos a Paraguay por designar a Hezbollah, Al Qaeda, ISIS y Hamas como organizaciones terroristas. Este es un paso importante que ayudará a recortar la capacidad de estos grupos de planificar ataques terroristas y recaudar fondos en todo el mundo, incluso el Hemisferio Occidental.	(미국 정부는) 헤즈볼라, 알 카에다, ISIS, 하마스를 테러리스트 집단으로 지명한 파라과이 정부에 감사를 표한다. 이 조처는 테러 공격을 계획하고 미주 지역을 포함한 전 세계에서 자금을 모으는 테러리스트들의 능력을 약화시키는 중요한 조처이다. (참고, 헤즈볼라는 Hizballah로도 표기한다)
El mundo está reconociendo cada vez más a Hezbollah por lo que es: no un defensor del Líbano como pretende ser, sino una organización terrorista dedicada a promover la agenda maliciosa de Irán. Tal como ISIS y Al Qaeda, Hezbollah tiene un alcance mundial cuyas operaciones y planes han sido desarticulados en años recientes en las Américas, el Oriente Medio, África y Asia.	헤즈볼라의 정체가 갈수록 세상에 알려지고 있다. 헤즈볼라가 자신들이 주장하는 것처럼 레바논을 지키는 수호자가 아니다. 이란의 사악한 지시를 따르는 테러리스트 조직에 불과하다. ISIS와 알 카에다와 마찬가지로 헤즈볼라는 전 세계를 대상으로 테러를 계획하고 있는데 최근 수년간 미주 대륙, 중동, 아프리카, 아시아에서 테러 시도 및 음모가 분쇄되고 있다.

그런데 정권에 따라 국익의 기준도 바뀐다. 이란과의 핵 합의 타결(2015)을 위하여 오바마 대통령(민주당)이 헤즈볼라에 대한 작전, 즉 Proyecto Cassandra 후속 조처를 중지하라는 압력을 행사하였다는 폭로가 있었다. 트럼프 대통령 집권 후 나온 폭로이다. 트럼프 대통령(공화당)은 이란과 핵 협상 JCPOA(포괄적 공동 행동 계획, Plan de Acción Intergral Conjunto)를 탈퇴하였다(2018).

아르헨티나(당시 좌파 정권)는 이란과 AMIA 관련 공동 조사를 하는 양해 각서를 체결(2013)하였다. 2019년 말 아르헨티나 정권이 우파로 교체되자 양해각서는 바로 폐기된다.

미국의 딜레마

2022년 5월 10일, 파라과이 마약 사건 전담 검사(Marcelo Pecci)가 콜롬비아(Cartagena)에서 신혼여행 중 백주에 부인 앞에서 총을 맞고 살해당하는 일이 발생한다. 살해된 검사는 2019년부터 시작된 마약 소탕 작전(작전명: A Ultranza Py)에 참여하였는데 현역 파라과이 하원 의원(2022년 의원직 자진 사임)까지 연루된 다국적 사건이다. 브라질 PCC파 또는 헤즈볼라가 유력한 청부 배후로 거론되었다.

2022년 5월 12일, 검사 피살 사건 직후 미국으로 송환을 대기 중이던 헤즈볼라 소속 카셈 모하마드(Kassem Mohamad Hijazi)가 살인 명령을 내린 것으로 추정되었다. 파라과이 검찰은 카셈의 감방을 수색하면서 한 장의 계약서를 발견한다. 카셈의 아들과 변호사 간에 체결한 "미국 송환을 막는 법률서비스" 계약서이다. 368,000불을 지불하는 법률용역이다. 그런데 법률용역 계약서의 변호사가 파라과이의 현직 대법원장의 아들임이 밝혀지면서 충격을 준다(2022.11). 아들은 아버지는 모르는 사실이라며 아버지 개입설을 극구 부인하였고 아버지는 여론의 사임 압박을 이겨내고 정년퇴임하였다(2023.3).

2022년 10월 28일, 파라과이를 이틀간 공식 방문한 미 국무부 글로벌 반부패 조정관 리차드 네퓨(Richard Nephew)가 출국 전 기자 회견을 가졌다. 아래와 같은 질문이 있었다.

> 기자 질문) 브라질, 아르헨티나의 부패에는 (미국은) 침묵하면서 왜 파라과이의 부패만 문제 삼는가?

여기에서 "부패(Corrupción)"는 "테러리즘, 마약, 돈세탁, 무기 거래, 정치인 부패"를 다 포함하는 포괄적인 용어이다. 즉, 삼국 국경 지대의 범죄는 브라질, 아르헨티나, 파라과이 모두가 해당하는데 왜 미국은 약소국인 파라과이만 문제 삼는가를 물어본 것이다.

미국 정부에서 내걸은 '검사 살해 청부범 현상금 5백만 불' 포스터(아순시온 국제공항, 2023.1)

2022년 11월 17일, 미국 정부는 검사를 살해한 인물을 잡는 데 결정적인 단서 또는 정보를 제공하는 자에게 5백만 불을 지불하는 현상금(Recompensa)을 발표한다. 사건이 발생한 지 수일 만에 5명의 용의자를 잡아들인 콜롬비아에서 살인 명령을 내린 조직(인물)을 밝혀내지 못하자 결국 미국이 5백만 불로 사건을 조기에 해결하고자 하는 것이다. 콜롬비아에서 발생한 검사 청부 살인은 두 개 이상의 국제 조직들이 개입하여 최초의뢰자(Determinador) → 계약자 → 행동대원 순으로 이루어졌으며, 그리고 청부 중개상도 개입한 것으로 추정하고 있다. 베네수엘라 조직이 개입하였을 것이라고만 추정하고 있다.

1960년대부터 군의 조직적인 비호하에 파라과이 마약 산업이 성장한 지 벌써 60년 이상 흘렀다. 이제는 국제적인 대형 범죄 조직들이 개입하면서 국가를 대상으로 오히려 테러(검사 살해)를 할 정도가 되었다. 미국이 아무리 강하게 단속을 요구하여도 중남미 스스로 단속하는 것에는 근본적으로 한계가 있다. 원인은 "중남미 빈곤, 청년실업, 단속 공무원의 박봉"이 자리를 잡고 있다. 또한 정치인, 사회지도층에 대한 솜방망이 처벌 관행화,

군경 조직의 조직적 비호 등 미국의 시각에서는 "제도 내 허점과 공범"이 너무 많은 것이다. 무엇보다 미국, EU라는 거대한 소비 시장이 있는 한 마약이 계속 공급될 것은 분명하다. 파라과이가 막히면 새로운 유통 루트가 개척될 것이다. 미국의 딜레마이다.

미국의 개입

미국의 지난 200년간 대 중남미 정책은 "중남미는 미국의 뒷마당(América Latina es el patio trasero de Estados Unidos)"으로 요약된다(뒷마당은 '영향권 아래'의 뜻임). 미국이 막후 또는 공개적 개입을 통하여 파라과이의 민주화 또는 정권 안정에 기여한 중요한 사건은 아래와 같다.

미국, 파라과이 정치개입사(1989~2021)

시기	정치 상황	미국 조처	결과
1989.2	• 스트로에스네르 정권(1954~1989.2) 장기 독재 지속 • 남미 국가 80년대 중반 군정 종식 및 민주화 이행에 파라과이, 칠레만 역행	• 미군 남부군 사령관 방문, 권력 2위 로드리게스 장군과 군사 혁명 통한 정권 교체 방법 협의(1988) • 미국 정부, 로드리게스 장군에 대한 부패 인물 지명 철회(1988)	• 로드리게스 장군, 군사 혁명 감행 • 스트로에스네르 정권 전복됨
1993.5	• 대통령 선거, 부정선거 시비로 후보 간 결과 불승복 여당, 와스모시 40% 야당1, 라이노 32% 야당2, 카바예로 23%	• 선거 참관인으로 참여한 카터 전 미국 대통령, 후보 3인과 회동, 향후 선거 유사 사례 방지 협의	• 2, 3위 후보, 카터 대통령 중재 결과 수용, 1위 당선 확정
1996.4	• 와스모시 대통령, 육군 사령관 오비에도 장군 해임 • 오비에도 장군, 해임 명령 불복, 무력 대치	• 미국 대사관, 와스모시 대통령 지지 성명 발표 • 와스모시 대통령, 미 대사관으로 피신	• 오비에도 장군 불명예 강제 예편

시기	정치 상황	미국 조처	결과
1999.3	• 경찰, 현역 부통령 암살 사건 항의하는 시위대에 발포. 사망자 7명 발생	• 미국 대사, 라울 쿠바스 대통령에게 하야 권유	• 쿠바스 대통령 하야 및 브라질로 망명
2012.6	• 루고 대통령(61년 만의 최초의 좌파 집권) 탄핵	• 미국 대사, 좌파 대통령 탄핵 방안을 부통령과 협의	• 루고 대통령 탄핵. 프랑코 부통령 승계
2017	• 카르테스 대통령, 연임 금지 헌법 개헌 추진	• 미 국무부 고위 관리 방문, 카르테스에 개헌 반대 입장 전달	• 개헌 포기
2021.3~6	• 마리오 압도 대통령, 코로나 백신 도입 지연으로 탄핵 위기	• 미국 정부, 백신 2백만 회 접종분 기증	• 탄핵 부결

미국이 내정에 개입한 것 중 가장 대표적인 것은 스트로에스네르 대통령을 군사 혁명으로 전복시킨 것이다(1989.2). 군사 혁명이 일어나기 2개월 전에 미군 남부군 사령관인 워너(Frederick Woerner) 대장이 파라과이를 전격 방문하여 권력 2인자인 안드레스 로드리게스(Andrés Rodríguez) 장군(당시 육군 제1군 단장)을 면담 후 바로 출국한다. 알프레도 스트로에스네르 대통령(생몰: 1912~2006)과는 면담조차 하지 않고 출국한 것이다.

미국의 내정 간섭 의도를 간파한 당시 집권여당(콜로라도당)의 지도부는 대통령 주재 군 참모 회의를 소집한다. 로드리게스 장군을 현장에서 체포할 계획이었다. 하지만 로드리게스 장군은 2주 연속 주간 회의를 불참하면서 군사 혁명을 전격 감행, 35년 독재를 하룻밤 만에 종식시킨다.

미국은 지난 1971년에 파라과이 군부가 헤로인을 미국으로 조직적으로 밀수출하고 있는 것을 적발한 바 있다. 1974년, 미국은 군 서열 2위 로드리게스 장군을 블랙리스트에 올리고 미국 입국 금지 조처를 발표한다. 마약 거래, 돈세탁 혐의였다. 그런데 미국은 1988년 11월 로드리게스 장군에 대한 제재를 전격 해제한다. 미국의 정권 교체(1989.2) 작전이 이미 수립되었음을 시사(示唆, insinuación)한다.

안드레스 로드리게스 장군(생몰: 1924~1997, 대통령 재임 기간: 1989~1993)은 스트로에스네르 대통령과는 사돈(consuegro) 관계이었다. 스트로에스네르의 막내아들이 사위였다. 로드리게스 장군은 마약을 거래하고 독재 정권을 지탱하는 핵심 인물이었다. 그런 그가 한순간에 독재를 종식한 인물로 화려하게 변신에 성공한다. 미국이 모든 것을 연출한 것이다. 이 또한 미국의 "국익"을 위한 결정이었다.

민주화 이전 양국 관계

미국은 파라과이와 1861년 수교하였다. 1989년 민주화 이전의 양국 간의 관계는 명과 암이 교차하였다.

파라과이-미국 관계(1870~1988)

시대	내역	결과
1870년대	• 미국 정부, 종전 후 아르헨티나와 영토 분할 건 중재. 파라과이 정부 안을 지지	• 파라과이, 차코 지방 영토 보존
1917년대 (1차 세계 대전)	• 미국에 대한 지지 요청	• 파라과이, 중립 기조 하 미국과 연대 선언
1940년대 (2차 세계 대전)	• 파라과이, 미국(연합군) 지지 파라과이, 추축국(독일, 이탈리아, 일본)과 단교	• 미국의 경제 지원 획득(1939년부터 시작)
1950~1960년대 (스트로에스네르 대통령)	• 제2의 쿠바 혁명 견제 목적으로 미국 정부, Alianza para el Progreso 프로그램 시행(1961~1971, 진보를 위한 동맹)	• 파라과이 정부, 공산주의자, 좌파 게릴라 무장 활동 소탕(50년대 말 60년대 초) • 파라과이, 쿠바 단교(1960) • 미국의 경제 지원 획득(중남미 3번째 많은 금액수혜, 기간: 1954~1960)
1970년대 중반 ~1970년대 후반 (스트로에스네르 대통령)	• 콘도르 작전(남미 군사 정권, 반체제 인사 체포 공조)	• 강제 구금, 고문, 피살, 실종자 발생

시대	내역	결과
1970~1980년대 (스트로에스네르 대통령)	• 파라과이 군부, 미국 향(向) 마약 공급 • 파라과이, 이란, 남아공 국제 제재(무기 금수) 위반	• 로드리게스 장군, 부패 인사로 지명
1980년대 (스트로에스네르 대통령)	• 미국의 카터 대통령 및 레이건 대통령, 파라과이 인권 개선 촉구	• 인권 유린 지속

아래는 미국 개입으로 발생한 명암의 대표 사례이다.

삼국 동맹 전쟁(1864~1870)에서 패전한 파라과이는 영토 분쟁 중이던 지역 일부를 승전국 아르헨티나, 브라질에 양보하게 된다. 그런데 아르헨티나와 협상 과정에서 이견이 발생하여 미국에 중재를 요청하는데 미국이 파라과이 편을 든다. 파라과이로서는 이러한 결정으로 국토를 상당 부분을 보전(integridad territorial)할 수 있게 되며 감사의 뜻으로 당시 미국 대통령 이름(러더포드 헤이스, Rutherford B. Hayes, 재임 기간: 1877~1881)을 따서 해당 지역을 명명한다(1879). 현재 파라과이에서 3번째로 큰 주(Departamento)인 프레시덴떼 아예스(Presidente Hayes)이다.

오페라시온 콘도르(Operación Cóndor 또는 Plan Cóndor)는 남미의 6개국 군사 정권들이 연합하여 반체제, 노동운동, 학생 운동 등 민주화 세력을 불법 임의 연행, 구금, 고문부터 재판 없이 처형, 정치인 암살 등 남미 현대사에 가장 큰 오점을 남긴 사건이다. 냉전 시대의 미국은 인권이 유린당하는 각 국가의 상황을 외면했다. 파라과이 진실·정의 위원회(CVJ)는 스트로에스네르 대통령 집권 35년간(1954~1989) 구금 119,175명, 고문 18,722명, 처형 348명, 실종 2,016명, 망명 20,181명 등 총 128,076명을 직간접 피해자로 발표하였다(Informe Final, p.31).

한편, 미국 기업이 관여한 파라과이-볼리비아 간 차코 전쟁(1932~1935)도 역사의 상처로 남아 있다. 볼리비아의 차코 지방에 진출하여 원유 발굴을 추진하던 미국 석유기업 스탠더드오일(Standard Oil)이 대양으로 나가는

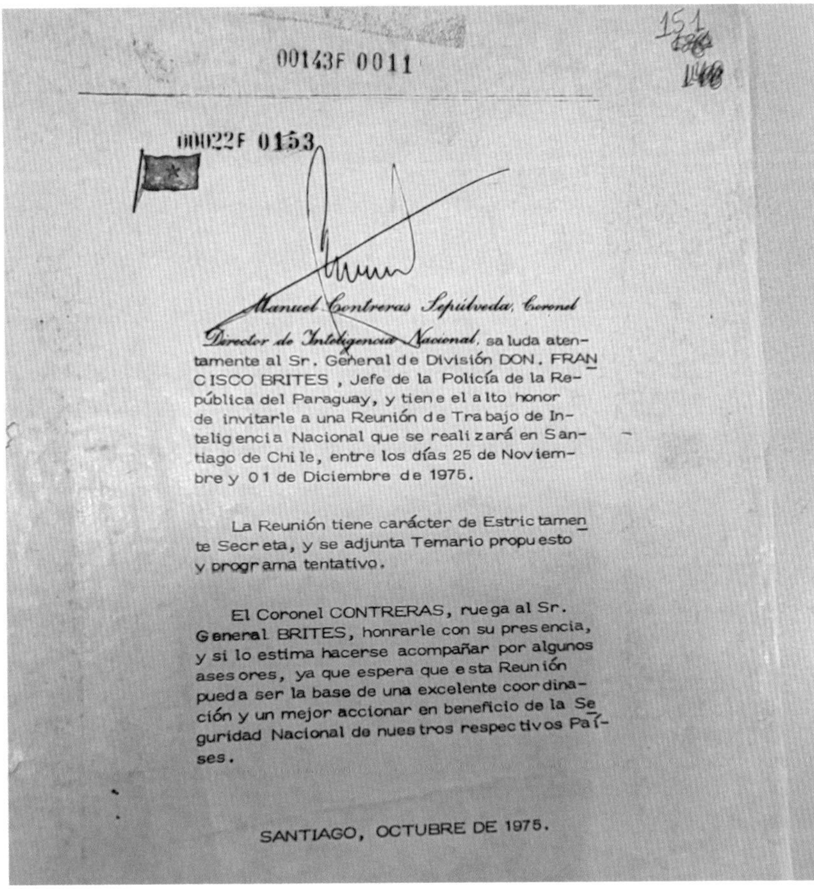
00143F 0011

151

00022F 0153

Manuel Contreras Sepúlveda, Coronel

Director de Inteligencia Nacional, saluda atentamente al Sr. General de División DON. FRANCISCO BRITES, Jefe de la Policía de la República del Paraguay, y tiene el alto honor de invitarle a una Reunión de Trabajo de Inteligencia Nacional que se realizará en Santiago de Chile, entre los días 25 de Noviembre y 01 de Diciembre de 1975.

La Reunión tiene carácter de Estrictamente Secreta, y se adjunta Temario propuesto y programa tentativo.

El Coronel CONTRERAS, ruega al Sr. General BRITES, honrarle con su presencia, y si lo estima hacerse acompañar por algunos asesores, ya que espera que esta Reunión pueda ser la base de una excelente coordinación y un mejor accionar en beneficio de la Seguridad Nacional de nuestros respectivos Países.

SANTIAGO, OCTUBRE DE 1975.

칠레 정부가 파라과이 정부에 보낸 콘도르 작전 회의 초청장(1975.10). 초청장 원본을 촬영(2023.1)

통로, 즉 강을 확보할 것을 볼리비아 정부에 요구한 것이 전쟁 원인 중 하나라는 설명도 있다. 파라과이의 승전으로 마무리된 이 영토전쟁은 양국 모두에 큰 상흔(傷痕)을 남겼다. 1969년 6월 아순시온의 대학생, 고등학생들이 뉴욕 주지사 넬슨 록펠러(1908~1979) 방문을 반대하는 대규모 시위를 벌인다. 스탠더드오일이 록펠러 가문 소유이기 때문이다. 무엇보다 볼리비아 정부는 국채 판매 대금으로 전쟁용 무기를 구매하였는데 스탠더드오일이 뉴욕에서 볼리비아 국채 발행되는 것을 지원하였음은 물론 양국 휴전 협상에서는 볼리비아에게 유리하게 지원하였다는 것을 학생들은 지적하였다.

파라과이가 내정 간섭을 받기 시작한 역사는 길다. 삼국 동맹 전쟁(1864~1870)에서 패전하면서 승전국(브라질, 아르헨티나)의 내정 간섭을 받게 된다. 전쟁 이후 집권한 정권들은 승전국 중 하나의 지원을 받아야 정권 유지가 가능할 정도였다. 1947년 내전에서 승리한 콜로라도당은 반대편인 반(反)콜로라도 인사(범야권, 공산당)들은 아르헨티나로 대거 추방한다. 반콜로라도 인사들은 아르헨티나 정부 지원하에 아르헨티나에서 무장하여 파라과이로 밀입국한다. 그리고 무장 게릴라 활동을 전개한다. 그런데 아르헨티나 정부 입장이 게릴라 활동 지원 중지로 결정되면서 상황이 180도 바뀐다. 아르헨티나 정부가 국경을 통제하자 파라과이 내 게릴라들은 그야말로 고립무원(孤立無援)으로 갇혀서 체포되거나 사살된다. 1950년대 말부터 1960년대 초 냉전 시대에 벌어진 일이다. 아르헨티나가 파라과이 정권 전복을 도모하다가 선린정책으로 정책을 돌변하면서 벌어진 일이다. 아르헨티나, 브라질, 미국 모두 "국익"을 바탕으로 내정 간섭을 결정하고 행동하였음을 보여 준다.

미국의 핵심 역할

미국의 가장 큰 역할은 지정학적 균형이다. 내륙 국가 파라과이가 지정학적 균형을 맞추기 시작한 것은 1970년대 이타이푸댐(시우다드델에스테 인근)을 브라질과 함께 건설하면서 시작된다. 대서양 길목을 장악하고 있던 아르헨티나에게 일방적으로 기울었던 균형을 맞춘 것이다. 그런데 브라질, 아르헨티나 두 나라가 동시에 한 방향으로 힘이 몰렸을 때 다시 균형을 잡아줄 국가로서 미국이 필요하다. 좋은 예가 2012년 루고 대통령 탄핵이다. 당시 남미는 좌파 대통령들이 집권하던 국가(브라질, 아르헨티나, 베네수엘라, 우루과이, 칠레, 에콰도르)가 다수로서 이들이 메르코수르(남미 공동 시장) 및 UNASUR(남미 국가 연합, Unión de Naciones Suramericanas)를 장악하고 있었다. 루고 대통령 탄핵 여파로 파라과이는 이 두 기구에서 자격 정지(Suspención)된다. 하지만 미국이 예산의 50% 이상을 부담하고 있는 미주 기구(Organización de los Estados Americanos)에서는 파라과이에 대해 징계를 하지 않는다. 2022년 10월 파라과이가 미국 공병단에 파라과이강 관리 마스터플랜을 맡기는 것을 검토하자 아르헨티나 정부가 미군의 개입이라고 반발하였다. 협상의 레버리지(palanca)로써 미국이 필요함을 잘 보여 준다.

미국의 또 하나 중요한 역할은 경제 지원이다. 파라과이는 2차 세계 대전 당시, 1961년 Promgrama Alianza para el Progreso 때는 물론이고, 1990년대 초 워싱턴 컨센서스(Consenso de Washington) 이후 미주 개발은행(BID) 지원 등을 통하여 미국의 경제적 지원을 받았다. 물론 지원받은 막대한 금액이 부패한 정치인, 군인, 기업인들의 배만 불렸다는 비난도 많다. 하지만 국가 간 지원금은 성격상 자금의 흐름까지 감시할 방법은 사실상 없다. 수원국(受援國) 스스로 감사 기능을 확립하고 부정부패 적발, 그리고 상응하는 처벌 제도 확립 및 실행이 중요한 이유이다. 바이든 대통령도 미주 정상 회담(Cumbre de las Americas)을 개최하였다(2022.6). 하지만 아직 지원이 구체적으로 보이지 않는다. 미국이 존재감을 가장 잘 보여 준 것은 2021년 코로나 백신 2백만 접종분 무상 지원이다. 2백만 접종분 지원 이후 미국 마이애미로 가서 코로나 백신을 접종하는 백신 투어가 없어졌다. 백신 투어로 생긴 마이애미 항공 임시 노선도 이후 폐지되었다. 또한 대만과 단교하고 중국 백신을 지원받자는 여론도 사라졌다.

카르테스 그룹Grupo Cartes

2000년대 초반부터 미국은 카르테스를 주목하고 있었다. 미국 ATF(주류, 담배, 총기 단속국)에서는 2008년부터 2013년까지 Tabesa 미국법인 위장 잠입 비밀 작전(작전명: Operación Bristol)을 펼쳤고 이후 카르테스를 담배 밀수 주범으로 특정하였다. 하지만 미국에서는 카르테스가 정치에 입문하여 대통령에 당선(2013)될 때까지 문제 삼지 않는다. 야당 및 여당 반대파에서도 밀수 문제를 공론화시켰으나 카르테스는 대통령에 무난히 당선된다. 이렇게 오랜 기간 지속된 공격으로 카르테스와 담배 밀수출 연루는 이미 구문이 되어버린 느낌이다.

이런 점에서 미국에서 '내정 간섭'이라는 리스크를 감수하면서까지 2022년 7월에 부패 인사로 전격 발표한 배경에 의문이 든다. 아르헨티나에서 압류된 항공기가 파라과이에서 선적하여 아루바까지 운송한 담배가 밀수품이라는 증거가 없는 상황(오히려 양 국가의 세관에 수출입 신고되었음), 즉 테러 자금으로 전용되었다는 입증할 증거도 없이 미국이 너무 성급하게 나선 것으로 보인다.

칠레의 최대 재벌그룹 총수인 안드로니코 룩식(Andrónico Luksic)은 미국에서 구리, 니켈 채굴 사업권(미국 미네소타 소재, 칠레 Antofagasta의 미국 소재 계열사인 Twin Metals Minnesota가 추진)을 트럼프 대통령(공화당) 때 획득한 바 있다. 그런데 바이든(민주당) 집권 이후 미 내무부가 환경 파괴를 문제 삼으며 사업권 갱신을 거부하는 돌발상황이 발생하여 대응책 마련에 고심하고 있었다. 이러던 중 파라과이에서 2개의 합작 사업을 하고 있는 카르테스 전 대통령이 부패 인물로 지명되었다는 소식을 접하자 아순시온을 방문하여 카르테스 전 대통령과 비밀 회동을 한다(2022.8). 회동 결과는 공개되지 않았지만 카르테스와 합작한 2개 사업을 포기하겠다는 통지하였을 것이라고 칠레 언론에서는 추정하였다. 이 면담과 무관하게 미국 정부는 광업 허가권 갱신을 최종적으로 거부하였다. 미국의 결정 하나하나가 전 세계 모든 기업체의 의사 결정에 영향을 미치고 있음을 잘 보여 주는 사례이다.

저자가 조사한 바로는 카르테스 그룹은 신규 사업 진출, M&A(기업 합병)를 공격적으로 전개하고 있다. 새로운 성장 동력을 찾기 위한 노력으로 보인다. 밀수로 상당한 자금이 개인 또는 회사에 유입되었다면 M&A를 통하여 사내 유보금(ganancias retenidas)을 줄이는 과정이기도 하다. 카르테스 그룹이 신사업을 통하여 성장 동력을 확보할 수 있는지는 그룹 차원을 떠나서 파라과이 경제에도 대단히 중요할 것이다. 파라과이 경제 발전에서 제일 필요한 것은 1차 산업이 가지는 한계를 보완하는 새로운 산업의 육성이기 때문이다.

참고로, 카르테스 그룹은 '카르테스 그룹(Grupo Cartes)' 명칭(marca)을 더 이상 사용하지 않는다고 발표하였다(2023.3.24). 미국의 카르테스 그룹에 대한 경제 제재(sanción económica) 여파이다.

신사업 진출 현황 (작성: 2022.11)

기업체	업종	진출 방법	진출/생산 연도
Don Vito	패스트푸드 식당 체인	인수	2021.7.
Farmacenter	약국, 잡화 체인	인수	2020.12.
Enex	주유소 체인	합작 투자(칠레)	2020.11.
Frigorífico Chajhá	도축 가공	합작 투자	2023
Cecon	시멘트 제조	신설	2023

담배 밀수는 국가 간 세금 차이에서 시작된다. 파라과이는 담배에 대한 특별소비세를 계속 높이고 있나. 특소세가 올라갈수록 밀수출 경쟁력은 떨어진다. 이것만으로는 부족하다. 수입국에서 담배에 대한 세금을 동시에 줄여야 밀수근절에 성공한다. 예로 브라질이 담배에 대한 각종 세금을 인하하면 국산(즉 브라질산) 담배 가격 경쟁력이 오르면서 밀수는 급감할 것이다. 하지만 밀수 단속하자고 국민건강을 해치는 악수가 될 것이다. 여론의 비난을 이겨내지 못할 것이다. 담배 밀수가 근절되지 않는 이유 중 하나이다.

카르테스 야심

파라과이는 민주화 후 독재의 부활을 막고자 5년 단임제를 헌법(1992.6)에 명시하였지만 이후 단임제 철폐 개헌 시도가 계속되었다. 그때마다 국민들이 저항하였고 미국이 개헌에 반대하였다. 그런데 지난 10여 년간 남미에서 새롭게 나타난 현상은 '개헌 없이 한두 번 쉬었다 다시 대통령이 되는 것'이다.

헌법	국가(헌법)	사례
단임제	칠레 (단임제)	• 바체렛, 단임 2번(2006.3~2010.3/2014.3~2018.3) • 피녜라, 단임 2번(2010.3~2014.3/2018.3~2022.3)
중임제	브라질, 아르헨티나 (중임제)	• (브라질) 룰라, 중임(2003.1~2011.1), 당선(2023.1) • (아르헨) 크리스티나, 중임(2007.12~2015.12), 부통령(2019.12)

그렇다면 파라과이 전임 대통령 중 차차기(2028.4)에 출마할 인사가 있을까? 좌파의 절대 지도자 격인 루고 전 대통령은 탄핵으로 대통령 임기를 4년밖에 못 한 것이 억울하여 출마를 희망할 것으로 보이나 건강이 발목을 잡을 가능성이 높다. 뇌경색 수술 후 회복 중이다(2023.4). 나이도 1951년생으로 76세가 된다(1942년생인 바이든은 77세에 미국 대통령 당선, 브라질 룰라 대통령은 1945년생, 76세에 당선되었다).

반면 카르테스 전 대통령은 71세(1956년생)가 되는 차차기에 도전할 만하다. 카르테스 당 대표의 임기는 2028년 1월까지이다.

차기 대통령(2023.8~2028.8)으로 자파(自派) 후보 산티아고 페냐가 당선됨에 따라 검토할 가능성도 있다.

전망

브라질 룰라 전 대통령이 재집권(2023.1)하면서 남미 핑크타이드(Marea Rosa, 브라질, 아르헨티나, 칠레, 페루, 볼리비아, 콜롬비아, 베네수엘라)가 부활하였다. 중남미 국제기구의 지형도 변화가 예상된다. 베네수엘라가 가장 큰 혜택을 볼 것으로 보인다. 또한 미국의 입장을 대변하는 파라과이의 역할이 더 커질 것은 분명할 것이다.

2차 핑크타이드 예상 시나리오

	제1차 핑크타이드	핑크타이드 종식 후	제2차 핑크타이드
메르코수르	• 베네수엘라 가입 및 자격 정지	• 브라질(우파), 아르헨티나(좌파) 대립	• 브라질(좌파), 아르헨티나(좌파) 공조 • 볼리비아 가입 허용 가능성 높음
Unasur	• 좌파 정부 중심 창설(2004)	• 우파 정권 6개국 탈퇴(2018~2020), 와해 상태	• 부활 예상 • 아르헨티나 및 브라질 재가입(2023.4)
Celac[11]	• 미주 기구(OEA) 대체용 좌파 정부 중심 창설(2010)	• 브라질 불참 선언('20.4) 후 기능 약화	• 브라질 재가입(2023.1)
Prosur[12]	• Unasur 대체용 우파 정부 7개국 창설(2019)	• 칠레 탈퇴('22.4) • 파라과이 현 의장국	• 와해 예상
베네수엘라 마두로 정권	-	• 미국 제재	• 신규 인정 국가(2020~) 아르헨티나, 볼리비아 페루, 칠레, 콜롬비아, 온두라스, 브라질
베네수엘라 임시 정권	-	• 미국, 파라과이 인정(2022.12)	• 좌파 정권 7개국, 인정 철회

11 Comunidad de Estados Latinoamericanos y Caribeños
12 El Foro para el Progreso de América del Sur

또한, 남미 중앙은행들은 미국의 달러 초강세가 자국 경제에 어떤 영향을 미칠지 예의주시하고 있다. 남미 경제(국가, 기업, 개인)의 가장 큰 취약점은 달러 부채이다. 달러 금리가 오르면 금융 비용 증가로 고통을 겪는 구조이다. 달러가 강해질수록 자산 가치 유지를 위하여 부동산 거래를 중심으로 달러 사용이 증가하는 부작용도 예상된다. 아르헨티나, 베네수엘라가 끝없이 오르는 인플레이션으로부터 자산 가치를 지키는 방법으로 달러로 거래를 시작했듯이(dolarización) 남미 대부분의 국가가 자국 통화 가치의 폭락을 두려워하고 있다.

미국으로서도 핑크타이드와 달러 초강세가 남미 경제에 미칠 파장이 큰 고민일 것이다. 또한 남미에서 중국의 재부상도 우려가 될 것이다. 이러한 점을 고려 시 미국은 파라과이에 대한 더 많은 지원을 검토할 가능성도 있다.

통상 분야에서 파라과이 최대 관심사는 파라과이산 소고기에 대한 미국 시장 개방이다. 미국 시장 개방은 파라과이의 숙원 사업이며 정치적으로는 '대만 단교, 중국 수교'를 주장하는 파라과이 산업계의 주장을 잠재우는 조처가 될 것이다. 미국은 소고기 시장 조기 개방을 적극적으로 검토할 것으로 보인다. 정치 분야에서는 부패 인물에 대한 후속 조처[13] 를 취하면서 대선 결과를 지켜볼 것으로 보인다.

파라과이는 미국, 브라질, 아르헨티나 3개국과 균형을 유지하면서 미국으로부터 최대한 경제적 지원을 받는 것이 내륙국, 소규모 개방 경제의 약점을 보완하는 최선의 방법이다. 다수의 국민이 파라과이 차기 정권에게 거는 기대이기도 하다.

13 미국 정부(재무부)는 카르테스 전 대통령, 벨라스케스 부통령에 대하여 금융 제재를 발표하였다(2023.1.26). 카르테스가 소유한 4개 회사(Tabacos USA Inc., Bebidas USA Inc., Dominicana Acquisition S.A., Frigorifico Chajha S.A.E도 금융 제재에 포함되었다. 미국 정부의 금융 제재 발표 이후 카르테스는 본인이 소유한 카르테스 그룹사의 모든 지분을 매각 또는 상속을 완료하였다. 또한 경영에 더 이상 참여하지 않을 것임을 발표하였다(2023.3.24).

6

스트로에스네르와 현대사

스트로에스네르 대통령(생몰: 1912~2006)은 파라과이를 35년간 통치[1](1954~1989)하였다. 이 글은 스트로에스네르 통치 기간의 파라과이 현대 정치·경제사이다.

등장하는 수많은 인물의 이름, 조직, 직위, 법령 등을 가능한 각주에 별도 명기하였다. 용어도 이해하기 쉽게 가능한 한국식으로 번역하였다.

1. 1912~1954

사관 학교 입학1929

스트로에스네르는 1912년 11월 3일 엥카르나시온(Encarnación)[2]에서 독일 이민자 아버지와 파라과이 어머니 사이의 막

1 스트로에스네르 대통령 통치 기간을 Stronato라고 한다.

2 파라나강(Río Paraná) 이남은 아르헨티나(Posadas시), 이북은 파라과이(Encarnación시)이다.

내로 태어난다. 형제는 삼남[3]으로서 장남[4](질병으로 어렸을 때 사망), 둘째 에리베르따[5], 막내 알프레도 스트로에스네르[6]이다. 아버지 원래 성씨인 독일어 원표기 Strößner 또는 Strossner를 이민자 등록 과정에서 파라과이 담당서기가 들리는 대로 또는 행정 편의상 오기했을 가능성이 높아 보인다. 시리아. 레바논 이민자들의 성씨가 변형된 경우도 추적해 보면 파라과이 이민자 등록 과정에서 발생한 것이다.

아버지는 1890년대 독일에서 브라질(남부)로 이민 온 후, 아르헨티나(파라과이 접경)를 거쳐서 파라과이(남부)에 최종 정착하였다. 1898년에 엥카르나시온에서 가까운 곳에 독일인 콜로니아[7]가 설립되었다. 이들은 브라질 남부에 정착(리우 그란 두 수르)하였다가 파라과이로 재이주한 것이다. 스트로에스네르 아버지도 아르헨티나에서 이 소식을 접하였을 것이다. 정착지를 계속 옮긴 것을 보면 특정 콜로니아(이민자에게 제공하는 집단개척마을)[8]에 속하지 않은 듯하다. 아버지는 몇 군데 상점의 경리를 하면서 수학을 가르치며 근근이 살았으며 말수가 적고 고지식한 사람으로 알려져 있다. 집안 분위기는 엄격하였다고 한다. 한편 엥카르나시온은 당시 파라과이의 두 번째로 큰 도시로 강 건너 아르헨티나의 포사다스와 접하고 있었다. 아르헨티나와의 교역 창구 역할을 하였다. 당시 상품의 물류망은 아순시온에서 엥카르나시온까지 철도로 운송이 되었다. 하역된 상품은 배로 강을 건너서 아르헨티나 철도로 환적되어 이틀 걸려 부에노스아이레스로 운송되었다. 부에노스아이레스에서 유럽 향(向) 화물선에 선

3 4명의 자식이 있었는데 장남, 차남은 어릴 때 사망했다고 서술하는 책도 있다.

4 Vincente. 1960년 유아 사망률 1,000명당 56명(세계은행) 감안 시 1910년대는 더 높았을 것이다.

5 Heriberta, 결혼 후 Heriberta Stroessner de Iglesia로 개명하였다.

6 Alfredo Stressesner Matiauda, 이름 부친 성, 모친 성으로 구성되어 있다.

7 Hoenau

8 Colonia

적되었다. 여행자도 위와 같은 방법으로 아르헨티나로 이동하였다. 엥카르나시온에는 약 14,500명이 거주하고 있던 것으로 추산된다(1914년 추정 파라과이 전체 국민: 650,562명).

엥카르나시온의 초등학교[9] 은사들에 의하면 스트로에스네르는 우등생으로서 규율을 잘 지켰으며 수학에 뛰어났다고 한다. 아버지는 아들의 미래를 위하여 파라나강 건너 아르헨티나 포사다스의 중등학교[10]로 진학시킨다. 현재는 교량(1990년 완공)으로 두 도시가 연결되었지만, 당시는 소형 선박(ferry)을 이용 도강(渡江)하였다.

아버지는 아들이 군에 입대하여 장교로 복무하기를 희망하였는데 천운이 따랐는지 스트로에스네르의 외삼촌[11]이 한때 고용하였던 변호사가 1928년에 대통령[12]이 된다. 외삼촌의 부탁을 받은 대통령은 스트로에스네르의 후견인[13]이 되는 것에 동의한다. 대통령을 후견인으로 제출한 스트로에스네르는 4년제 사관 학교[14]에 1929년 3월 1일에 입학한다. 이때 나이가 16세이다. 1915년 개교한 사관 학교[15]는 아순시온 중심가(centro)에 위치하고 있었다. 부모 직업이 대물림하는 파라과이 사회에서 장래가 촉망되는 아들에게 자수성가(自手成家)가 가능한 직업을 찾아줄 필요가 있었을 것이다.

스트로에스네르가 태어난 시대의 파라과이는 남미에서 가장 가난한 나라의 하나였다. 파라과이의 전통적인 수출 품목은 목재, 소고기, 마테, 과일 등이었는데 아르헨티나가 사실상 유일한 구매자로서 소량 거래만을 하고 있었다. 외부와 통상이 사실상 차단된 상태이었던 파라과이는 유럽에서 발

9 Escuela primaria
10 Escuela secundaria
11 tío Vicente Matiauda
12 caudillo liberal José Patricio Guggiarí, 1928년 8월 대통령 취임.
13 padrinazgo
14 Escuela Militar, 1915년 개교, 1기는 47명이 입교(1916), 12명이 졸업(1918).
15 학교명은 Curso Militar → Escuela Militar → (현재 명칭) Academia Militar로 변경되어 옴.

발한 1차 세계 대전(1914~1918)[16]으로 세상 밖으로 나오게 된다. 육류 수요가 급증하면서 아르헨티나가 아닌 다른 국가, 즉 미국과 거래를 할 수 있게 되었고 미국 자본 또한 파라과이에 소고기 가공 공장을 세우거나 인수[17]하였다. 당시 파라과이 정부 재정은 수출입에 부과하는 관세에 전적으로 의존하였다. 교역량이 늘어나면서 세수의 증가로 이어졌다. 파라과이 경제는 첫 번째 전쟁 특수(特需)를 누릴 수 있었다.

1차 세계 대전의 종전(1918)과 함께 전쟁 특수도 끝이 난다. 소비 수요 감소로 인한 가격폭락을 못 이긴 소고기 가공 공장들이 폐업하고 자금 시장이 경색되면서(1920) 신규로 유입되는 이민자도 1,832명(1917~1921)으로 급락한다. 경제난이 지속되자 아르헨티나[18], 브라질[19] 접경지대로 생계형 이주하는 파라과이인들의 숫자가 대폭 증가하였다. 1920년대 주력 수출 품목은 이전과 변동이 없었다. 케브라초[20], 담배, 마테, 목재, 오렌지, 구운 소고기[21] 등이다. 유럽경기가 회복되면서 1923년부터 1차 상품 국제 가격이 오르기 시작한다. 폐업하였던 소고기 가공 공장들이 다시 문을 열었다. 다행히도 1년 이상 끌던 파라과이 내전도 1923년에 종식되었다.

1920년 인구는 800,000명으로 추정된다. 파라과이 정부 정책에서 제일 중요한 것은 삼국 동맹 전쟁(1864~1870)으로 대폭 감소한 인구를 회복하는 것이다. 하지만 1880년대 이민자 수용 정책의 실패로 인구 대폭 증가는 사실상 어려운 상태이었다.

16 Primera Guerra Mundial 또는 Gran Guerra
17 1917년에 2개 가공 공장이 미국 자본으로 설립된다. 기존의 1개 공장은 미국 자본에 매각된다.
18 아르헨티나 북동부 지방으로 파라과이인 이민이 많았다.
19 Mato Grosso 지역(접경)으로 파라과이인 이민이 많았다.
20 케브라초(Quebracho) 나무에서 가죽 염색에 사용되는 타닌(tanino)을 추출한다.
21 tasajo

참고로, 삼국 동맹 전쟁 전후 인구 자료는 추정만 존재한다. 따라서 남성의 몇 퍼센트가 사망하였다는 것도 추정일뿐이다.

삼국 동맹 전쟁 인구변동표

추정 시기	총인구(명)	전후 생존자	여성 생존자	비고
1846	238,862	-	-	전쟁 전 마지막 인구 조사
1864 (戰前)	420,000 ~450,000	116,000 추정	-	연 인구 증가율 1.7~2.5% 적용 시
1870	1,000,000 추정	300,000 추정	200,000	당시 영국 공사[22] 추정
1872	406,000	231,000	-	남성 68,379명
1872	450,000	230,000	-	외국인 30,000명 14세 이상 남성 28,000명 추정

- 전투 중 사망자는 (남성) 300,000~360,000명으로 추정됨.
- 전후 생존자, 성비(性比)도 추정임.
- 남성 사망자가 많은 이유는 10대 초반까지 전투에 투입되면 발생함.
- 400,000명 전투 참가(현역 100,000명, 소년병 300,000명)하여 386,000명 사망, 생존 14,000명으로 추정하는 자료도 있음.
- 추정 근거로 사용되는 것 중 하나는 브라질(110,000명 사망 추정), 아르헨티나(18,000명 사망 추정), 우루과이(4,000명 사망 추정) 인명 피해를 감안한 것도 있다. 이들 국가 또한 정확한 자료를 밝히지 않았음.

22 George G. Peter

남미 국가들의 이민 수용 정책의 목표는 이민자를 통하여 국토를 개척하는 것(즉, 국토의 활용 통한 국부의 증가)이다. 그런데 백인화(白人化, Blanqueamiento[23])가 이민 수용 정책의 중심에 있었다. 파라과이도 마찬가지였다. 백인들이 원주민보다 우수한 종족이고, 우수한 종족만이 농업 생산성을 끌어올릴 수 있다는 믿음을 가지고 있었다. 좀 더 많은 백인 이민자를 받으려는 국가 간 경쟁이 치열하였다. 브라질의 경우는 3년간 농산물 생산성과가 좋으면 고국을 다녀올 수 있는 유럽 왕복선임을 제공할 정도였다(1907).

파라과이도 백인 이민자 수용을 통한 국토의 발전을 기도(企圖)하였다. 그런데 파라과이는 최초 이민자들(1855년 프랑스 이민자, Colonia Burdeo)이 정착에 실패한데 이어서 계속 실패 사례가 나오자 '국가 이미지'가 추락하기 시작한다.

1872~1873년 3번에 걸쳐 입국한 영국인들로 구성[24]된 900명이 도착한다. 당시는 1870년까지 이어온 전쟁으로 파라과이는 초토화된 상태였다. 이민자들은 정착 지역에서 질병 (6개월 만에 65명 사망), 강도떼, 경작 실패, 그리고 파라과이 정부의 지원 부재(영국과 파라과이는 당시 미수교국)로 정착지[25]에서 130km 떨어진 아순시온으로 돌아오기 시작한다[26]. 아순시온에서 동냥할 정도로 상황이 열악하였다. 일부는 아르헨티나로 가서 이민자들의 고초를 알린다. 아르헨티나의 영국, 독일 이민자들이 모금 운동을 벌여서 1873년 12월 희망자 모두를 부에노스아이레스로 데리고 온다. 생존자의 86%가 아르헨티나에 재정착하였고, 4%는 영국으로 귀국하고, 10%는 파라과이에 남았다. 이 사건은 '링컨셔(Lincolnshire) 농부'[27]로 영국 언론에 대서특필되었다[28].

23 영어 whitening
24 독일인도 포함되었다.
25 Itapé
26 '40km 정도 이동에 마차 타고 7일 걸렸다.'고 한다. 열악한 도로 인프라 상태를 보여 준다.
27 Granjeros de Lincolnshire
28 "La llegada de cientos de ingeleses a Paraguay", por Mary Godward y Andrew Nickson,

또 하나는 프랑스인 이민자 실패 사례이다. 1891년 도착한 수백 명의 프랑스인들은 6개월치의 식량을 지원받았다. 하지만 정착지[29]에서 집과 길을 새로 만들고 농사짓는 데 최소 1년 이상 필요하였다. 그런데 첫 수확물조차 흉작이었다. 프랑스인들은 파리의 식민지부[30]에 도움을 요청하면서 양국 간의 외교 문제로 비화된다. 3년간의 농사가 결국 실패한 것은 도로가 없기 때문이고 파라과이군이 프랑스인이 도망 못 가게 총으로 지키고 있다는 아르헨티나 언론의 보도로 큰 파장을 일으킨다. 프랑스인 대부분은 아르헨티나에 재정착하는 것으로 막을 내린다[31].

독일 철학자 니체[32]의 여동생[33], 남편 그리고 인종주의자들이 파라과이에 아리안족만 사는 이상향(마을 이름, 새로운 독일, Nueva Germania)을 만들려는 계획을 세웠으나 기후, 열악한 도로 사정 등으로 결국 실패한다(1887). 호주의 사회주의자들도 백인(blanco)만의 사회주의 이상향(마을 이름, 새로운 호주, Nueva Australia[34])을 만들고자 파라과이로 이민을 왔으나 도로망 부재 등으로 실패한다(1889). 이러한 실패 사례[35]가 쌓이자 유럽의 이민희망자들은 파라과이를 기피하기 시작한다.

Ultima Hora, 5 de noviembre de 2022

29 Presidente González, Caazapá. 현재 이름은 Yegros이다.

30 Ministerio de Colonias

31 "Franceses en Caazapá", por María Victoria Benítez, Ultima Hora, 1 de octubre de 2022

32 Friedrich Nietzsche, 생몰: 1844~1900

33 Therese Elisabeth Alexandra Förster Nietzsche, 생몰: 1846~1935

34 New Australian Movement, 백인(白人)만의 사회주의 건설 운동, 이민(1893), 와해(1894).

35 1855년 도착한 최초의 단체 이민(프랑스인 400명)이 정착에 실패한다.

Nueva Germania 시청

이러한 상황은 정착촌을 찾던 메노니타[36]에게는 유리하게 작용한다. 파라과이 정부는 메노니타에게 '징병 의무 면제'하는 조건[37]으로 이민을 허용한다. 메노니타는 차코 땅을 대부분 소유한 외국 기업으로부터 정착지를 구매한다. 현재 3만 명 이상 거주하는 메노니타(Menonita, 독일계 백인임)가 차코 지방에 정착하게 된 배경이다. 파라과이는 남부(농업 이민), 중부(산 베르나르디노[38])에도 독일 이민자들의 비중이 높은 지역이다. 남부 지방의 독일인촌[39]에 독일 이민자 유입이 2022년부터 다시 증가하고 있다.

36 anabaptista이다.
37 중요한 조건은 '징병 면제'. 즉, 집총(執銃)하지 않는 조건, 학교에서 독일어 교육 보장 등이다.
38 San Bernardino, 1881년 설립
39 Hoenau, Obligado, Bella Vista, Fram, Trinidad 등(이상 Itapúa주 소재)

메노니타, 최초 설립 3개의 콜로니아(차코 지역)[40]

연도	콜로니아 이름 (부락수)	출발지, 설립 당시 인원	재이주 원인
1926	Menno(53개)	캐나다, 3,300명	군 복무 면제 조건 러시아 이주 → 군 복무 시행(비전투요원) → 미국으로 이주(1차 대전 징병 시작) → 캐나다 이주, 독일어 수업 금지(1917) → 독일어 교육 목적 재이주 결정
1930	Fernheim(20개)	러시아, 2,300명	소련, 종교 탄압, 집단 농장 시행
1947/1948	Neuland(24개)	러시아, 2,400명	상동

메노니타가 정착한 차코 지역은 1930년대 전쟁터로 바뀌게 된다.

차코 전쟁1932~1935

사관 학교 입학 1년 전, 1928년 차코 지역에서 파라과이-볼리비아 간의 국지전이 시작되면서 전면전 발발은 시간 문제로 보였다. 분쟁의 역사는 1852년으로 거슬러 올라간다. 볼리비아는 '파라과이, 아르헨티나 양국이 체결한 차코 지역 국경선 조약'에 관하여 아르헨티나 정부에 항의를 처음 하는데 이후 80여 년 이상 양국은 협상을 통하여 국경 문제를 조정을 시도하였으나 분쟁이 계속되고 있었다.

40 La Lucha por la Tierra en Paraguay, por Carlos Pastores, 4a edición 2013, página 304~306

양국 국경 분쟁 연대기

연도	협상 대상국	내역	비고
1876	아르헨티나, 파라과이	전후 국경선 확정	美 대통령, 중재(1878)
1879	파라과이, 볼리비아	제1차 국경선 조약[41] 합의	비준 실패로 미발효
1880년대	파라과이	군 주둔지 설치 시작	
1885	파라과이	차코 지방 매각 시작	재정적자 해소 목적
1887	파라과이, 볼리비아	국경선 조약 합의	미발효
1894	파라과이, 볼리비아	국경선 조약 합의	미발효
1907	파라과이, 볼리비아	합의(현상 유지[42] 준수)	
1927	볼리비아	파라과이군 장교[43] 피살	
1927/1928	파라과이, 볼리비아	볼리비아, 1907년 합의 거부	아르헨, 비무장 지대 제안
1928	파라과이	볼리비아 군기지[44] 점령	외교 관계 단절
1928	볼리비아	파라과이 군기지[45] 점령	
1929	5개국[46] 중재	중재안 수용	외교 복원, 점령지 반납 합의
1931	볼리비아	파라과이 포함[47] 2척[48] 인수	외교 관계 단절

41 Tratado de Límites

42 statu quo

43 teniente Adolfo Rojas Silva

44 fortín Vangardia

45 fortín Boquerón

46 Colombia, Cuba, EE.UU., México, Uruguay, 미국 워싱턴에서 Comisión de Investigación y Conciliación

47 Cañonera, 砲艦(포함)

48 Cantieri Navale Odero, de Génova, Italia에서 건조하다.

차코 전쟁 파라과이 군영(포르틴 이슬라 포이) 내 전사자 묘지

파라과이는 삼국 동맹 전쟁[49](1864~1870) 패전 후 브라질, 아르헨티나와 전후 협상에서 '전쟁 전부터 영토 분쟁이었던 지역'을 병합당한 사례가 있다. 볼리비아의 국토침공에 강경하게 대응하지 않는 당시 집권당인 '자유당'은 나라를 팔아먹는 매국노라는 인식이 퍼지고 있었다. 차코 전쟁 발발 1년 전에 대학생들이 전쟁 준비를 요구하며 시위[50]를 벌인 것도 이러한 역사적 배경에서 시작된다. 이러한 정치적 부담감 때문에 80여 년간의 수많은 외교 협상은 결렬을 되풀이하다 전면전이 발발하게 된 것이다.

1928년 국지전이 시작되었으나 전면전으로 확대되지 않은 것은 두 나라 모두 전쟁을 준비하는 기간이 필요하였기 때문이다. 당시 야권 및 학생

49 Guerra de la Triple Alianza, 1개국(파라과이) 대 3개국 연합국(브라질, 아르헨티나, 우루과이) 간 전쟁이다.

50 1931년 10월 23일, 대통령 집무실 정원까지 시위대가 진입하자 경비대가 기관총을 발사. 학생 다수 사망한다.

들이 주장한 '전쟁을 대비하지 않았다.'라는 것은 틀린 것이다. 1923년부터 시작된 호경기로 파라과이는 1926년에는 사상 처음으로 흑자재정을 달성한다. 그럼에도 1928년부터 긴축재정을 전쟁 발발 때까지 시행한다. 최빈국 파라과이가 부도 없이 차코 전쟁에 쏟아 넣은 막대한 전비를 감당할 수 있었던 배경이다. 파라과이가 이탈리아 조선소로 2척의 함포 함정[51](해상포장착) 발주한 해가 1927년이다.

차코 전쟁의 발발한 원인을 찾아 들어가면 '내륙국 극복'이라는 볼리비아의 국가 지상 과제가 있다. 태평양과 접하고 있던 볼리비아는 칠레와의 태평양 전쟁(Guerra del Pacífico[52], 1879~1884)에서 패전하면서 태평양과 접한 영토를 상실한다. 연이어 브라질[53], 아르헨티나[54]에게도 접경 지역을 상실하였다. 대양(大洋)으로 나아가는 길을 확보하여야 하는 국가 지상 과제를 검토하면서 파라과이강[55]을 따라서 대서양으로 나아가는 방법이 가장 쉽다고 판단하였을 것이다. 1928년 볼리비아·파라과이 국지전이 발발하였을 때 파라과이는 국민 총동원령(20~29세)을 내린 바 있다. 하지만 파라과이의 국민 총동원령이 제대로 작동하지 않는다. 볼리비아 군부가 파라과이의 전력을 과소평가하는 배경이 된다. 경제 위기로 무정부 상태로 진입할 가능성이 우려하던 볼리비아 대통령[56]이 이러한 군부의 오판을 믿고 국면전환을 위하여 전쟁을 일으켰다고 보는 것이 가장 유력한 원인 설명 중 하나이다. 가장 널리 알려진 전쟁 원인, 즉 미국의 '스탠더드오일 회사'가 대서양으로 가는 수운(水運) 물류망 확보 요구는 여러 원인 중 하나일 뿐이다.

51 Paraguay호, Humaitá호
52 Guerra del Salitre라고도 한다.
53 Guerra de Acre, 1899
54 외교 협상, 1898
55 Río Paraguay
56 presidente Daniel Salamanca(재임 기간: 1931.5~1934.1)

한편 볼리비아군은 1차 세계 대전에 참전한 독일군 장성(예비역) 출신[57]이 이끌고 있었는데 볼리비아 정부는 전투 참패[58]의 책임을 물어서 전쟁 중인 1933년 전격 경질한다. 독일군에 군을 맡긴 것은 볼리비아뿐 아니라 칠레 또한 마찬가지였다. 칠레는 태평양 전쟁에서 승리하자마자 넓고 긴 국토를 적은 인구로 방어할 방법은 칠레군을 독일군(프로이센군)처럼 육성하는 것[59]이 최선이라고 결론짓고 독일군 대위[60]와 5년 고용 계약을 체결한다(1900). 당시 독일은 보불 전쟁[61](프로이센 대 프랑스 전쟁, 1870~1871)에서 승리한 강력한 군대, 발달된 군수 산업을 가지고 있었다. 파라과이도 무기 구매 사절단을 독일로 파견한 바 있다(1906).

3년 이상 지속된 차코 전쟁은 양측에 엄청난 인명 피해를 남겼다. 차코 전쟁은 광대한 크기의 영토(길이 1,500km, 폭 700km, 넓이 1백만 km^2), 길(camino)도 없고 사막과 같이 정말로 아무것도 없는 곳에서 전개된다. 식수가 없어 엄청난 수의 병사가 갈증으로 사망한 전쟁이었다.

	참전[62]	전사	포로	전비
파라과이	140,000명	36,000명	2,500명	152백만 불
볼리비아	200,000명	50,000~52,000명	21,000명	-

차코 전쟁(1932~1935)은 물론 삼국 동맹 전쟁(1864~1870)이 장기간에 걸쳐서 진행된 것은 충분한 병력의 상비군이 없던 점(발발 후 징병, 용병 모집에 장시간 소요), 군수품 준비 기간, 도로망 미비(병력 이동에 장시간 소요), 부실한 지

57 general Hans Kundt
58 1933년 Campo Vía에서 볼리비아 2개 사단 장교 250명, 사병 8,000명이 항복한다.
59 prusianización
60 capitán Emil Körner
61 Guerra Franco-Prusiana, 普佛戰爭
62 연인원 기준이다.

차코 전쟁 파라과이 군영(포르틴 이슬라 포이)

도(삼국 동맹 전쟁 당시에는 지도 자체가 거의 없었음), 군수 보급의 어려움(도로망 미비 외에도 삼국 전쟁 당시는 냉장 시설[63] 개발 전임), 기후적 요인(우기 시 통행 불가), 질병(수인성 전염병 등) 등이 복합적으로 작용하였다. 따라서 전쟁 중 각 교전 간에는 상당한 휴지기간(休止期間)이 포함되어 있다. 한편, 전쟁 후 협상 과정을 거쳐서 볼리비아에게 차코 점령지 일부를 양보하였다(1938).

군부의 등장1936~1940

전쟁이 끝나면 파라과이는 차코라는 무궁무진한 자원이 매장된 땅을 회복하게 되고 정부는 병사들에게 참전보상금으로 땅을 불하(拂下)할 것이라는 기대가 충만했다. 부실한 보급, 진급 차별 등에도 불구하고 전쟁 후에는 '변화(cambio)'가 이루어질 것으로 큰 기대를

63 냉동선은 1880년대부터 소고기 수출에 사용된다.

하였다. 하지면 현실은 달랐다. 전쟁으로 국가 재정이 파산 직전까지 몰린 상태였다. 상이군인에 대한 연금조차 제공되지 않았고 제대 군인에게는 쥐꼬리만큼의 현물보상만 하였다. 정부는 장교들에게 사전 예고 없는 '제대' 통지[64]를 보냈다. 제대 처분을 받은 장교들은 일자리를 구할 수가 없었고 현역 장교들은 전쟁 기간 중 차별받은 진급 정체로 불만이었고 언제 예편 명령이 날아올지 몰라 전전긍긍(戰戰兢兢)하고 있었다.

차코 전쟁 영향 비교

분야	전시 기간	종전 이후
경제	24시간 군수품 생산, 물류 증가	생산 감축, 잉여 인력 해고, 불황 진입
군	군 총동원령	군병력 감축 시작, 예비역 장교 구직난, 현역 장교 진급 정체 심각
정치	정쟁 자제	차기 대권 경쟁
산업 구조	저임금에 기초한 대규모 농장(Latifundio), 청년 징병으로 농촌, 노동자[65] 구인난(求人難)	대규모 농장(Latifundio) 對 정부(프랑코 대령 혁명 정부), 농지 개혁 충돌

그런데, 차코 전쟁 사령관[66]에 대한 종신 연금[67]을 제공하겠다는 대통령의 결정에 분노한 참전용사들을 더욱 격분시키는 사건이 발생한다. 참전용사협회[68]를 구성(1936.1.26)하고 정부와 단체 협상을 추진하던 사관 학교 교장 라파엘 프랑코 대령[69]을 해외 추방을 한 것이다. 라파엘 프랑코 대령은

64 초록색 봉투(Sobre azul)를 받으면 제대 통지서이다.

65 mensú

66 José Félix Estigarribia

67 1,500 peso oro sellado 지급.

68 Asociación Nacional de Excombatientes

69 coronel Rafael Franco, 1928년 Fortin Vangardia 요새를 볼리비아로부터 회복한 전쟁영웅이다. 1935년 9월, 프랑코 대령이 사관 학교 교장에 임명되자 내무부 장관이 임명을 반대하

24시간 내 출국 명령을 받았으나 거부하다(1936.2.1) 체포되어 아르헨티나로 강제 추방된다(1936.2.4).

차코 전쟁 중에 집권당인 자유당이 보인 무능함으로 인하여 국민들은 '자유당을 바꿔야 한다'라는 공감대가 형성되고 있었다. 그런데 대통령[70]도 그렇고 전쟁영웅인 에스티가리비아 장군도 민심을 읽지 못하고 있었다. 프랑코 대령이 추방되자 프랑코를 따르던 군부는 2주도 안 되어 군사 혁명을 바로 일으킨다(1936.2.17). 친대통령계인 경찰이 저항하였지만, 다음 날 투항하면서 정권이 전복된다. 스트로에스네르 중위도 군사 혁명에 참가한다[71].

자유당은 1904년에 집권한 지 32년 만에 정권을 내놓게 된다. 혁명군이 지적한 자유당 정권의 실정(失政)은 아래와 같다.

원문	번역
Caos político interminable, como producto de las luchas entre fracciones del mismo partido.	당내 계파 간 내홍(內訌)으로 정치 혼란을 야기(惹起)한 책임.
Desatención sistemática de los problemas nacionales más agudos, que hundían al país en la pobreza y el atraso.	파라과이를 빈국, 후진국으로 만든 문제점을 방기(放棄)한 책임.
Falta de medidas adecuadas para la defensa del chaco, que desde comienzos de siglo venía siendo invadidos por Bolivia.	1900년대 초부터 시작된 볼리비아의 차코 지방 도발을 겪으면서도 차코 영토방위에 필요한 조처를 하지 않은 책임.

고 나선다. 프랑코 대령이 1931년에 군사 반란을 기도한 흠결(欠缺)이 있다는 것이었다. 에스티가리비아 장군이 다시 요청해서 내무부 장관은 사임하고 프랑코는 사관 학교 교장이 된다. 프랑코 대령은 5개월 뒤 에스티가리비아 장군을 국외로 추방한다.

70 Eusebio Ayala 대통령(1932.8.15~1936.2.17)

71 혁명 부대 지휘관은 Federico Weddel Smith 대령이다.

임시 대통령으로 추대된 프랑코 대령은 군사 혁명을 '국가 해방 혁명[72]'으로 스스로 규정하면서 집권당 세력(자유당)을 추방하고 기성 정치인과 손을 잡는 것을 거부한다. 1870년 헌법을 폐기하고 의회를 해산한다. 반자유당(antiliberal), 반기득권(anti oligárquico), 그리고 국가주의[73]를 내세우며,국가 혁명 연맹[74]이라는 새로운 정당을 만든다. 또한 전체주의(全體主義)에 바탕을 둔 파시즘 시행령[75]을 공표한다.

시행령	번역
Las actividades que no emanen del Estado quedan prohibidas. Se suprimen por término de un año todas las actividades de los partidos políticos.	국가가 명하지 않은 모든 활동을 금한다. 정당 활동을 1년간 금한다.

혁명 성공 후, 현역 군인들의 가장 불만이었던 대폭적인 진급 잔치를 벌인다. 참전 예편 군인에 대한 연금 또한 기존 연금액의 500%~800% 선으로 인상[76]이 된다(1936.11.2). 1936년 3월 설립된 전국 노동자 연맹[77]의 요구인 8시간 근로제, 물가에 연동한 임금 조정, 노조 활동 제약 규정 철폐를 수용하는 친노동자 정책을 펼친다.

프랑코 대령이 집권 후 제일 먼저 한 것은 '농지 개혁'이다. 농지 개혁 문제가 파라과이 역사에 전면으로 부상한 것은 1903년[78]이다. 1904년부터 1936년까지 장기 집권한 자유당은 25명의 대통령이 정쟁으로 교체된다.

72 Revolución Libertadora
73 Nacionalismo
74 Unión Nacional Revolucionaria(후에 Partido Revolucionario Febrerista로 당명 변경된다.)
75 Decreto N⁰ 152
76 Decreto Ley 6227
77 Confedreación Nacional de Trabajadores
78 Concepción 지역에서 발생한 원주민 강제 퇴거 충돌 사건

모두 자유당 소속의 대통령이었다. 집권 기간이 평균 2년 정도의 단명이었다. 자유당이 집권하는 기간 동안 파라과이 경제 개혁은 사실상 불가능하였음을 보여 준다. 자유당 정권(1904~1938)도 3번(1904년, 1918년, 1926년)에 걸쳐서 농지 분배에 관한 법을 제정하여 추진한바 있다. 자유당을 축출한 프랑코 대령은 농지 개혁을 혁명의 최우선 과제 중 하나로 선정한다. 식민지 계급구조가 그대로 유지되고 있는 1차 산업 국가에서 농지 개혁(reforma agraria)은 가장 민감한 이슈이다.

하지만 파라과이는 보수 세력이 국가를 지배하고 있었다. 보수의 눈에는 프랑코 대령의 급진적인 조처들은 공산주의(소비에트)로 보였다. 유럽에서는 전체주의(파시즘) 대 공산당이 첨예하게 대립하고 있었고 스페인 내전[79]도 막 시작되었다(1936.7.17). 파라과이 군부는 파시즘, 전체주의, 스페인 반군(프랑코 군대)을 지지하고 있었고 '공산주의'는 군부의 적이었다. 군부에서 프랑코 대령을 공산주의자로 보기 시작하면서 프랑코 대령의 지지 기반의 흔들리기 시작한다. 결국 프랑코 대령은 집권 1년 6개월 만에 군에 의하여 전복된다(1937.8.13). 군부의 지원하에 자유당이 다시 집권한다. 자유당과 군부가 팽팽한 힘의 균형을 유지하는 상태에서 프랑코 대령은 3개월 후 지지 병력을 동원하여 반격에 나서나 100여 명 이상의 사망자만 남기고 패퇴한다(1937.11.2). 프랑코 대령 이후 집권한 두 명의 대통령의 치적은 다음과 같다. 1936년 2월 프랑코 대령의 주도한 군사 혁명 이후 "군"이 파라과이 정치의 가장 중요한 정치 세력으로 부상한다.

79 Guerra civil española

기간	이름(출신)	주요 정책, 치적
1937.8.16 ~1939.8.15	팰릭스 파이바 Félix Paiva (법학자 출신)	• (프랑코 대령을 전복한) 군사 혁명 세력이 추대 • 해외 추방된 자유당[80] 소속 정치인 귀국 허용 • 의회 기능 복구 • 1870년 헌법 부활 • 대 볼리비아, 대 아르헨티나 국경 확정
1939.8.15 ~1940.9.7	호세 에스티가리비아 José F. Estigarribia (차코 전쟁영웅, 장군)	• 자유당 집권기 • 친미 정책 적극 추진 • 브라질 향(向) 국도(2번) 착공 • 1870년 헌법 폐기(1940.2) • 정치 활동 금지 공표(1940.2) • 농지 개혁법(미경작 토지 강제 수용법) • 개헌(1940.7.19) - 대통령 5년 연임제

삼국 동맹 전쟁(1864~1870)으로 국가는 부도상태였다. 재정난 해소 목적으로 1883년에 국유지(tierra pública)를 매각하기 시작한다. 1881년부터 1914년까지 국유지 매각으로 민간인(민간 법인)에게 명의이전 완료된 토지 규모는 현 파라과이 국토 면적의 64%에 해당한다. 그런데 이 땅들을 사들인 기업은 라티푼디오(대규모 농장)들이 대부분이었다. 특히 매입순위로 상위권은 외국 자본의 라티푼디오들이었다. 자유주의자들의 강하게 추진하던 국유지 매각은 외국계 자본의 라티푼디오로 땅이 더 집중되는 현상을 만들었다. 금융 시장 특히 신용대출이 거의 없던 시절인 점을 감안하면 부(富)만이 부를 창출할 수 있었다.

국유지 매각이 시작되면서 국유지에 대대로 살고 있던 원주민들은 중심으로 불하받은 지주들과의 투쟁이 시작된다. 지주들은 무력을 동원하여 강제퇴거시키는 경우가 많았다. 원주민들은 보통 세 가지 방법 중 하나로 대응을 하였다. 즉, ①일자리를 찾아서 새로운 곳으로 이동, ②무단 점거 투쟁 지속, ③새로운 주거지를 찾아서 새로운 무단 점거 시작 등이다.

80 Partido Liberal, 자유주의자 정당, 자유당

한편 미니푼디오(小農)가 발달하기 시작하면서 1930년대 중반 수출 상품 순서가 바뀐다. 미니푼디오[81]가 농업의 수출 신장을 이끌어 냈다. 아래 도표의 수출금액 단위는 아르헨티나 화폐인 '백만 Peso Oro' 기준이다.

	1918	1935
축산물(소고기)	4.2	2.1
목재	3.7	3.3
농산물	1.1	2.1

파라과이에서 농기계가 수입되기 시작한 것은 1920년이다. 본격적으로 기계화가 보급된 것은 1945년으로 보고 있다. 차코 전쟁 이전까지만 해도 대규모 농장에서 저임금으로 생산한 수확물을 기차로 아르헨티나로 보내는 것이 가장 확실한 비즈니스 모델이었다. 당연히 물류망(기차)에 근접한 곳부터 개발되었다(당시 파라과이는 도로가 거의 없었다). 차코 전쟁 종전이후 인구 조사가 실시되었다. 1899년이후 최초의 공식 조사이었다. 1936년 인구는 990,420명이다(1899년 인구는 635,571명).

브라질 유학1940

스트로에스네르는 생도 4학년 때부터 참전하여 전쟁터에서 중위까지 진급한다. 종전 후에는 대위 시절 평생 반려자인 엘리히아 모라 델가도를 만나서 교제를 시작한다. 부인이 두 살 연상으로 부대 주둔지의 학교 선생으로서 집안은 몹시 가난하였다. 이 둘은 부부의 연을 맺는다. 대위 시절 브라질 병기학교 유학생에 선발되어 1년 과정 유

81 minifundio

학을 떠난다. 브라질 병기학교의 우수한 성적으로 수료하면서 파라과이군의 주목을 받기 시작한다.

시기	연령	군 경력	비고
1929.3.1	16	• 사관 학교(Escuela Militar) 입학	
1932	19	• 차코 전쟁(Guerra de Chaco)에 참전(4학년) • 제6 보병 연대(Regimiento de Infantería No.6) 소속	comandante de Pelotón, comandante de Sección, comandante de Grupo oficial de Tiro
1932.9.17	19	• 첫 교전[82], 후퇴	comandante de Pelotón, comandante de Sección, comandante de Grupo oficial de Tiro
1932.10.1	19	• 소위 임관	
1933.2	20	• 사관 학교 졸업	
1934.3.31	21	• 중위 진급(차코 참전 중)	
1936.7.18	23	• 대위 진급(포병)	
1938.4.28	25	• 제1포병 연대[83] 근무 중 예하 부대[84] 전출	
1938	25	• 부인[85]과 교제 시작	
1938	25	• 차코십자가(Cruz de Chaco) 훈장	
1939.3.29	26	• 포병 연대 부관[86]	
1940.3.29	27	• '전쟁 및 해군부[87]'로 전속	브라질 육군병기 학교[88]로 유학[89]

82 첫 교전에서 볼리비아의 막강한 화력에 밀려서 19살의 스트로에스네르 생도를 비롯한 부대원들이 파라과이군의 박격포까지 버리고 후퇴하였다는 증언도 있었다.

83 Primer Regimiento de Artillería, RA 1

84 Grupo de Artillería No. 1, 소재지 Villa Hayes

85 Eligia Mora Delgado

86 Ayundantía del Regimiento de Artillería, 소재지 Paraguarí

87 Minsterio de Guerra y Marina, 발령 명령지 Orden General No. 29(1940.3.29)

88 Escuela de Arma del Ejército Brasileño

89 Decreto No. 344, Decreto No. 9441

1947 내전Guerra del 47

2차 세계 대전[90](1939~1945)이 발발하면서 파라과이도 연합군[91] 또는 추축국[92](樞軸國) 중 하나를 택일하여야 하는 상황이 된다. 파라과이는 미국을 선택함으로써 아르헨티나에 가려있던 소국의 서러움에서 탈출할 기회를 확보한다. 미국의 경제적인 지원을 받기 시작하면서 친미 외교 정책을 적극 펼친다(1939~1945). 2차 세계 대전은 파라과이로서는 육류 수출 경기특수, 미국의 경제 지원 획득 등을 가져다준 엄청난 기회였다.

대통령에게 절대 권력을 부여한 헌법이 1940년 제정(개헌)된다. 그런데 이 헌법을 만든 에스티가리비아 대통령[93]이 비행기 사고로 갑자기 죽으면서 군부[94]에 의하여 모리니고 국방부 장관[95]이 임시 대통령으로 추대된다. 다음 대통령 선출까지 2개월간 임시로 추대하였는데 권모술수(權謀術數)로 무려 8년간 대통령을 2번 역임한다. 군, 콜로라도당, 프랑코 대령 지지자 등 필요한 쪽을 오가면서 장기 집권하게 된다.

1942년 4월 25일, 모리니고는 자유당이 주적(主敵) 볼리비아와 손을 잡고 정권 전복을 기도하고 있다고 비난하면서 자유당 축출(proscripción)을 단행[96]한다. 콜로라도당도 동시에 축출하려다 실패한다. 모리니고 대통령은 정치인을 배제하고 군인, 비정치인으로 내각을 구성한다. 1943년 대선에 단독 출마하여 당선되면서 자신의 영구 집권을 꿈꾸기 시작한다.

모리니고 대통령의 핵심 지지 세력은 군의 친나치 장교들이었다. 2차

90 Segunda Gerra Mundial
91 Los Aliados
92 Las potencias del Eje(독일, 이탈리아, 일본)
93 José F. Estigarribia 장군, 비행기 추락사(1940.9.7)
94 coronel Ramón L. Paredes, teniente coronel Dámaso Sosa Valdez
95 Higinio Morínigo
96 Decreto No. 12.246

세계 대전 당시 파라과이군의 주류는 친나치 장교들[97]이었다. 정부관료들도 친나치주의자가 많았다.

전쟁 초기 독일의 연전연승으로 독일의 승리는 시간 문제로 보고 있었다. 군내 친나치 세력 사조직 중 핵심 조직은 '전선(Frente de Guerra)'이었다. '전선(戰線)' 모임에는 대통령의 핵심 측근 4명 모두 참가하고 있었다. 모리니고 대통령은 '전선' 모임에 속한 군 수뇌부들과 함께 새로운 당을 만들어서 선거를 치르면서 장기 집권할 계획을 가지고 있었다. 하지만 행정부의 중요한 직책을 장악하고 있던 콜로라도당이 강하게 반발한다.

친나치 세력이 파라과이군을 장악하고 있는 것을 대통령은 대미 외교에 적극 활용한다. 미국 정부로서는 아르헨티나를 친나치가 장악하고 있던 상황에서 파라과이마저 추축국으로 넘어가면 안 되었기 때문이다. 1939년부터 파라과이에 대한 경제 지원이 시작된 배경이다.

모리니고 대통령은 연합국 편을 들고, 군 장성들은 나치를 지지하는 상황이 계속되지만, 군부의 지지가 필요한 대통령은 어떠한 조처도 할 수가 없었다. 승리할 것이라고 철석같이 믿었던 독일의 패색이 짙어지자 파라과이 정부는 대 독일, 대 일본 선전 포고를 한다(1945.2.8). 독일이 1945년 5월 8일 항복 문서에 서명하면서부터 친나치 장교들의 입지가 흔들리기 시작한다.

모리니고 대통령은 콜로라도당을 이용하여 친나치 세력으로 가득 찬 군부를 숙청하려고 하는데 이 계획에 '42년 차 재야정당' 콜로라도당[98]의 양대 계파 중 하나인 '기온 로호(Guión Rojo)[99]'가 동조한다. 콜로라도는 당을 위해 목숨을 바칠 '민병대원 100,000명[100]'을 보유하고 있다고 자부하고 있었다.

97 친나치 장교 지도자는 Victoriano Benítez Vera 대령, Comandante de la Caballería
98 Partido Colorado, 공식 명칭 ANR(Asociación Nacional Republicana)
99 계파 지도자는 'Natalicio González'이다. '콜로라도당 깃발(홍색기)을 든 기수'라는 뜻이다.
100 Marcha por la democracia, 별칭 콜로라도 보병대, Infantería colorada, 콜로라도 기병대

이러한 숙청 음모를 몰랐던 모리니고 대통령의 최측근이자 사모임 '전선' 수장인 제1기갑 사단장[101]의 돌발적인 공개 발언이 친나치 장교의 몰락으로 이어진다(1946.5.14~15). 공개적으로 모욕당한 총사령관[102]이 강하게 공개 반박하면서 군부 내 권력 투쟁이 시작된다.

제1기갑 사단장의 문제 발언

원문	번역
El Paraguay es gobernado por las Fuerzas Armadas; la Primera División de Caballería representa a las Fuerzas Armadas; y la Primera División de Caballería soy yo.	군이 파라과이를 통치하고 있다. 제1기갑 사단이 군을 대표한다. 내가 곧 제1기갑 사단이다.

1개월 뒤, 발언 당사자인 제1기갑 사단장은 아르헨티나 페론 대통령 취임식 축하 정부 사절로 출국하였다(1946.6). 자리가 빈 것을 틈타서 총사령관이 제1기갑 사단을 전격 접수를 하자 사모임 '전선' 세력[103]은 대통령에게 총사령관 해직을 요구하면서 동시에 기갑 사단 예하 3개 부대에 총사령부 공격을 명한다. 하지만 2개 부대가 공격을 거부하고 대통령도 총사령관 해직을 거부하면서 상황이 사실상 종료된다. 숙청을 주도한 신군부[104]는 모리니고 대통령을 제거하고 국방부 장관을 대통령으로 추대하기로 결정한다. 신군부는 대통령이 나치 세력 숙청 때 애매모호(曖昧模糊)하게 처신한 것을 문제 삼았다.

Caballería colorada

101 Victoriano Benítez Vera

102 general Vicente Machuca

103 coronel Pabló Stagni, comandante de la Aeronáutica 및 Bernardo, jefe de Estado Mayor General

104 Enríque Jiménez, comandante interno de la Primera División de Caballería 및 mayor Rogelío Benítez, jefe de Policía

영구 집권을 꿈꾸던 모리니고 대통령의 운명은 다한 듯 보였다. 1946년 6월, 육군의 청년 장교들이 국민의 자유 회복을 요구하며 봉기(진압됨)한 사건이 있었다. 대통령은 이 작은 사건을 '민주화의 봄'으로 연결시켜 정국을 본인에게 유리하게 재편한다.

정치 9단인 모리니고 대통령은 국민의 뜻을 받들겠다며 새로운 연립내각을 출범(2월주의자 3명, 콜로라도 3명, 군인 2명)한다. 아울러 공산당을 포함한 모든 정당의 정치 활동을 허용한다(1946.6).

야당 지도자 환국(還國) 현황

환국 일자	환국 지도자	직책
1946.8.3	라파엘 프랑코 대령(Rafael Franco)	전 대통령(1936)
1946.8.11	오스카르 크레이드트(Oscar Creydt)	공산당 최고 지도자
1946.8.14	호세 P. 구기아리(José P. Guggiari)	자유당, 전 대통령

민주화의 열풍이 부는 것을 신군부도 지켜볼 수밖에 없었다. 드디어 파라과이의 민주주의는 꽃을 피우는 듯하였다. 서로 다른 이념을 가진 공산당, 자유당, 2월당[105], 콜로라도당 모두 백화제방(百花齊放)[106]식으로 정치 활동을 하였다. 내각에서는 콜로라도당, 2월당이 3명씩 동수이나 2월당 장관 1명[107]이 2개 부처 장관을 겸직하고 있어서 2월당이 유리하였다.

1946년 12월 12일, 콜로라도 당원들의 진군 행사를 경찰(uniformado)이 강제 해산하는 사건이 발생한다. 콜로라도 당원들은 2월당 지도하에 있는 파라과이 대학 연맹[108]이 행사에 숨어들어 고의로 소요를 선동

105 Febreristas

106 Campaña de las Cien Flores

107 Arnold Valdovinos, Ministerio de Agricultura, Ministerio de Industria y Comercio

108 Federación Universitaria del Paraguay

(agitación)하면서 발생하였다고 2월당 및 경찰을 비난한다. 그런데 2월당도 경찰 총수[109], 경찰 수사 총책[110]을 면직하지 않으면 연합 내각에서 탈퇴하겠다고 경고한다.

2월당은 자신들의 정치적 요구가 수용되지 않자 3명의 장관이 정말로 사표를 내고 연합 내각을 붕괴시킨다(1947.1.12). 군부는 이번 기회에 모든 정당을 배제하고 군인으로만 내각을 구성하라고 대통령에게 요구하고 있었다. 군은 대통령과 면담한 후 '추호(秋毫)의 의심도 없이' 군인으로만 구성된 내각 명단을 작성하였다. 그런데 모리니고 대통령은 친나치 장교 숙청 이후 신군부가 자신을 제거하려는 의도를 가진 것을 이미 알고 있었다.

1947년 1월 13일, 콜로라도당으로만 구성된 내각이 전격 발표된다. 동시에 국가 비상사태를 선포하며 정치 활동을 중지시킨다. 대통령이 장기 집권(다음 선거는 1년 뒤인 1948년)의 큰 그림이 드디어 완성되었다. 1946년 6월부터 시작된 '민주화의 봄(Primavera Democrática)'도 동시에 막을 내린다. 민주화를 꿈꾸던 모든 정치 세력은 물론 정권장악을 꿈꾸던 신군부도 콜로라도의 전격적인 집권에 경악하였다.

1947년 3월, 2개월 준비 끝에 정부군과 반군은 전쟁을 시작한다. 파라과이 역사의 마지막 내전 '1947년 내전'이다. 전쟁은 8월까지 5개월 동안 펼쳐진다.

109 mayor Rogelio Benítez, jefe de Policía

110 Ricardo Brugada, jefe de Investigaciones

남부 전선이 위치하였던 우마이타. 삼국 동맹 전쟁 때 파라과이군 본부 소재지. 파라과이강을 접하고 있는 요충지이다.

내전 합류 현황

	정부군	반란군
정당	콜로라도당 민병대 'pyrandí(맨발의 용사)'	2월당, 자유당, 공산당 각 당의 민병대
군부대	수도권 소재 부대 주축[111]	지방 소재 부대 주축[112 113 114]

그런데 반군은 다수의 군부대가 합류하였고 아르헨티나도 반군 편이었는데도 큰 성과를 내지 못한다. 내전의 결정적 승패를 가르는 2번의 전투가 있었는데 스트로에스네르 중령이 만들어낸다.

111 정부군은 Primer Cuerpo de Ejército(지휘관 Francisco Caballero Álbarez 대령). 3월, 군 사령관에 Federico W. Smith 대령이 취임한다.

112 Primera Región Militar(Concepción)

113 Fuerzas del Territorio Militar del Chaco

114 Junta de Gobierno Revolucionaria 창설(1947.4). 지휘부 Fabián Zaldívar Villagra, Aureliano Mendoza, Alfredo Galeano(이상 모두 중령임)

내전 전개 상황

기간	전투	결과	스트로에스네르 참전
3.7	반군, 경찰본부 공격	반군 패퇴	
3월	제2보병사단 반란군 합류(Concepción)		
4.27~4.30	정부군 대 해군(반군에 합류) 전투	해군 패퇴	○
6.13	정부군 패퇴(Tacuatí 지역)		
7.31	정부군, Concepción 탈환		
7~8월	남부 전선[115]에서 반군 함포 함정 2척 이동 저지	반군[116] 패퇴	○
8.20	정부군, 아순시온 포위 반군과 전투	반군 항복	○

1947년 8월, 아르헨티나 정부(환 도밍고 페론 대통령)가 반군 지지를 철회하고 파라과이 정부군에 무기 지원을 하면서 정부군의 승리로 끝난다. 하지만 콜로라도 민병대는 반군에 대한 가혹한 처벌, 약탈, 무자비한 보복을 한다. 수개월간 자행(恣行)하면서 수천 명 이상[117]의 반군이 아르헨티나로 도피하게 된다. 이로써 콜로라도당은 재야생활 40여 년 만에 정권을 탈환하게 된다. 반군의 전함을 막아서 내전의 흐름을 바꾼 스트로에스네르 중령은 대통령은 물론 콜로라도당이 인정하는 정부군을 대표하는 군인이 된다.

내전이 끝났다. 1948년 2월, 당원인 민병대를 동원하여 전쟁을 승리로 이끈 콜로라도당의 나탈리시오 곤살레스(계파 보스)가 단독 출마하여 임기 5년 대통령에 당선된다.

115 Frente Sur. Humaitá 기지는 파라과이강에 위치하였다. 스트로에스네르 중령의 포 사격으로 반군이 장악하고 있던 해군 전함 2척(Paraguay호, Humaitá호)은 파괴된다.

116 Carlos J. Fernández 대령

117 수천 명에서 최대 수만 명까지 추정한다.

그런데 새 대통령 취임식이 2개월밖에 안 남았는데도 콜로라도당은 현 모리니고 대통령을 퇴임시켜 버린다. 대통령이 지난 8년 동안 해왔듯이 남은 2개월 동안 권모술수로 친위쿠데타 또는 군 총사령관, 국방부 장관 종신직을 만들 것이라는 의심 때문이었다. 모리니고 대통령은 역사 속으로 사라진다.

기간	이름(출신)	주요 정책, 치적
1940.9.7 ~1948.6.3	Higinio Morínigo (전쟁부 장관, 장군)	• 자유당 지지 세력을 체포, 추방, 강제 수용 • 국민 혁명 운동[118] 세력과 연대추진을 하나 실패 • 노동자, 민주화 운동 세력 탄압 • 국가 비상사태[119] 선포 • 정치범에 대한 사형제 도입 • 2차 세계 대전 미국 지지[120] 및 미국 방문 • 대 독일 선전 포고(1945.2.8)

강제 예편 위기에서 영웅까지1940~1947

스트로에스네르는 1940년 브라질 유학, 귀국 후 포병 교관, 포병 사령관 대행으로 승승장구한다. 중령 시절에는 친나치 장교 협의로 예편 위기로 몰리기까지 한다.

118 Movimiento Nacional Revolucionario, 1939년 말에 결성된 프랑코주의자(프랑코 대령 지지자), 티엠피스타 등 연합 세력. 티엠뻬스타(Tiempista)는 반정부 신문사 'El Tiempo' 지지 세력으로 노동자, 학생이 주축이다.

119 Estado de Sitio

120 연합군 지지 대가로 미국은 무기, 군수품을 파라과이에 지원하였다(1939).

기간	연령	활동 사항	비고
1940.3~1941.2	28	브라질 병기학교 수료(포병 과정)	
1940.12.11	29	소령 진급(포병)[121]	
1941.7~12	29	포병 1그룹[122]	
1941~1942	30	포병 교관	
1943.9.17	31	표창장 수상	차코 전투 시 올바른 판단 및 행동
1944.2.25	31	전쟁참모대학[123] 초급 과정 입학	군사적 지식 및 관련 분야 전문가
1944.12.25	32	전쟁참모대학 고급 과정[124] 입학	
1945	32	결혼	
1945.11.21	33	포병 연대 사령관 대행[125]	Regimiento de Artillería "General Bruguez"
1945.11.25	33	전쟁참모대학 졸업[126]	
1945.12.31	33	중령 진급[127]	
1946.6.23	33	포병 연대 사령관 대행 보직해임	친나치 장교(전선파)로 분류 조사받음
1946.7.6	33	포병 연대 사령관 대행 복직	
1947.3~8	34	내전 진압군 참전, 포병 연대 사령관	
1948.3.1	35	대령 진급[128]	

121 Decreto No. 4131, del 11 de diciembre de 1940

122 Primer Grupo de Artillería, GA1

123 alumo de Primer Curso de la Escuela Superior de Guerra, por Orden General No. 221

124 alumo de Curso Avanzado(2^{0}) de la Escuela Superior de Guerra, por Orden General No. 316

125 Comandante interno de Primer Regimiento de Artillería

126 por Orden General No. 104, Diploma de Estado Mayor y Estudios Militares Superiores

127 Decreto No. 11422

128 Por Decreto No. 25.231

콜로라도당 소속인 장교[129]가 제1기갑 사단을 장악하게 되면서 '전선' 모임에 가담한 장교들은 브라질 대사관에 급히 피신하게 된다(1946.6.9). 이후, '군 내 친나치 장교[130]에 대한 대규모 숙청 바람이 불기 시작한다. 스트로에스네르도 친나치 장교로 고발되어 포병 사령관 대행직에서 물러나서 조사[131]를 받는 신분이 된다(1946.6.23). 조사하는 입장에서는 스트로에스네르 중령이 '전선'에 가담하였다는 심증은 있었지만, 증거가 없는 상황이었다.

스트로에스네르는 본인이 소령 시절 직속상관으로서 그를 극찬한 국방부 장관[132]에게 구명을 요청한다. 한편 후임 포병 사령관으로 임명된 대령[133]이 지휘권 인계에 어려움을 겪자 많은 포병 장교들이 스트로에스네르 복직 압력을 행사하기 시작한다. 하지만 스트로에스네르의 전역은 시간 문제로 보였다. 친나치계를 퇴출해서 군을 물갈이하려는 신군부는 이러한 청원에 요지부동(搖之不動)이었다.

나치 장교 숙청을 주도하고 있는 총사령관[134]이 스트로에스네르가 보직 대기 중인 부대를 찾아가서 둘이 대화하던 중 스트로에스네르의 상관이었던 장교[135]가 끼어들어 스트로에스네르를 강하게 옹호한다. 하극상으로 해석이 되는 상황인데 총사령관은 예상과 달리 스트로에스네르를 포병 부대 사령관 대행으로 복직 결정한다. 스트로에스네르 후임으로 포병 부대 사령관으로 임명되었던 대령[136]은 예편하는데 군 총사령부는 포병 사령관 발령 자체를 무효화시킴으로서 스트로에스네르를 배려한다.

129 teniente coronel Enrique Jiménez
130 grupo de militares nazi–facista
131 상동
132 general Amancio Pampliega, Ministro de Defensa
133 coronel Fulgencio Yegros
134 general Vicente Machuca
135 mayor Stefan Vysokoláb
136 coronel Fulgencio Yegros, por Orden General No. 90, el 26 de noviembre 1946

예편 직전의 벼랑 끝까지 몰렸던 스트로에스네르는 구사일생으로 살아남는다. 다음 해(1947)에는 내전을 진압한 전쟁영웅으로 화려하게 등극한다. 1946년부터 1949년까지 인생의 새옹지마(塞翁之馬)가 계속된다.

스트로에스네르의 군부 장악 1948~1954

내전으로 징집, 해외로 도피 등으로 농사지을 사람이 없어지면서 농촌은 그야말로 황폐해졌다. 최악의 민생고에도 아랑곳하지 않고 40여 년 와신상담(臥薪嘗膽) 끝에 권력을 잡은 콜로라도는 다음 전쟁, 즉 내부 간 파벌 전쟁을 벌이기 시작한다.

1년 3개월 동안 4명의 대통령이 교체될 정도로 양대 파벌의 정쟁은 극을 달린다.

콜로라도당 양대 파벌

계파 명칭[137]	지도자	권력 기반
Guiones rojos[138]	나탈리시오 곤살레스[139] (작가, 반자유주의자, 반공주의자)	• 모리니고 대통령과 연대 • 군부 지지 확보
Democráticos	페데리코 차베스[140]	• 당 지도부 장악

137 el sector
138 여러 지지 계파를 통칭하여 Guiones라고 한다.
139 Natalicio Gonzáles
140 Federico Chavez

처음 집권한 기온로호파 대통령은 군의 콜로라도화(예, 사관 학교 입학 자격으로 부모의 콜로라도 당원증 제출) 추진하는데 군의 반란을 막는 데 목적이 있었다. 하지만 콜로라도당이 군을 장악하려는 시도에 군의 불만이 가중되었다.

1948년 10월 26일, 사관 학교장이 주축이 된 반란 기도[141]가 발각되어 체포되는 일이 발생한다. 당의 콜로라도화(化)에 대한 군의 반발이다. 당시 사관 학교에는 보병 연대도 같이 주둔하고 있었다. 대통령 집무실 지근거리에 사관 학교가 있던 점을 감안하면 반란마다 사관 학교가 등장하는 이유가 이해될 것이다. 스트로에스네르의 포병 부대[142]도 이 군사 혁명에 가담하기로 되어있었다.

스트로에스네르 대령은 승용차 트렁크에 숨어서[143] 아순시온의 브라질 대사관으로 피신한다. 이후 망명객 자격을 얻어서 아르헨티나로 출국하게 된다. 지인[144]들의 도움으로 부에노스아이레스에서 1주일 체류하다 파라나 강 건너 도시인 아르헨티나의 포사다스(Posadas)로 이동한다. 중학교를 다닌 곳이다.

1949년 2월 27일, 스트로에스네르는 반란을 기도하는 세력[145]들과 함께 비밀리에 도강하여 파라과이에 입국하여 며칠 후 정권을 전복(顚覆)하는 데 참여한다. 정권을 잡은 몰라스 로페스 대통령은 스트로에스네르를 포병 사령관으로 복직조처하고(1949.3.4) 이어서 준장(General de Brigada)으로 진급시킨다(1949.8.15). 친나치 장교 예편 위기, 복직, 내전영웅, 반란 기도 실패, 망명, 밀입국, 혁명 성공의 과정이 1946년부터 계속된다.

141 Carlos Montanaro 대령이 주모자이다.

142 Comandante de Regimiento de Artillería, 소재지 Paraguarí. 1948년 6월 8일 사령관이 되었다.

143 이 사건 이후 Coronel valijera라고 별칭하였다고 한다.

144 Jesús María Villamayor 대위. 후일 스트로에스네르에 의하여 숙청당한다.

145 Felipe Molas López

1949년 9월 11일, 대통령이 다시 교체된다. '데모크라티고파(Democrático)' 지도자인 차베스는 전임 대통령을 강제 퇴임시키고(1949.9) 전임자 잔여 임기(1948~1953)를 수행하는 대통령에 단독 출마하여 당선된다(1950.7). 1953년에는 5년 임기 대통령에 재선된다(1953~1958).

대통령 교체 내역

퇴임 시기[146]	대통령 이름	콜로라도계파	퇴임 사유
1948.6.3	Higinio Morínigo	해당 없음	친위쿠데타 기도 의심, 강제 퇴임
1948.8.15	Juan Manuel Fruto (전 대법원장)	무계보	전임자 잔여 임기 수행
1949.2.3	J. Natalicio González (전 재무부 장관)	Guion Rojo	콜로라도당과 군부 연합 강제 퇴임
1949.2.26	Raimundo Rolón (전 국방부 장관)	무계보	시민 혁명군에 의하여 강제 퇴임
1949.9.11	Felipe Molas López (전 교육부 장관)	Democrático	혁명 발발, 강제 퇴임
1954.5.4	Federico Chávez (전 외무부 장관)	Democrático	스트로에스네르 군사 혁명, 강제 퇴임

차베스 대통령은 1951년 5월 31일 스트로에스네르 준장을 군 총사령관[147]에 임명한다(1951.5.31). 또한 소장(General de División)으로 승진시킨다(1951.8.15). 38세에 군 최고 지휘관이 된 것이다. 미국 육군 장관[148]이 스트로에스네르를 미국으로 초청까지 할 정도로(1953.5) 스트로에스네르는 국내외에서 주목받기 시작한다.

차베스 대통령은 파라과이가 '정신적 평화'를 얻을 때까지 민주화는 시기상조라는 입장을 견지한다. 야당의 정치 활동은 금지되었고 국가 비상사

146 혁명에 의한 강제 퇴임 일자는 하루(1일) 차이가 있을 수 있다.

147 Comandante en Jefe de las Fuerzas Armadas

148 Robert T. Stevens, Secretario de Ejéricito de EE.UU.

태도 유지되었다. 언론도 철저하게 통제된 상황에서 일당 통치 체제 아래 당 중앙 위원회[149]가 국가 운영의 핵심 역할을 수행하였다. 차베스는 무엇보다 군의 콜로라도화(coloradización)를 적극적으로 추진하였다.

한편 차베스 대통령은 자파 2인자(에피파니오) 소개로 아르헨티나의 페론 대통령과 가깝게 지내고 있었는데 스트로에스네르를 비롯한 다수의 군 장교들은 아르헨티나의 페론을 용공(容共)주의자로 보고 있었다. 무엇보다 군부는 삼국 동맹 전쟁(1864~1870)의 패전으로 반(反)아르헨티나 감정을 뿌리 깊게 가지고 있었다. 스트로에스네르는 반(反)차베스 세력을 수면하에서 조용히 접선하고 있었다. 경제 악화에 대한 책임을 물어 에피파니오[150] 중앙은행 총재를 교체하도록 압력을 가하여 사임을 관철한다. Democrático 파의 양대 지도자, 즉 차베스, 에피파니오를 분열시키는 데 성공한 것이다. 스트로에스네르 소장은 군인으로만 구성된 내각을 구성할 것을 대통령에게 요구하나 수용이 되지 않는다. 스트로에스네르는 본인의 집권을 위해서라도 군의 콜로라도화를 막아야 하는 책임이 있었던 것이다.

그런데 차베스 대통령은 재선 확정(1953.2) 직후부터 당 주류와 멀어지면서 차베스 대통령은 당에서 스스로 고립되어 가고 있었다. 지금까지와 다르게 당 지도부와 거리를 두기 시작하면서 동시에 당내 비주류와 연계를 강화하는 것이었다. 유일한 군부 내 심복은 군 기갑 사령관[151]일 정도였다. 신변안전을 우려하려 콜로라도의 청년 정치인[152]을 경찰청장으로 임명하였다.

1954년 5월 4일, 군 인사는 대통령과 군 총사령관이 사전에 협의하게 되어 있다. 그런데 대통령은 스트로에스네르와 사전 협의를 하지도 않고

149 Junta de Gobierno del Partido Colorado. 현재(2023)는 90명으로 구성되어 있다.
150 Epifianio Méndez Fleitas
151 Néstor Ferreira 대령, Comandante de la Caballería
152 Doctor Roberto L. Petit, Jefe de Policía

자신의 심복인 기갑 사령관과 둘이서 군 인사 이동[153]을 단행하는 오판을 한다. 스트로에스네르는 자신을 무시하는 행위로 받아들인다. 때를 기다렸다는 듯이 스트로에스네르 소장은 바로 군사 혁명을 단행한다. 군을 사실상 완전히 장악하고 있던 상황이라 대통령은 바로 축출(逐出)된다.

1940년대 사건들

1942년, 미국의 판 아메리카 항공사(Pan American Airways)가 자체 비용으로 아순시온 공항에 활주로를 건설한다. 판 아메리카는 파라과이 정부와 민자[154] 취항 서비스 계약을 체결하면서(1937) 판 아메리카는 아순시온에 취항한 최초의 국제노선 항공사가 된다. 국제노선은 부에노스아이레스, 포스 두 이구아수, 쿠리치바, 상파울루, 리우데자네이루 그리고 환승하여 미국 마이애미에 갈 수 있었다. 그런데 1950년, 파라과이 정부가 터미널 국유화를 발표하면서 민자 계약은 자동 파기된다.

1943년, 중앙은행의 외환 보유고가 2차 세계 대전 초기 사실상 전무(0)에서 9백만 불로 급상승한다. 2차 세계 대전 특수로 인한 수출 급증, 그리고 파라과이 화폐단위 '과라니(Guarani)'가 사용[155]되기 시작하면서 아르헨티나 화폐[156]와 교환되었기 때문이다. 당시까지는 아르헨티나 화폐를 무역 결제용으로 많이 사용하였다. 국제 통화 기금(FMI)은 과라니의 가치를 금 0.287595g으로 결정하였다. 화폐 발권 기능을 재무부에서 중앙은행[157](당시 이름은 현재와 다름. 현 중앙은행, BCP는 1952년 창설됨)으로 이관되었다.

153 1954년 5월 3일, Virgilio Candia 소령을 3기갑 연대장에서 해임.
154 Concesión
155 Decreto Ley No. 655, (1943년 10월 5일)
156 Peso oro sellado, Peso fuerte
157 Banco de la República

2. 콜로라도당 장악(1959)

군사 혁명 성공1954

1954년 5월 4일 스트로에스네르는 차베스 정권 타도에 성공한다. 1940년 헌법으로 부통령직이 폐지된 상황이어서 콜로라도가 임시 대통령을 선출하는 구조였다.

군사 혁명으로 정권을 전복하였지만, 콜로라도당은 아직 막강하였다. 스트로에스네르는 오래전부터 정치적 멘토 역할을 해온 에피파니오[158]의 의견을 따라 콜로라도당의 절차를 따르기로 한다. 콜로라도당은 스트로에스네르 또는 콜로라도당 인사 중 누구를 차기 대통령으로 선출할지를 3일간 토의를 진행한다. 3일간 무정부 상태가 지속된 것이다. 1954년 5월 8일, 대통령 선거까지 임시 대통령[159]을 선출하고 대통령 후보에 스트로에스네르 장군을 추대하기로 결정한다.

1954년 8월 15일, 스트로에스네르는 단독 입후보하여 대통령에 당선되고(1954.7.11), 대통령에 취임한다(1954.8.15). 41세 대통령이 탄생한 것이다. 스트로에스네르의 임기는 전임자(차베스 대통령)의 잔여 임기인 1958년 8월 15일까지였다. 대통령에 취임은 하였지만, 콜로라도당은 군부 위에 군림하고 있었다. 무정부 상태에 익숙해진 당내 각 계파 지도자(caudillo)들은 스트로에스네르도 이전 정권들처럼 단명(短命)하는 전철(前轍)을 밟을 것으로 예상하고 있었다.

한편 미국, 소련[160]의 양대 강국의 동서 냉전 시대(Guerra Fría)였다. 미국 입장에서는 브라질, 아르헨티나 둘 중 하나라도 소련 편에 선다면 파라과이도 소련의 영향권에 들어갈 가능성이 있다고 보고 있었다. 1954년

158 Epifianio Méndez Fleitas
159 Tomás Romero Pereira 전 아순시온 경찰청장
160 Unión Soviética

당시 브라질의 대통령[161]은 개혁주의자이었는데 자살로 생을 마감하였고 아르헨티나는 후안 도밍고 페론 대통령이었다. 파라과이 차베스 대통령이 아르헨티나 페론과 가깝게 지내는 것을 못마땅하게 보던 미국, 브라질 정부는 반공을 내세우는 스트로에스네르의 집권을 적극 환영하였다. 스트로에스네르는 미국, 즉 반공을 택하였다. 물론 미국의 경제적인 지원을 기대하였다.

1차1955 및 2차1959 콜로라도당 숙청

파라과이군은 전통적으로 정치인들과 연결되어 있었다. 또한 당 시대의 이념에 물들어 있었는데 1930년 이후로는 전체주의, 파시즘 즉 친(親)히틀러(1933년 집권), 친(親)무솔리니(1922년 집권) 장교들이 장악을 하고 있었다. 1955년 1월 사관 학교 생도들이 현 시국에 대하여 토론[162]한 것을 군사 반란 모의혐의로 체포하는 사건이 발생한다. 현역 장교들과 사관생도들이 함께 정치 토론하는 것은 당시까지는 자연스러운 것이었다. 스트로에스네르는 이 사건을 계기로 반란이 의심되는 장교들을 색출하여 전국 4곳의 군 수용소[163]에 강제 수용하였다. 1954년 혁명에 참여한 심복들까지도 숙군(肅軍) 명단에 포함될 정도로 가차(假借)없이 진행된다(1955). 정치인과 연결된 군인들이 차기 숙청대상으로 부상한다.

161 Getulio Vargas 대통령, 1954년 8월 24일 자살하였다.
162 Sublevación de los Cadetes de la Escuela Militar
163 Campos de concentración en Bahía Negra, Ingavi, Fuerte Olimpo, Peña Hermosa

에피파니오[164] 중앙은행[165] 총재는 스트로에스네르 군사 혁명 직후 둘이 권력 향배를 협의할 정도로 정치 선배였다(스트로에스네르보다 6살 연하임). 중앙은행 총재는 스트로에스네르는 이번 대통령 임기가 끝나면 군으로 복귀하고 차기 대통령(1958.8)은 본인이 될 것으로 굳게 믿고 있었다. 1954년 혁명 직후 양자 간 회동 시 있었던 무언의 합의[166]를 기억하고 있던 것이다. 당시는 군 장교들이 중앙은행 총재를 찾아와서 용돈(활동비)을 받아 가는 것이 관례였는데 차기 대권주자로 부상하면서 중앙은행 총재 중심으로 사모임이 형성되기 시작한 것이다.

제일 먼저 숙정된 것은 에피파니오와 군부 연결고리인 기갑 부대 장교들이었다. 이어서 콜로라도당 총재[167]를 움직여서 에피파니오의 당내 고립 작업을 시작한다. 그러던 중 아르헨티나 페론이 실각하는 사태[168]가 예상치 못하게 발생하면서 (1955.9.16~22) 중앙은행 총재도 하룻밤 사이에 함께 추락한다. 중앙은행 총재직을 박탈[169]당한 데 이어서 해외 문화 사절[170]로 스페인으로 출국이 조처된다. 친중앙은행 총재 세력으로 구분되는 군 장교들, 당원에 대한 제1차 숙청작업이 뒤따른다.

당내 계파지도자들은 스트로에스네르가 각 계파를 말살 시도를 할 것이라고 예측하고 있었다. 10개 장관으로 구성된 내각에 입각한 군인은 3명[171]에 불과하였는데 스트로에스네르가 내각 전체를 군인으로만 구성할 가능성을 두려워하였다. 당 숙정의 빌미를 제공하지 않으려고 양

164 Epifanio Méndez Fleitas, 계파원들은 Medezfleitista , Epifanista라고 한다.
165 BCP, presidente de Banco Central del Paraguay
166 acuerdo tácito
167 Tomás Romero Pereira, presidente de ANR
168 golpe de estado(군사 혁명)
169 1955.12.3
170 에피파니오는 음악가, 소설가로도 유명했다.
171 coronel César Barrientos(Industria y Comercio), general Herminio Morínigo(Defensa), general Mariscal Samaniego(Obras Públicas y Comunicaciones)

대 계파지도자들은 상호 불가침을 합의[172]하면서 수비 태세를 취한다(1955.10.27). 스트로에스네르는 당내 계파를 파괴할 책임자로 군 시절 친나치 장교 혐의로 본인을 조사하였던 불구대천(不俱戴天)의 원수[173] 엔리케 히메네스[174] 대령을 등용한다. 이이제이(以夷制夷)[175]였다.

1956년 11월, 아르헨티나로 추방된 자유당 지도부가 원격으로 반란을 기도하는 사건이 발생한다. 11월 4일 일요일 축구 경기 관람 예정인 주요 정부 인사들은 인질로 삼으면서 동시에 기갑 부대[176]를 점령할 계획이었다. 거사 3일 전에 정보가 누설되면서 수백 명의 관련자들이 체포 구금되고 주모자[177]는 아르헨티나로 도피한다. 이 반란 기도처럼 1947년 내전으로 아르헨티나에 추방을 당한 자유당은 호시탐탐(虎視眈眈) 스트로에스네르 정권 전복을 노리고 있었다.

1959년, 콜로라도당 청년 당원들은 1년 전(1958) 노동자 단체의 임금 인상 요구를 보면서 시대가 바뀌어야 한다고 생각하고 당에서 앞장서서 민주화 조처를 취할 것을 요구하는 취지의 성명[178]을 발표한다. 그런데 성명서에서 요구하는 조건이 1947년 내전으로 아르헨티나로 추방당한 자유당 요구와 동일하였다. 콜로라도 청년 당원들의 돌발적인 요구를 예상을 뒤엎고 콜로라도당 실세들이 수용하면서 제2차 숙청 기회가 만들어진다.

172 pacto de no agresión
173 archienemigo
174 coronel Enrique Jiménez
175 적을 이용하여 다른 적을 공격하는 것.
176 División de Caballería
177 coronel Alfredo Ramos, 차코 전쟁영웅 중 1명이다.
178 Nota de los 17

콜로라도당 청년 당원 성명서(발췌)

원문	번역
contribuyendo a clarificar el actual momento político, la Junta de Gobierno de su digna presidencia adopte una resolución a favor de una inmediata normalización institucional del país	현 정치 상황에 책임이 있는 당 중앙위 의장단은 파라과이 제도의 조속한 정상화를 지지한다는 결의를 발표할 것을 (촉구한다).
1) el levantamiento del estado del sitio 2) la promulgación de una ley de amnistía general 3) la vigencia plena de las libertades de prensa, de reunión, de asociación, etcétera.	1) 비상사태 해제 2) 대사면 실시 3) 언론, 집회, 결사의 완전 자유

1959년 4월 1일, 콜로라도 중앙 위원회는 밤샘 토론 끝에 청년 당원들의 요구를 받아들인다. 대통령도 어쩔 수 없이 당의 결정을 받아들인다고 의회[179]에 통지하면서 '자유당'을 강하게 공격한다. 당연히 비상사태도 해제하였다(1959.4.28). 그동안 억제되었던 모든 제도가 제자리를 잡고[180] 민주화가 시작되는 것은 시간 문제로 보였다. 제2차 민주화 봄이 파라과이에 도래한 것이다. 그런데 1946년 제1차 민주화의 봄이 1947년 내전으로 이어진 것을 기억하여야 한다.

대중교통 요금 인상에 항의 시위를 하던 학생들을 기마경찰이 진압하는 과정에서 인근에 있던 의원도 봉변을 당한다(1959.5.28). 의회에서 진압의 책임을 물어 경찰책임자[181] 문책안을 통과시키다. 그런데 당시 의회는 독립된 기구가 아니라 행정부의 부속 기관에 불과한데 이런 요구를 한 것이다.

179 Cámara de Representantes(당시는 단원제임)
180 institucionalización
181 coronel Ramón Duarte Vera

1959년 6월 1일[182], 대통령은 의회를 해산하고 항명(대통령은 민주화 요구를 '항명'으로 생각함)에 가담한 당원 300명을 체포하여 아르헨티나로 추방한다. 제2차 숙청이 끝난다. 추방된 콜로라도 당원들은 아르헨티나에서 '콜로라도 대중 운동(MOPOCO)[183]'이라는 단체를 결성하여 반체제 활동을 펼친다. 25년이 지난 1983년에 파라과이로 귀국이 허용된다.

2차 숙청을 마무리하면서 스트로에스네르는 당을 완전히 장악한다.

1950년대 사회, 경제 상황

1950년, 시행된 전 국민 조사(Censo nacional) 통계에 따르면 인구는 1,341,333명(인디오 12,881명)이다. 65%의 인구가 농촌에 거주하고 있었다.

아순시온(인구 206,634명) 외 10,000명 인구가 넘는 3개 도시는 비야리카(14,680명), 콘셉시온(14,640명), 엥카르나시온(13,321명)이다. 외국인은 아르헨티나인(20,899명), 북유럽인(11,688명), 메노니타(9,950명)이다.

국토의 4%는 농지, 45%는 목축지로 활용되고 있었고 50%는 자연림 상태였다. 주 수출 품목은 목재, 케브라초(Quebracho), 목화, 소가죽, 말린 소고기, 마테, 엽연초 등이다. 목화, 케브라초는 국제 시장에서 경쟁력을 상실하고 있었다. 수출입 제1대상국은 역시 아르헨티나이다.

1954년 혁명 당시 인구는 1,500,000명으로 추산되었고 국도 1,215km 중 87km만 포장된 상태였다. 내륙 지방은 사실상 접근이 불가능한 곳이 대부분이었다. 2개의 강을 이용한 물류 비중이 90%가 넘었다. 1954년 전국

182 실제 서명은 5월 30일에 이루어졌지만, 5월 29일로 선일자(antedatado)에 서명된 것으로 발표된다. 29일 결의된 의회 의결이 자동 무효 처리된다.

183 Movimiento Popular Colorado

에 보급된 전화기는 5,940대에 불과하였다. 가장 생활 여건이 좋은 아순시온에 수도가 보급된 것이 1959년이다.

1950~1953년 국민 총생산에서 농업 비중이 43.7%, 상업, 요식업, 숙박업이 18.1%, 제조업 15.3%, 서비스업이 13%이었다. 세수에서 관세수입이 22~29%를 점하였다. 이 기간 물가 상승률은 연평균 79.2%이었다.

1950년대 약 1,500명의 지주가 경작지의 85%를 소유하고 있었다. 브라질인들이 소유한 대농장(라티푼디오)은 주로 마테, 목재를 생산하였다. 1950년대 후반부터 독일계 브라질인들이 파라과이 농토매입을 시작하는데 곡물을 경작하여 국제 시장에 판매하려는 목적이었다.

1958년, 파라과이 농지 개혁 세미나가 개최된다. 토지 집중은 다음과 같다.

보유 토지 기준	동부	차고 전체 면적	치고
100,000 헥타르	11개 라티푼디오 (동부 전체 토지의 34% 점유)	24백만 헥타르	14지주, 13,212,000 헥타르 보유(54%)
20,000~100,000 헥타르	1,199지주 (동부 전체 토지의 60% 섬유)	-	-
100 헥타르 이하	109,970지주 (동부 전체 토지의 4.3% 점유)	-	-

1950년~1960년대는 청년들에게 희망이 없는 시기였다. 1년에 새로 만들어지는 청년 일자리가 1,500개가 안 되었다. 1955년에 일자리를 찾아서 아르헨티나로 약 20,000명이 이민을 간다. 1958년에는 32,400명, 1964년 34,700명이 이민을 간다.

1950년대 사건

1959년 5월, 나치 전범 조셉 멩겔레[184]가 파라과이에 입국한다. 2차 세계 대전 중 아우슈비츠 강제 수용소에서 외과 의사로서 인체실험을 한 전범이다. 전후 아르헨티나에 피신하여 살고 있다가 독일 정부의 체포영장이 발급되자 파라과이로 도망 온 것이다. 초청자는 전후 파라과이로 먼저 도피한 독일 공군의 전쟁영웅[185]이었다. 독일 정부의 외교적인 압박에도 파라과이 정부는 움직이지 않는다. 조셉 멩겔레는 1974년까지 파라과이에 거주하다 브라질로 이주하여 1979년 사망한다. 1977년에는 리가의 도살자[186]라고 불린 또 한 명의 나치 전범[187]이 파라과이로 입국하여 병사한다. 역시 아르헨티나에서 살다가 독일 정부가 송환을 아르헨티나 정부에 요구하자 파라과이로 입국한 것이다. 독일 나치 전범들이 브라질, 아르헨티나를 택한 이유는 다양하다. 스페인, 이탈리아, 독일 이민자들이 장악하고 있는 국가들로서 입국이 쉬웠던 것 외에도 같은 민족의 나치, 파시스트 전범에 대한 관대함이 작용하였다.

184 Joseph Mengele, 별명 Ángel de la Muerte
185 Hans Rudell
186 Carnicero de Riga
187 Eduardo Roschmann

3. 1960년대

냉전 시대

쿠바 혁명 성공(1959.1.1) 전후 남미 대륙에 혁명의 바람이 세게 불었다. 아르헨티나에 망명 중이던 자유당, 공산당 청년 당원들도 아르헨티나 정부의 묵인하에 무장을 갖추고 파라과이로 넘어온다. 강 하나를 건너면 파라과이인데 아르헨티나와 접경한 파라과이 지역은 산은 없고 거의 다 평야 또는 낮은 구릉이었다. 게릴라 조직은 은신처가 있어야 하고 게릴라 활동을 동조하는 주민도 있어야 식량 보급이 가능한데 이런 점에서 파라과이는 게릴라 활동에 부적합하였다.

1959~1961년 게릴라 활동 단체

단체	구성원	지도자	분파(Columna)
Frente Unido de Liberación Nacional (FULNA)	공산당(PCP[188])	Oscar Creydt[189]	Mariscal López (1970년 와해)
Movimiento 14 de Mayo	① 자유당[190], ② 2월당 강경파	Juan José Rotela	① 14 de Mayo ② LIbertad

정부는 게릴라를 '용병(legionarios)'이라고 대국민 홍보를 하였다. 용병(傭兵)이란 돈을 받고 전투를 대신하는 군인 또는 민간인을 의미한다. 파라과이 국민들에게 '용병'은 곧 '아르헨티나에서 고용한 용병'을 뜻한다. 정부는 용병을 고용한 아르헨티나의 파라과이 침략, 즉 '외세의 침략(invasión

188 Partido Comunista Paraguayo

189 공산당(PCP)은 60년대 들어서 친소비에트계, 친중공계, 2개 조직으로 분열된다.

190 자유당 지도부는 강경파 청년 당원들이 '당 지도부의 명령 없이 임의로 조직한 단체'라고 주장하였다. 게릴라 배후 조직이라는 비난이나 책임을 면하기 위한 허위 발표라고 정부는 해석하였다.

extranjera)'이라고 선전(宣傳)을 강화한다. 1959년 무장 게릴라가 국경을 넘어오는 순간부터 '아르헨티나의 용병', '친아르헨티나 매국노'가 파라과이를 침범하였다고 믿는 국민들이 많았다.

삼국 동맹 전쟁(1864~1870) 당시 아순시온이 함락(1869)되면서 사실상 전쟁을 끝난 것과 다름없었다. 마리스칼 로페스 대통령은 저항하고 있었으나 브라질 접경 지역(현재의 페드로 후안 카바예로[191] 도시 근처 Cerro Corá에서 사망)까지 밀린 상황이었다. 아르헨티나군에는 파라과이인들로 구성된 부대가 있었다. 이들은 조국 파라과이를 대상으로 전투를 하였는데 이들의 공통점은 아르헨티나에서 망명 중이던 자유주의자(자유당)들이다. 이들을 '용병'이라고 불렀다. 이들이 만든 정당(자유당)과 파라과이 정부군 출신들이 만든 정당(콜로라도)이 파라과이의 양대 정당이 된다. 1960년대 초까지 콜로라도당의 의미하는 '국가주의(Nacionalismo)'는 '반(反)아르헨티나주의'이다.

양대 정당 배경

당(최초 조직명)	구성원(별칭)	대 로페스 대통령	창설 연도	현재 이름
콜로라도당 Club del Pueblo	정부군 장성, 관료 외 ① Lopista(=로페스[192]파) ② Reconstructor (=전후재건파)	친로페스 (국가주의)	1870	공식 명칭 ANR (통칭 Colorado)
자유주의자당 Gran Club del Pueblo	1864년 전쟁 전 망명 정치인, 아르헨티나군 산하, '파라과이 용병[193] 부대원' Legionarios	반로페스 (자유주의)	1870	PLRA (정통 급진자유당)

191 Pedro Juan Caballero

192 Mariscal(총통) Francisco Solano López

193 Legión Paraguaya, 일반적으로 Legionarios로 불렸다. 원의(原意)는 '외인부대'이다.

마리스칼 로페스 대통령이 전사(1870.3.1)한 장소(쎄로 꼬라 국립 공원 내 위치)

스트로에스네르 정권은 '볼셰비키(Bolches)를 사냥'하라는 토벌군(정규군)에 명령을 내린다. 특히 공산당 산하인 FULNA는 체포되면 현장에서 대부분 처형되었고 소수만이 교도소에 수감되었다. 체포된 게릴라들은 고문 후에 항공기에 태워져서 살아있는 상태에서 파라나강(아르헨티나와 파라과이 사이에 흐르는 강)으로 던져지는 경우가 많았다. 아르헨티나군이 1970년대 리오델라플라타강[194]으로 반체제 인사들을 던져서 죽이던 방법은 파라과이[195]에서 배운 것이다. 한편 모든 길목을 장악하고 있던 '맨발의 콜로라도 민병대'가 10여 명씩 조를 이루어 밤낮으로 외지인을 검문했다.

파라과이군의 토벌 작전, 민병대의 활동, 아르헨티나 정부의 파라나강 국경 통제 강화(아르헨티나로 돌아가는 퇴로는 물론 무기 보급도 차단되었다), 그리고 게릴라 조직 내분으로 1961년 하반기에 게릴라 활동은 스스로 와

194 Río de la Plata
195 general Patricio Colmán이 정규군 진압 사령관이다.

해한다. 공식 통계에 따르면 사살된 게릴라는 81명이다. "Paraguay no es Cuba(파라과이는 제2의 쿠바가 아니다)"로 끝이 난다.

미국의 경제 지원

동서 냉전은 미국과 파라과이의 양국 간 관계를 긴밀히 조성하는 데 큰 역할을 한다. 미국은 중남미에서 제2의 쿠바 혁명을 막기 위하여 진보동맹[196]을 결성한다. 이른바 푼타델에스테 선언(Carta de Punta del Este)[197]을 발표되는데 대의(代議)민주주의[198]를 도입하면 미국 정부에서 경제적 지원을 하겠다는 것이었다.

스트로에스네르는 파라과이에 남아있던 자유당계의 소수파에 속한 두 명의 형제 정치인[199]을 찾아서 막후 협상을 한다. 형제들은 자유당(Partido Liberal)의 공개 활동 재개 및 차기 대통령 선거(1963)에 후보[200]를 내는 것에 동의한다. 아르헨티나에 망명 중인 자유당 지도부 및 당원들은 이 두 명의 형제를 독재의 부역자[201], 패배주의자[202]라고 맹비난을 한다. 단독 출마 곧 당선이라는 대통령 선거가 야당 후보와 경합하는 민주주의 방식으로 바뀐다. 경제 지원을 신청할 수 있는 미국의 조건을 100% 맞춘 것이다.

1962년에는 농산물 생산자 조직까지 만든다. 미국의 경제적인 지원을 받기 위한 고육지책(苦肉之策)이다. 그런데 케네디 대통령이 암살(1963.11)되면서 농산물 생산자 조직에 대한 지원은 이루어지지 않았다. 이때 결성된

196 Alianza para el Progreso
197 우루과이 도시
198 Democracia representativa
199 Fernando Levi Ruffinelli, Carlos Levi Ruffinelli
200 Ernesto Gavilán, 대선 출마한 보상으로 주영국 파라과이 대사로 임명된다.
201 colaboracionista, 附逆者
202 entreguista

조직은 1970~1980년대 반스트로에스네르 운동 단체[203]로 부상한다. 군의 콜로라도화에 대한 반발로 군사 반란 기도[204]가 1962년에 있었다. 이 반란 이후 1989년 2월까지 더 이상의 군사 반란은 없었다.

동진 정책Marcha hacia el Este[205]

브라질은 1956년 브라질 남부의 파라나과(Paranaguá) 항구[206]를 자유수출 항구(puerto franco)로 이용하는 것을 파라과이에 허락한다. 하지만 당시 아순시온에서 코로넬 오비에도(Coronel Oviedo)까지만 도로(약 132km)가 개통되어 있었다. 파라나강 즉 브라질 국경까지 가는 길이 없었으니 브라질의 선물은 그림의 떡이었다. 스트로에스네르가 동쪽(브라질)으로 도로를 쭉 개통하겠다는 결심을 다지는 계기가 된다. 동진 정책은 1957년부터 시작된다. 동진 정책의 시작을 가속화한 것은 아르헨티나의 페론 대통령 하야 후(1955) 아르헨티나 집권 세력과 스트로에스네르 간의 냉기류였다. 페론 전 대통령이 망명 도피지로 주아르헨티나 파라과이 대사관을 택한 것이 발단이 되었다. 이 또한 동진 정책에 영향을 준다. 동진 정책의 핵심은 '재원 마련'이었다. 파라과이는 1939년 미국 수출입 은행으로 최초로 경제 지원(약 3백만 불)을 받았는데 당시 용도[207]가 '브라질 연결 국도 공사 비용'이었다(1939.6).

203 Ligas Agrarias Campesinas
204 capitán Napoleón Ortigoza, 25년간 수감된후 석방된다.
205 Marcha al Este라고도 표현한다.
206 아순시온에서 1,200km 거리이다.
207 파라과이 중앙은행 '외환 보유고 확대'도 미국의 대 파라과이 경제 지원 용도에 포함되었다.

1957년 2월 3일, 동진 정책(March al Este)의 결과물인 스트로에스네르 대통령 항구('시우다드델에스테'[208])가 설립된다. 1965년 친선 대교[209]의 준공, 1974년 이타이푸댐 건설이 시작되면서 파라과이 성장을 견인하는 파라과이의 제2도시로 성장한다.

시우다드델에스테 인구 변화

1972	1982	1992
7,000명	50,000명	134,000명

시우다드델에스테('동부의 도시'라는 뜻임, 동부는 아순시온을 기준으로 브라질 방향 의미한다)가 지속 성장한 배경에는 이타이푸댐과 국경 무역이 큰 역할을 하였다. 양국의 세금 차이(브라질은 수입품에 대한 관세가 높아서 소비자가격이 대단히 높았음), 파라과이의 밀수품 유통 묵인으로 브라질인들의 파라과이 쇼핑 붐이 일어난 것이다. 브라질에서는 고가로 구매를 못하던 제품을 파라과이에서는 구매할 수 있었다. 밀수품이 유통되면서 세계에서 전자 제품을 제일 값싸게 살 수 있는 곳이 되었다. 투르코(Turco)[210]라고 불리는 레바논, 시리아 이민자들이 브라질에서 넘어와서 시우다드델에스테의 상권을 장악하기 시작한다.[211]

208 Puerto Presidente Stroessner → Ciudad Presidente Stroessner → Ciudad del Este 순 변경

209 Puente de la Amistad

210 Imperio Otomano(1922년 멸망) 여권으로 입국한 시리아인, 레바논인 등을 Turco라고 총칭한다.

211 본서에 수록된 '파라과이와 미국' 참조.

3선 개헌1967과 어용야당

1967년 제헌 의회[212]에 참여한 야당들이 동의하여 헌법에 반영된 조항은 아래와 같다. 당시 야당은 여당 2소대라는 표현이 맞을 듯하다.

조항	번역
Todo el poder se concentró en el Ejecutivo. Este podía disolver el Congreso, sin que éste tuviera posibilidades de controlar al Ejecutivo.	행정부가 모든 권력을 가진다. 행정부는 의회를 해산할 수 있고 의회는 행정부를 통제할 수 없다.
Durante el receso parlamentario, el Poder Ejecutivo tenía la potestad de dictar decretos con fuerz de ley, con dictamen del Consejo de Estado, órgano compuesto por figuras de la confianza del Jefe del Estado.	의회 폐회 기간 중에는 행정부는 법안효력을 가진 시행령을 공포할 권한을 가진다. 단, 대통령의 신뢰를 받는 인물로 구성된 국가 자문 위원회의 의견을 받는다.

1967년 개헌은 야당들의 협치가 있었기에 가능하였다. 그런데 대학생들은 야당들이 독재와 야합하였다고 맹비난하면서 기성 정치인과 연결고리를 끊고 새로운 투쟁 방향을 설정한다. 학생들은 어느 정당에도 속하지 않는 무소속 운동을 뜻하는 MI(Movimiento Independiente)를 만든다. 그런데 이 운동은 조직도 없고 지도자도 없다. 이들은 1969년 미국 닉슨 대통령의 특사인 뉴욕주지사 넬슨 록펠러의 방문 반대 시위를 주도한다. 록펠러 가문은 스탠더드오일을 소유하였다. 차코 전쟁의 원흉으로 지목하고 학생들이 규탄 시위에 나선 것이다.

212 1967년 2월 23일 소집된 제헌 의회(Convención Nacional Constituyente)는 8월 25일 새로운 헌법을 공포한다.

파라과이 '무소속(MI)' 학생 운동권 변화

시기	내역
1966	Fuente Universitario Libre de la facultad de Medicina, Frente Independiente de Estudiantes de Ingerigría(FIEI), Movimiviento Universitario Reformaista Auténtico y Libre(MURAL)
1967	Movimiento Independiente 결성, 여야 야합에 의한 개헌에 분노, 무소속 조직 결성
1969	농민 조직과 연합 세미나
1970~1971	기독 농민회(LAC) 연대, 무장 혁명 조직 결성 추진-주요 지도부 체포, 추방
1971	이타이푸댐 건설 반대 시위 주도
1971	무장 혁명 조직, OPM 분파 결성, 독립

1967년, 개헌 야합에 대한 비난 여파로 '2월 혁명당(PRF)'도 내홍에 휘말린다. 결국 창당주역인 프랑코 대령(1936년 혁명 주역)이 정계에서 은퇴를 선언한다.

1960년대 사건들

1960년의 1인당 국민 소득[213]은 103불이었다. 1950년의 94불보다 증가하였다. 하지만 농촌의 1인당 국민 소득은 1950년 75불, 1960년 76불로 변화가 거의 없었다.

1961년, 볼리비아 석유 회사(BOC)[214]는 아순시온에 파라과이 정유 회사(REPSA)[215]라는 석유 유통 회사를 세운다. 1년 뒤인 1963년 파라과이 정부는 BOC에 정유 시설 건설 독점권을 부여한다[216]. 1972년에는 가스 생산

213 ingreso per cápita
214 Bolivian Oil Company Internacional S.A.
215 Refinería Paraguaya S.A.
216 Ley No. 847, 18 de septiembre de 1962

및 공급독점권도 부여한다. 미국인 두 명[217]이 소유한 회사인 BOC는 15년간 석유 제품 판매를 독점한다. 이들이 파라과이를 방문하여 스트로에스네르를 만나면 석유 가격이 올랐다. 가격 인상이 거부되면 시내에 석유가 동났다. 절대 권력을 가진 스트로에스네르가 왜 이들에게는 약했는지 모두가 궁금해했다.

미주 개발은행(BID[218]), 세계은행(BM[219])의 차관은 파라과이 국책 은행인 BNF[220] 구좌로 입금되었는데 스트로에스네르가 차관 일부를 유용하여 BOC 주주들에게 국내외 투자를 맡긴 것으로 추정된다. BOC 주주들의 회사가 당시 돈세탁이 주로 이루어지던 룩셈부르크, 파나마, 몬테비데오 등에 소재한 점, 그리고 REPSA가 자회사(BOC의 손자 회사 격)를 통하여 파라과이 토지를 매입하는 점 등으로 미루어 BOC는 스트로에스네르의 자금을 수탁 운용하는 대가로 유류판매업 독점권을 보장받은 것으로 보인다. 1960년대 초는 재선에 성공하였을 때이다. 이때까지는 장기 독재가 쉽지 않을 것으로 보고 퇴임 후 안전장치를 한 것으로 보인다.

1962년, 대한민국과 국교를 수교한다. 한국 첫 이민은 1965년이다. 한편 일본의 파라과이 농업 이민은 1936년 25가구로 시작되었다.

1963년, 파라과이 국적 항공사(LAP)[221]가 탄생한다. 여객, 화물, 우편 수송을 목적으로 창설된 것이다. 내륙 국가의 한계를 극복하려는 노력이다. 하지만 경영부실로 1996년 브라질 Tam 항공사(현재 Latam)에 지분 80%가 매각된다. 교통인프라 투자 사업은 모두 실패로 마감한다.

217 Philippe de Bourbon, Marcel Degraye

218 Banco Interamericano de Desarrollo

219 Banco Mundial

220 Banco Nacional de Fomento, (국책) 산업 개발은행

221 Líneas Aéreas Paraguaya. 이후 민영화를 위하여 주식회사로 LAPSA로 바뀐다.

정부 주도 물류망 투자

회사(분야)	설립	내역
국립상선선단 (FLOMERES)[222]	1945.6.27	• 1954년, 4천 톤 급 화물선 4척 보유(아르헨티나 국적 선박 독점시대의 마감. 경쟁 체제 돌입) • 1963년, 스페인 600톤급 화물선 2척 인도 • 1967년, 스페인 여객선 2척 인도 외 • 정부, 대양항행용 화물선 'Guaraní'호 구입(유럽 노선 운행) → 1973년 항해 중 화재 발생. 2009년 매각
파라과이 항공사 (LAP)	1963.3.18	• Convair CV-240(30석 규모) 2대(남미, 미주, 유럽) • Boeing 707, 2대(마이애미, 마드리드, 브루셀 취항)
철도	1964.2.8	• 아순시온-엥카르나시온 운행(376km) • 영국 기업[223] 철수(1959) 후 국유화(Ferrocarril Central Carlos Antonio López) • 철도 운행 중단(1999)

민주화가 된 1991년, 와스모시 대통령 시절 5개 국영 기업(LAPSA, FLOMERES, APAL[224](사탕수수 술), ACEPAR[225](철강))이 민영화(privatización)된다. 국영 기업 민영화는 남미 정부의 신자유주의[226]를 공격할 때 사용되는 단골 소재이다. 그런데 공격은 쉬운데 대안(공기업의 생존 전략)을 제시하는 것은 대단히 어려운 문제이다. 2000년대를 거치면서 남미 각국 항공사들은 Latam 중심으로 재편이 되었다. 초대형 항공사가 된 Latam 조차 코로나19로 미국에서 도산법[227]의 보호를 받은 적이 있다.

222 Flota Mercante del Estado
223 Paraguay Central Railway Co., Ltd.
224 Administración Paraguaya de Alcoholes
225 Aceros del Paraguay
226 neoliberalismo
227 Capítulo 11 de la Ley de Quiebras de los Estados Unidos, 영어로 Chapter 11, Title 11, United States Code

1967년 10월, 프랑스에서 5천 명 이상의 투자금(5천만 불 이상)을 횡령한 인물[228]이 파라과이에 입국한다. 인터폴 요청에 의하여 체포[229]되었으나 파라과이 법원이 프랑스 정부의 송환 요청을 기각[230]하면서 횡령범은 석방되어 아순시온에 정착한다. 1973년 12월에는 호주에서 회사를 고의부도 내고 3천 5백만 불을 횡령한 혐의로 수배 중인 아버지와 아들[231]이 파라과이에 입국한다. 호주 정부의 송환 요청이 있었으나 파라과이 법원은 거부한다(1975.8). 이 시절 파라과이 사법부는 행정부에 속한 하나의 기구에 불과하였다. 파라과이는 횡령범(estafador)들을 받아들이면서 상당한 금액의 정치 자금을 헌납받았을 것으로 추정된다.

1968년, 최초의 수력 발전소 아카라이(Acaray)가 시험발전을 시작한다. 1965년 착공한 발전소로 브라질 정부가 미주 개발은행에서 받은 차관으로 건설하여 파라과이에 기증하였다.

228 Pierre Marie Joseph Travers
229 1967년 12월 8일
230 1968년 1월 25일
231 Alexander Barton, Thomas Barton

4. 1970년대

이타이푸댐과 경제 기적

1970년 11월, 정부는 외국인 투자 유치법[232]을 공포한다. 이 법은 아래 조항을 담고 있다.

내역	번역
Liberación total de impuestos a la incorporación y la venta de acciones	법인 설립 및 주식 매각 관련 세금 면제
Liberación total de impuestos a la incorporación de bienes de capital	출자 목적 자본재 세금 면제
Liberación total de impuestos de todo tipo para la incorporación de factores de producción durante los primeros cinco años	최초 5년간 모든 생산요소에 대한 세금 면제
Garantía para remesar la ganancias al país de origen en moneda extranjera	투자 국가로 외국환으로 과실 송금 보장

1965년 양국을 이어지는 친선 대교의 개통, 그리고 투자유인 법적 장치는 브라질 기업, 농장주들의 파라과이 토지 매입을 촉진하는 붐(boom)을 조성한다. 이러한 붐의 배경에는 양국 간 토지 가격 차이가 가장 큰 유인(誘因)이었고 또 하나는 '파라과이 국경선에서 150km까지는 외국인에게 토지 판매 불허'하는 법 조항이 1963년에 폐지[233]된 것이다. 대농(大農)을 중심으로 한 곡물 산업이 성장하면서 파라과이가 세계적인 곡물 수출 국가로 부상하는 원동력이 되었다. 물론 브라질 농업의 '파라과이 침략'이라

232 Ley No. 216

233 1940년에 제정된 농지법(Estatuto Agrario)

고 비난하는 시각도 있다.

1973년, 이타이푸댐 건설을 위한 이타이푸 조약[234]을 체결한다(1974.4.26). 이타이푸댐을 브라질과 공동으로 건설하면서 파라과이는 매년 9% 이상의 경제 성장을 1980년까지 달성한다. 일자리가 생기면서 농촌 인구들이 공사 현장으로 몰려들고, 사무직은 중산층이 되고, 원청, 하청 계약을 수주한 회사들은 성장을 거듭한다. 이타이푸는 신흥 부르주아지 계급을 만들어낸다. 민간 분야가 독립 이후 처음 발달하면서 카우디요[235] 중심의 정치 체제까지 바꾸는 계기를 만든다. 댐 공사 현장 옆에 세워진 도시[236](현재의 시우다드델에스테)는 돈을 소비하는 장소가 된다. 한편 건설을 반대하는 가두시위[237]도 발생한다. 파라과이는 아르헨티나 정부와는 자시레타 수력 발전소(파라나강) 건설을 위한 조약도 체결한다(1973.12).[238]

1970년, 인구는 2,419,000명으로 증가하였다. 아순시온시에 전 국민의 19.2%가 거주하고 있었다. 1960년에는 1,740,000명 인구에 아순시온시는 전 국민의 17.8%가 거주하고 있었다.

반체제 세력의 등장

1960년대 말부터 학생 운동이 강경, 온건으로 투쟁 방향을 놓고 의견이 갈리면서 각종 분파들이 생성되기 시작한다. 그중 강경파에게 가장 큰 영향을 준 것은 '체' 게바라와 아르헨티나, 우루과이의 무장 게릴라 단체들이다.

234 Tratado de Itaipú
235 caudillo
236 Puerto Presidente Stroessner
237 Movimiento Independiente (MI)가 가두시위를 조직한다.
238 본서 '이타이푸댐 50년, 현재와 미래' 참조.

시기	사건
1967.10	볼리비아군, '체' 게바라[239] 처형
1969.5	아르헨티나 노동자 단체, 학생 운동 조직, 코르도바(Cordoba)시 2일간 점거[240]
1970.7	아르헨티나 무장 게릴라, ERP[241], 테러 활동(해산 1976.4)
1970년대	아르헨티나 무장 게릴라, Montoneros, 테러 활동(해산 1980)
1960년대	우루과이, 무장 게릴라, Tupamaros[242], 테러 활동(해산 1989)

파라과이에서는 1960년 초 무장 게릴라 활동이 이미 실패한 바 있다. 1970년대 초, 학생 운동 강경파는 무장 게릴라 활동이 가능하다고 자신하고 있었고, 온건파는 무장 게릴라 활동은 지리적 조건이 안 된다고 대립하고 있었다. 강경파들은 스트로에스네르 암살 음모 기도 등으로 1970년대 내내 체포되어 고문, 수감, 처형된다.

239 "Che" Guevara

240 Cordobazo라고 한다.

241 Ejército Revolucionario del Pueblo

242 Movimiento de Liberación Nacional–Tupamaros

강경파 단체 현황

시기	조직	지도자	내역
1970	Mariscal López(FULNA 산하 조직), 공산당	Arturo López[243]	• 지도자, 총격 부상으로 사망. • 조직원 체포, 와해됨
1974	Ejército Paraguayo Revolucionario(EPR), 무소속, 자생 조직	주동자 5명[244]은 파라과이 교도소에서 2년간 외부와 차단되어 수감생활 후 후 1976년 비밀리에 처형된다.	• 스트로에스네르 대통령 암살 음모 적발, 와해됨 • EPR, MOPAL는 서로 무관한 조직임
1974	Movimiento Paraguayo de Liberación(MOPAL), 무소속, 자생 조직	Ángel Cantalicio Bernal Font 외[245]	
1976	Organización Primero de Marzo(OPM), 무소속, MI에서 시작	Juan Carlos Da Costa 외[246]	• 주요 지도부 사살, 와해됨
1976	Partido Obrero Revolucionario Armado(PORA), 무소속	Leandro Velázquez	• 와해됨

1970년 7월, 아순시온 대주교[247]가 교체된다. 대주교가 첫 번째로 한 것은 1940년 헌법에 의거하여 설치된 국가 자문위[248]에서 탈퇴이다. 또한 성탄 메세지도 대통령궁에서 하던 관례를 깨고 대성당에서 집행한다. 정부는 대주교를 '공산주의자'라고 공격을 시작하면서 교회와 대립 관계로 발전하기 시작한다.

정부와 교계의 대립은 갈수록 긴장이 고조된다.

243 Agapito Valiente라는 가명 사용.

244 Amílcar Oviedo, Carlos Mancuello, los hermanos Benjamín y Carlos Ramírez Villalba

245 Roberto Grau, Julían Cubas, Arnaldo Llorenz

246 Marío Schaerer Pronto, Martino Rolón, hermanos López

247 monseñor Isamel Rolón

248 Consejo del Estado, 1940년 헌법 의거 설치된다. 1967년 개헌 시에도 유지된다.

정부 대 종교계 대립 현황

시기	내역
1969.6	• 아순시온대 의대 시위 선동 혐의로 예수회 신부[249] 추방
1969.10	• 정부, 가톨릭 발행 주간지 "Comunidad" 폐간(선동 기사 게재)
1971.2.27	• 경찰, 우루과이 사제[250] 연행 고문. 공산주의자 사제[251] 명단 입수 목적 • 경찰, 우루과이 사제는 우루과이 테러 집단[252] 소속이라고 발표
1972.5	• 예수회[253] 소속 사제 다수 추방 • 대주교, 대통령 참석하는 5월 15일 독립기념 예배[254] 중단(1974년 재개)
1975.2	• Colonia Jejuí, 해체된 기독 농민 연맹(LAC)의 공동체 방식으로 운영 • 경찰, 해당 지역 습격 농민 학살, 진압 과정에서 지도신부[255] 총격 부상

1975년 11월, 콜로라도당은 '정부 전복 기도'[256]를 비난하는 궐기 대회를 개최한다. 이 궐기 대회를 통하여 지하에서 활동하던 '파라과이 공산당[257]' 지도부 3명[258]이 체포되어 처형되었음이 외부에 처음 알려진다. 당시 언론은 반체제와 관련된 보도를 한 줄도 할 수가 없었던 시절이다. 경찰이 공산당 관련자를 광범위하게 조사하는 과정에서 무성하였던 소문이 사실임이 확인된 것이다.

249 padre jesuita Francisco de Paula Oliva
250 sacerdote uruguayo Uberfil Monzón
251 monseñor Ramón Bogarín, el Padre Gilberto Giménez
252 Tupamaros
253 Jesuita
254 Te Deum
255 padre Braulio Maciel
256 apoyo al líder frente a los intentos de la subversión internacional de desestablizar al país
257 Partido Comunista Paraguayo
258 Derlis Villagra, Miguel Ángel Soler, Octavio González Acosta

1976년 4월, 경찰은 아르헨티나에서 밀입국하던 반체제 단체인 OPM[259] 소속 1명[260]을 체포한다. 이 체포는 '고통의 부활절[261]'로 불리는 대규모 반체제 단체 적발 사건으로 확대된다. 1971년 아르헨티나로 추방된 OPM 지도자[262]는 무장 혁명을 꿈꾸며 농민, 대학생[263] 비밀 대원을 충원하고 있었다. 경찰의 요주의 단체인 '기독 농민 연합회'[264] 소속 강경파들과도 1973년에 연계되면서 세가 커진다. 그런데 OPM이 무력을 동원한 정권 전복행위에 나서지는 않았지만, 주동자급들은 처형되었다. 약 600명 행동대원 중 20명 처형, 800명 체포되면서 아순시온 각 경찰서마다 구금 중인 인원이 넘쳐흘렀다. 이후 석방된 많은 인원이 테러리스트, 공산주의자로 낙인이 찍히면서 파라과이를 떠나게 된다.

1977년, 대통령 연임 조항 철폐(무제한 출마 가능)를 골자로 한 개헌은 야당의 강한 반발을 야기한다. 종신제 개헌안을 놓고 급진자유당(PLR)은 분열한다. 개헌 반대 세력이 탈당하여 새로운 정당(정통 급진자유당)을 만든다. 또한 야당연합(Acuerdo Nacional, '국민 합의'로 번역됨)이 결성된다. 그런데 이즈음 스트로에스네르 대통령 암살 시도가 발각된다. 범야당연합(AN)에 가담한 조직이 이 음모에 개입한 것으로 드러나면서 범야권(汎野圈)의 입지는 좁아진다. 이타이푸댐 건설 반대 시위를 주도하였던 조직(MI) 지도부들이 체포되면서 MI 조직도 함께 와해한다. 결국 1977년 헌법 제177조 조항[265]이 개헌되면서 종신 대통령 시대가 열린다.

1978/1979년, 4개 정당으로 구성된 야당연합(AN)이 반스트로에스네르

259 Organización Política Militar 또는 Organización Primero de Marzo라고 혼용 사용하였다.
260 Carlos Brañas
261 Pascua dolorosa
262 Juan Carlos Da Costa, 1976년 처형된다.
263 Movimiento Independiente 소속 대학생이 많았다.
264 Ligas Agrarias Cristianas
265 el Art. 177 de la Constitución de 1967

투쟁에 나선다. 한편 엠보스카다[266] 교도소에 수감 된 정치범 석방을 요구하는 투쟁이 시작된다.

일자	야당연합 합의 경과	비고
1978.12.23	추인조건부 합의(ad-referéndum) 서명	
1979.2.2	합의서 추인	MOPOCO는 망명 중

콘도르 작전

1975년 11월, 칠레군 정보당국(DINA[267])은 남미 정보책임자들을 산티아고(칠레의 수도)로 초청한다. 파라과이 포함 6개국[268] 군 정보당국자 실무회의에서 칠레는 '콘도르 작전[269]'안을 제시한다. 각국의 게릴라, 반체제 인사 등을 서로 체포하여 인도하는 것이 목적이다. 이외에 수배자 정보 교환 체제 구축, 실무회의 정례화, 콘도르 실무자에게 외교특권 부여 등이 제안된다.

1973년 아엔데[270] 정권을 군사 혁명으로 전복한 피노체트 대통령은 아르헨티나 등으로 피신한 아엔데 정권 인사, 무장 게릴라를 묵과할 수 없었던 것이다. 콘도르 작전의 시작으로 연행, 고문, 재판 없이 처형, 생매장, 암살 등이 1970년대 후반까지 절정을 이룬다. 파라과이 및 아르헨티나는 공조하여 아르헨티나로 망명 생활을 하던 콜로라도당 출신 반체제 인사[271]를 납치 살해한

266 Emboscada

267 Dirección de Inteligencia Nacional, 칠레 책임자 coronel Manuel Contreras Sepúlveda

268 Conosur(아르헨티나, 우루과이, 칠레, 브라질, 파라과이) 5개국과 볼리비아가 참여하였다.

269 Plan Cóndor

270 Salvador Guillermo Allende Gossens, 칠레 대통령(1970~1973), 군사 혁명군에 포위된 후 자살한다.

271 médico Agustín Goiburú, 아르헨티나 Paraná 주에서 망명 생활 중이었다.

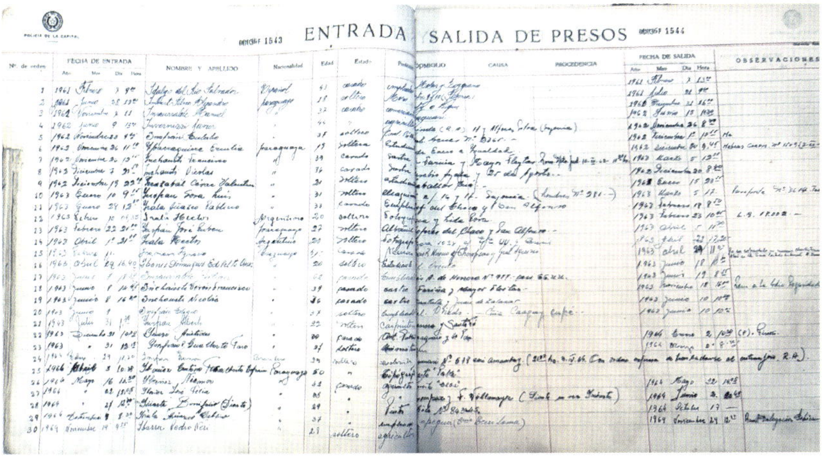

1960년대 연행 및 석방자 명단 일부. 원자료 촬영(2023.1)

다. 당연히 시신은 발견되지 않았다(1977.2). 이른바, 미국의 '국가 안보 독트린(Doctrina de Seguridad Nacional)'이 국가별로 작동하기 시작한다.

1977년, 지미 카터 미국 대통령(1977.1~1981.1)의 인권 정책은 스트로에스네르 정권을 압박한다. 스트로에스네르 대통령은 재판 없이 수감 중인 정치범 일부를 석방한다. 아울러 언론에 대한 통제도 일부 풀어놓는다. 이때부터 언론이 반체제 인사 체포를 한 줄 보도를 시작한다. 이것이 등대 역할을 하면서 인권 단체의 활동도 강화된다.

인권 단체 현황

인권 단체명	대표자	한국어
Comisión de Defensa de los Derechos Humanos	doña Carmen de Lara Castro	인권 수호 위원회
Comité de Iglesias para ayudas de emergencias(CIPAE)	여러 교회 참여, 1976년 창설	긴급 지원 교회 위원회

5. 1980년대

교회, 언론, 농민의 저항

1980년 3월, 같은 마을[272]에 거주하는 농민들[273]이 버스 기사에게 아순시온으로 갈 것을 요구하는데 이들은 토지문제를 농촌 복지 기구(IBR)에 항의하려는 목적이었다. 정부는 농민들을 게릴라로 규정하고 군[274], 콜로라도 민병대[275]를 동원하여 버스를 차단하고 전원 하차시킨다. 연행된 농민 26명 중 10명이 제3의 장소로 옮겨져서 처형되어 매장된다. 나머지 탑승 인원들은 전원 5년 형에 처해진다[276]. 이 사건을 계기로 농촌 지역[277]에 대한 대규모 단속이 수개월간 계속되면서 수십 명의 농민들이 군이 설치한 작전 본부[278]로 연행되어 고문받는다. 사건은 IBR에서 주선한 땅으로 이주한 원주민들을 땅 주인이 나타나서 강제 퇴거를 추진한다. 원주민들은 IBR에 소유권 등기[279]를 요구하려고 한 것이 공산주의자 폭동으로 조작된 것이다.

1984년 3월, 이타이푸댐 건설로 민간 부문의 광고도 함께 증가한다. 언론이 재정적으로 자생력을 가지게 되면서 더 이상 정부에 기댈 필요 없이 제 목소리를 내기 시작한다. 1980년대까지도 1940년 제정된 언론법[280]이

272 Colonia Acaray

273 Victoriano Centurió이 지도자이다.

274 II División de Infantería

275 Juan Manuel Frutos, Campo 9, Caaguazú 당원들이 동원되었다.

276 Caso Caaguazu라고 한다.

277 Caaguazú, Alto Paraná, Misiones, Cordillera주

278 centro de operación, en Campo 9

279 titulación

280 Decreto ley 1776, del 10 de junio de 1940, 'por el cual se reglamenta la publicación de las opiniones y la expresión del pensamiento por medio de la imprenta'

그대로 사용되고 있었다. 언론사들은 1개월 정간[281], 기자 투옥과 같은 언론 탄압에 계속 맞서기 시작한다. 최대 부수를 발행하는 일간지 'ABC Color'지가 무기한 정간된다(1984.3). 한편 반콜로라도 성향의 라디오 방송국[282]은 국영 통신사의 방송 전파사용 거부로 결국 문을 닫기까지 한다(1987.1). 무기한 정간된 ABC Color는 정권 붕괴 후 복간된다. 'Patria'와 라디오 방송국 'La Voz del Coloradismo'는 대표적인 친여 매체로 정부의 홍보 역할을 수행하였다.

1988년 5월, 로마 교황 요한 바오로 2세[283]가 파라과이를 방문한다(1988.5.16~18). 교황 체류 일정을 정부 측에서 사전 협의 없이 일방적으로 변경 시도하면서 교회 측과 충돌한다. 교회의 반스트로에스네를 움직임을 더 이상 볼 수 없다고 판단한 콜로라도 강경파는 주교가 '해방 신학(Teología de la liberación)'을 보급하고 있다고 교회를 공격하기 시작한다.

아르헨티나의 민주화1983

야당은 1960년 관제(官製) 야당으로 출발하여 1977년까지는 협치를 하면서 야당 또한 독재 정권으로부터 각종 혜택을 받는다(의석수의 1/3석을 야당에 할당). 남미 국가들의 군정의 종식되는 1980년 중반부터는 야당의 투쟁은 더욱 강경해진다.

281 Última Hora지, La Tribuna지, 1970년 6월에 1개월간 정간되었다.
282 Radio Ñandutí, 사장 Humberto Rubín
283 Juan Pablo II

야당 변천사

시기	야당	투쟁 강도	배경
1962	자유당(PL)	관제 야당	• 미국, 경제 지원 조건 충족 목적 • 야당 허용
1967	자유당(PL) 급진 자유당(PLR)[284] 2월 혁명당(PRF)[285]	준여당	• 1967년 개헌 동의 • (연임 허용) 조건으로 의회 진출
1977	자유당(PL) 급진 자유당(PLR)[286] 2월 혁명당(PRF)[287]	협치	• 1977년 개헌 동의(무제한 연임제 허용)
1977	정통 급진 자유주의자당(PLRA)[288] (PLR당에서 분당)	강경 투쟁	• 1977년 개헌 반대
1978 ~1979	범야당연합(국민 합의, AN) 창설 PLRA(정통 급진 자유당) PRF[289](2월 혁명당) PDC[290](기독 민주당) MOPOCO(아르헨티나 망명 중)	강경 투쟁	
1983	대통령 선거, 2개 야당 참가(PL, PLR)	준여당	• 민주주의 이행한다는 대외 홍보용
1983	MOPOCO 귀국, 정치 활동 허용	강경 투쟁	• 아르헨티나 압력

1983년, 아르헨티나에서 알폰신 후보가 대통령으로 당선되면서 군정이 종식된다(1983.10). 스트로에스네르는 1959년에 아르헨티나로 추방한 콜로라도 당원들, MOPOCO의 귀국과 정치 활동을 허락한다(1983.12). 아르헨티나와 국제 사회의 압력으로 '정치범 처형'도 사라지고 반체제 탄압 강

284 Partido Liberal Radical
285 Partido Revolucionario Febrerista
286 Partido Liberal Radical
287 Partido Revolucionario Febrerista
288 Partido Liberal Radical Autentico
289 Partido Revolucionario Febrerista
290 Partido Demócrata Cristiano

도도 예전보다 약해지기 시작한다.

1988년 12월 10일, 인권 선언일[291]에 맞추어 대규모 가두시위가 발생하는데 400여 명이 현장에서 체포된다. 주요 야당, 반체제 인사들이 가택 연금되었음에도 수십 년 만에 대규모 시위가 벌어진 것이다. 야당연합(AN)은 중도우파의 MDP[292](민주 대중 운동)로 흡수된다.

경기침체

1981년, 파라과이 주수출 품목인 대두(soya) 및 면화 국제 가격이 폭락한다. 이타이푸댐 공사도 끝나기 시작하면서 파라과이로 유입되는 달러화가 급격히 감소하기 시작한다. 파라과이는 1960년부터 미 달러 대 126과라니 고정 환율제를 유지하고 있었다. 이제는 고정 환율로 달러를 구할 방법이 없어진 것이다. 결국 정부는 고정 환율제[293]를 폐지한다고 발표한다(1982.7).

고정환율제 폐지는 불가피한 조처였다. 하지만 고정환율제는 스트로에스네르 정권이 내세운 시정(施政)목표인 "평화 및 진보, Paz y Progreso"가 무너지는 순간이었다. '더 이상의 내전 없이 우리도 잘살아 보자'라는 의미가 담긴 시정방침은 국민들의 공감대를 형성한 구호이다. 미국 환율에 고정되었다는 것은 파라과이의 자부심이었다. 이런 신화가 깨진 것이다.

한편 이타이푸댐 건설 노동자로 흡입되었던 수많은 농촌 인구는 농촌으로 돌아갈 곳이 없는 사람들이었다. 도시로 몰려드는 농민, 인디오들은 생계 대책을 요구하기 시작하면서 농민 운동이 시작된다. 대리석(granítico)과 같이 단단한 충성심을 보이던 콜로라도 당원들도 현실에 불만을 보이

291 Declaración Universal de los Derechos Humanos

292 Movimiento Democrático Popular, 1987년 결성된다.

293 tipo de cambio fijo, 1960~1975년 Gs.123.60 por dólar. 1976~1983년 Gs.126 por dólar.

기 시작하는 것이 감지되기 시작한다. 이타이푸 붐(Boom)이 꺼지면서 모두가 "돈 나올 데가 없는 꼴"이 된다. '경기가 침체하면서' 음지에서만 조용히 거론되던 스트로에스네르 후계자 논의가 수면으로 떠오르기 시작하는 계기가 된다.

집권당 내홍內訌

1984년, 콜로라도 전당 대회에 대통령의 개인 비서[294]를 하고 있는 마리오 압도 베니떼스[295]가 부총재 후보로 출마한다. 마리오 압도는 대통령의 재산 관리인 역할도 하였지만, 콜로라도당 장학금 책임 운영을 맡으면서 엄청난 축재를 한 인물이다. 생활이 어려운 콜로라도 당원의 자제들은 대학교까지 당에서 등록금을 제공하고 있었다. 그런데 당을 장악하고 있는 전통의 주류(Tradicional)들은 대부분 지주(terrateniente)이면서 유수 가문 소속이었다. 신흥 세력(neocolorado)이 돈을 바탕으로 부총재에 도전하는 것을 좋게 보아줄 수는 없었는지 부총재 선거에서 낙선시킨다. 낙선된 인물을 중심으로 비슷한 배경을 가진 당원들이 모여들어 '스트로에스네르를 수호하는 전투 당원(Colorados Combatientes Stornistas, CCS)'을 결성한다. CCS는 당보다는 스트로에스네르를 위에 둔다고 밝힌다. 주류들은 CCS를 강성(행동) 당원으로 해석되는 'Militante'라고 칭하면서 CCS를 스트로에스네르 팔아서 개인의 이익을 추구하는 집단이라고 공격한다.

1985년 5월, 미국의 레이건 대통령(1981.1~1989.1)은 파라과이, 칠레, 쿠바, 니카라과를 독재 정권이라고 칭한다. 당시 엘살바도르, 니카라과 정권

294 secretario privado

295 Mario Abdo Benítez, 같은 이름을 사용하는 현 파라과이 대통령(2018.8~2023.8)의 부친이다.

전복을 지원하던 미국은 '자유와 민주주의 회복을 위한 전쟁'이라고 내정 개입 정당성을 설명해 왔다. 따라서 독재 정권인 파라과이를 옹호할 수 없는 입장이었다. 하지만 미국은 파라과이가 좌파가 주도하는 야당에 정권이 넘어가는 것은 막아야 한다는 원칙이 있었다. 미국은 교회를 중재자로 활용하여 여당 및 야당과 대화를 시도하였다(1985.11). 하지만 콜로라도 강경파는 교회가 중재하는 협상에 참여하는 것을 거부하면서 미국이 요구한 인권 문제 개선, ABC Color신문사 복간, 언론자유 보장요구를 '미 제국주의자들의 내정 간섭[296]'이라고 맹비난하였다.

1985년 9월, 콜로라도 청년 당원을 대상으로 한 강연에서 당 중진[297]이 당내 만연한 부패를 비난하면서 당내 기회주의자를 맹공한다. 이를 계기로 당 정풍(整風)운동[298]이 시작된다. 1986년 초에는 정풍파는 스트로에스네르의 1988년 대선 출마를 반대하면서 군 출신이 아닌 인물이 출마하여야 한다고 주장하는데 대통령은 정풍파를 당의 대오(隊伍)를 벗어난 탈영병[299]에 비유하면서 정풍파를 비난한다. 결국 정풍파의 지역구[300]는 조직 해체 수순을 밟으면서 정풍운동도 막을 내린다(1986.9). 차코 전쟁을 참전한 모든 사람에게 '탈영병'이라는 호칭은 현장에서 '즉결 처형'하라 것을 의미한다.

독재자들은 심복들을 끝없이 의심하고 검증하며 위협이 될 만하면 가차 없이 버린다. 물론 토사구팽(兎死狗烹)은 독재자뿐만 아니라 모든 지도자가 애용하는 인사법이다. 스트로에스네르 인사법은 다소 특이하였다. 스트로에스네르 대통령의 신임을 받은 인물들은 의원 면직(依願免職)이 거의 불가능하였다. 군 장성들은 연령에 관계없이 예편을 잘 허락하지 않았다. 인

296 interferencia imperialista
297 Carlos Romero Pereira, 전 대통령 Tomás Romero Pereira의 아들이다.
298 Colorados éticos
299 desertores
300 Ypacaraí

사 적체로 장성 진급이 힘든 점을 감안하여 대령에게 장성 월급을 지급하였다. 교육부 장관[301], 국방부 장관[302], 재무부 장관[303]도 건강상의 이유로 사직을 제청해도 거부하였다. 걷기 힘든 장관에게는 전동계단을 설치할 정도였다. 당 총재도 마찬가지이다. 정풍파가 공격한 당총재는 당시 85세[304]로서 1962년부터 총재에 재직 중이었다. 반면 젊은 인물들은 신뢰하는 경우는 극히 드물었다. 인사 스타일로만 보면 스트로에스네르가 추구한 것은 안정(estabilidad)으로 보인다.

반대로, 본인에게 도전이 될 만한 인물들은 반드시 제거하였다. 대표적인 인물이 50년대 말 60년대 초 내무부 장관으로서 공포 정치를 만든 인스프란(Ynsfrán)[305]이다. 콜로라도당 창당한 인물[306]의 형제의 손자[307]로서 동진 정책 추진, 어용야당 창당, 개헌 등 제 방면에서 능력을 보였다. 하지만 잠재적 도전자로 인식된 후 중용되지 않았다. 스트로에스네르 정권 붕괴 후에야 상원 의원이 된다.

1987년 8월, 콜로라도당 전당 대회에서 강경파들이 행사장을 장악하고 주류들의 행사장 입장을 무력으로 봉쇄한다. 내무부 장관, 보건부 장관, 복지부 장관, 법무부 장관 4명의 강경파[308]가 집단 지도 체제로 당을 운영하기로 결의한다. 4명 모두 반공주의자로서 당의 균열은 가속화된다. 한편 야당은 강경파가 주도하는 여당과 대화는 없을 것이라고 역시 강경 투쟁을 선언한다.

301 Raúl Peña
302 Marcial Samaniego
303 general César Barrientos
304 Juan Ramón Chavez
305 생몰: 1921~1991,
306 Bernardino Caballero
307 sobrino nieto
308 Cuatronomio de oro

콜로라도당(2023.1)

1988년 2월, 대통령 선거에 출마한 스트로에스네르는 강경파에 더욱 의지하면서 주류와 멀어지게 된다. 야당연합(AN)에 대한 탄압 강도를 높이면서 스트로에스네르는 본인의 마지막 선거에서 89%라는 압도적 지지로 당선된다. 한편 스트로에스네르 대통령은 대만 방문 일정을 취소하고 전립선 수술을 받는다. 콜로라도의 '불멸의 지도자[309]'도 세월 앞에는 어쩔 수가 없었다.

미국의 개입

한편 외환 보유고는 1981년 780백만 불에서 170백만 불(1988)로 감소하였다. 재정적자폭(財政赤字幅)도 확대되고 있었다. 물가 상승, 재정적자 확대, 국가부채 증가 등 경제 상황이 갈수록 악화하였

309 líder eterno

다. 경제계 산업 단체들[310]도 정부의 경제 정책을 비난하기 시작하였다. 한편 국제 통화 기금(FMI)은 대폭적인 공공지출 삭감을 요구한다. 즉, 공무원 임금도 동결하고 공무원 숫자를 줄이라는 요구였다. 그런데 공무원, 특히 군인의 임금을 삭감한다는 것을 받아들일 수 없는 조건이었다. 콜로라도 강경파는 우왕좌왕하고 있었다.

1988년 12월, 강경파가 차기 대통령으로 공군 대령으로 막 진급한 대통령의 장남을 밀고 있다는 소문이 군내 확산된다. 군을 장악해온 육군으로서는 공군으로 실권이 넘어가는 것을 좌시할 수 없는 입장이었다. 군도 처음으로 균열을 보이기 시작한다.

망명Exilio

1988년 12월, 미군 남부군 사령관[311]이 아순시온을 방문하여 권력 서열 2위인 제1군 단장인 안드레스 로드리게스 장군[312]을 면담하고 귀국한다. 한편 콜로라도당 주류[313]도 강경파를 몰아내기 위하여 전국단위 회합을 계속해 나간다. 1989년 1월 12일, 콜로라도 강경파는 안드레스 로드리게스 장군 제거를 결정한다. 안드레스 로드리게스 장군은 콜로라도 주류와 긴급회동을 하면서 정권 전복을 결정한다.[314]

1989년 2월 1일, 로드리게스 장군은 지휘관 회의에 불참하고 2월 2일 혁명을 일으킨다. 혁명은 2월 3일 성공한다. 노쇠한 대통령은 브라질로 큰아

310 FEPRINCO(Federación de la Producción, la Industria y el Comercio, UIP(Unión Industrial Paraguaya)

311 general Federick Woerner, jefe del Comando Sur de EE.UU.

312 Andrés Rodríguez, 군사 혁명(1989.2) 성공 후 대통령에 취임한다. 스트로에스네르의 막내아들이 사위이다.

313 주류 지도자는 Luis María Argaña이다. 1999년 부통령 재직 시 암살된다.

314 본서에 수록된 '파라과이와 미국'편 참조.

들과 함께 망명한다. 1989년 2월 5일 브라질로 망명한 스트로에스네르는 대서양을 접한 도시[315]로 가서 잠시 머물다가 수도 브라질리아에 정착한다. 2006년 8월 16일 향년 93세를 일기로 사망하여 브라질리아에 매장된다.

Ña Ligia라는 별칭으로 불리던 부인(Eligia Mora Delgado de Stroessner, 1910년생)도 2006년 2월 3일 아순시온에서 향년 95세로 사망한다. 이들은 1938년 처음 만났으며 1945년 12월 결혼한다. 두 사람 사이의 자녀는 셋이 있다(입양한 딸까지 2남 2녀이다). 장남(Gustavo Stroessner, 1945년생)은 공군 대령으로서 아버지와 함께 브라질리아로 망명하였다. 2010년 파라과이로 귀국한 장남은 다음 해 2011년 병사한다. 둘째 Graciela(딸), 셋째 Hugo Alfredo "Freddy"(사망), 입양한 딸은 María Olivia이다. 이 외에도 여러 정부(情婦[316])와 사이에 태어난 자녀들에 대한 소문도 무성하였다.

1980년대 사건들

1980년 9월 17일, 아순시온에서 망명 생활 중이던 니카라과의 소모사 대통령이 차량 이동 중 아르헨티나 게릴라[317]의 대전차포를 맞고서 현장에서 즉사한다. 이 사건을 계기로 범인 색출 목적의 가가호호 방문 조사, 길거리 검문, 연행이 이루어진다. 경찰이 명명한 작전명 'Rastrillo(라스뜨리요)'는 우리말로 '(낙엽을 끌어모을 때 사용하는) 갈퀴'이다. 밤에 외출하는 사람이 사라질 정도로 극도의 공포가 조성된다. 주범 중 1명[318]만 체포[319]되는데 경찰에서 조사받던 중 사망한다.

315 Guaratuba
316 amante
317 Enrique Gorriarán(1941~2006)
318 Hugo Alfredo Irurzún, Departamento de Investigación에서 조사받다 사망한다.
319 칠레인 1명(사진사)은 아르헨티나 게릴라에 협조하였다는 죄목으로 8년간 수감된다.

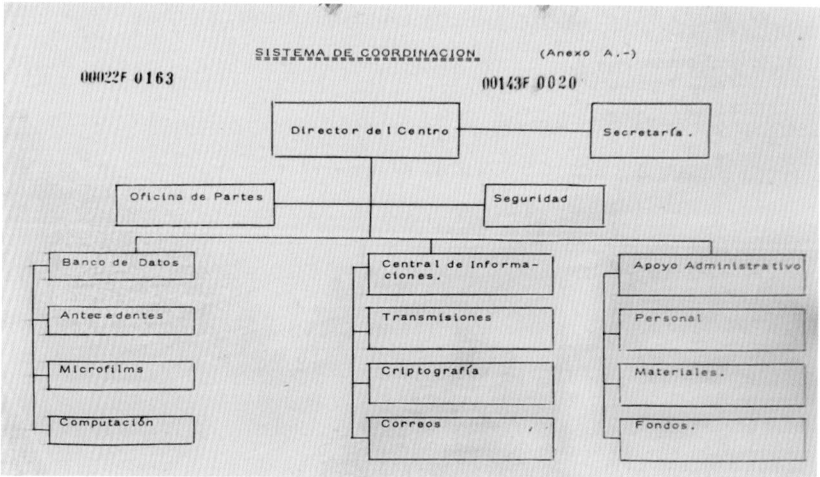

콘도르 작전 업무 공조 도표(1975년 작성된 원본을 촬영, 2023.1)

1980년대, 미국으로 이민을 희망하는 사람들은 파라과이로 먼저 이민을 와서 체류 중에 미국 비자를 취득하여 미국으로 재이민하는 현상이 생긴다. 아시아 사람들이 주로 이 루트를 통하여 미국으로 입국하였다. 이들을 비자 쇼핑객(Visa shopper)이라고 부른다.

6. 독재 정권 메커니즘

대통령에 대한 절대충성의 대가는 이권보장(Prebenda) 이었다. Prebenda는 국가로부터 받는 각종 특혜(공직 진출, 관급공사 수주 등)를 의미한다. 한편 '공포'와 '상호불신' 그리고 '자기검열'이 국민들에게 깊이 자리 잡는다. 무엇보다 전화 도청이 공공연히 이루어지고 있어 "벽에도 귀가 있다(Las paredes oyen)"라는 말이 맞는 시대였다.

당, 군, 행정부를 3개를 기본축으로 국가가 운영되었다. 3개 축을 Triología(3부작)라고 불렀다. 경찰 및 콜로라도 민병대가 반체제 활동 분쇄를 맡았다.

행정부Poder Ejecutivo

모든 공무원은 콜로라도당에 입당하는 것은 "선택"이 아닌 "의무"였다. 공무원의 봉급에서는 당비가 자동 공제되었다. 정부가 고용한 공립학교 교원, 공립병원 의사, 수많은 전문직도 당에 의무가입하였다. 대법관을 비롯한 법관도 콜로라도당 가입이 의무였다. 콜로라도 당원이어야 공직에 취직할 수 있었다. 공무원의 정치 중립은 없었다(현재 의무가입은 폐지되었으나 아직도 사법부를 비롯한 많은 공무원이 콜로라도 당원으로 활동 중이다).

공무원 선발 방법은 엽관제도(獵官制度)[320]였다. 당원은 필수이고 당의 추천을 받으면 공무원이 되는 것이다. 1972년부터 1982년간 인구 증가율은 연 2.9%인 데 반하여 공직자 증가율은 연 4.4%이었다. 공직자는 1981~1987년 기간 연 5.4% 수준으로 증가하였다. 공직자가 국민의 12%를 점하는데 많은 공직자는 실제로 출근하지 않고 임금만 받아 가고 있었다[321].

320 nepotismo, prebendarismo라고도 한다.
321 Planilleros

콜로라도당El Partido Colorado

1988년 선거 유권자가 1.4백만 명인데 콜로라도 당원 수는 1.3백만 명이었다[322]. 이 중 43%가 여성 당원이었다. 과장된 숫자로서 오류가 있어 보인다. 하지만 중요한 것은 이렇게 많은 사람이 당원이 된 이유는 '생계' 목적이었다. '당원증'은 '주민증'과 같은 신분 확인 역할뿐만 아니라 취업 자격증과도 같았다.

파라과이는 장기 독재 기간을 겪으면서 국가가 개인 소유(사유화)[323]로 바뀌었다. 주인(대통령) 아래 각 조직은 소관 업무를 묵묵히 수행하면 봉급을 받을 수 있게끔 바뀐 것이다. 1970년까지는 국가가 사실상 유일한 고용주였다. 정부와 계약은 당연히 당원이어야 가능했다. 이러한 현실에서 당원이 된다는 것은 파라과이 국민이라는 것을 인정받는 것이다. 아래 정치 구호가 당시 국민들이 처한 상황을 잘 나타낸다.

"Ser colorado es la mejor manera de ser paraguayo."
"콜로라도 당원이 되면 파라과이 사람이 되는 것이다."

하지만 당원이 되어도 감시는 계속 받았다. 당세포(Pyragües)들의 감시 대상으로 반체제 인사는 물론이고 콜로라도 당원, 공무원, 외교관까지도 포함되었다.

콜로라도는 스트로에스네르 대통령 우상화 작업에 앞장선다. 삼국 동맹 전쟁 패전(1870)의 고통에서 조국을 재건한 두 명의 위인[324] 중 하나로 만든다. 첫 번째 위인은 1866년 콜로라도당을 창당한 베르나르디노 카바예로(Bernardino Caballero) 장군이다(대표적인 로페스주의자임). 두 번째가 스

322 당시인구는 3,844,437명(세계은행 통계)
323 Privatización del estado
324 Reconstructor

트로에스네르이다. 경제 성장과 정치적인 평화를 이룬 인물이라는 선전이 계속된다.

군Fuerzas Armadas

군법[325]에 따르면 군의 주 의무는 '국가 안보가 유지될 수 있도록 다른 권력 기관과 협업을 하는 것'이라고 규정하고 있다(1980). 군은 여덟 번의 대통령 선거 때마다 스트로에스네르를 공개적으로 지지하였다.

군 장교들의 콜로라도당 가입을 의무화하였다. 군 주요 지휘관은 콜로라도당 중앙 위원으로 임명되었다(1955.7). 사관 학교 입학은 부모가 콜로라도 당원이 아들인 경우만 가능했다. 또한 내각 중 핵심 3부처(국방부, 재무부, 건설부) 장관은 군 장성들이 임명되었다. 군의 콜로라도화는 완성되었다.

군은 부업에 종사하는 것은 허용받았고 밀수(contrabando)의 경우는 묵인을 받았다. 경찰의 경우도 이러한 혜택을 받았다. 밀수[326]는 '평화의 대가'라고 대통령은 언급하였다.

항목	활동 내역
부업[327]	각종 개인 사업체 운영 가능 예) 군 장비, 군인 무상 동원하여 각종 건설 사업 등 수행
밀수	밀수업자와 유착하여 국경 이동 묵인. 밀수업자로부터 보호비 상납받음

325 Ley 832 de Estatuto Militar

326 el precio de paz, '밀수로 축재한 군 고위 장교들이 많아질수록 군사 반란이 일어날 가능성은 적어진다.'는 뜻이다.

327 군수품 공급, 군 발주 건설사업 등

밀수의 경우는 대통령에 대한 절대 충성의 대가(clientelismo)이다. 하지만 불충(不忠)한 경우는 불법행위로 인신 구속할 수 있는 약점으로도 활용되었다. 밀수는 수입, 수출, 환적 등 3가지 형태로 구분되면 자동차, 마약, 무기부터 시작하여 담배, 위스키, 전자 제품 등 시대에 따라 변화하고 있다.

	밀수입	밀수출	환적지
1960 ~1970년대	도난 자동차, 담배, 주류	담배	마약(미국 향(向))[328]
1980년대	전자 제품, 명품, 담배, 주류, 위조품, 무기류[329]	담배, 무기류	마약(미국 향(向))

그런데 국민들은 밀수를 어떻게 생각할지 생각해 볼 필요는 있다. 독립(1811) 이후 관세가 부과되면서 수입 물가가 상승한다. 대다수의 국민이 절대 빈곤층이던 시절이다. 물가 안정 또는 생필품 저가 공급을 밀수가 역할을 하면서 국민들은 밀수가 범죄(delito)라고 생각을 하지 않게 된다. 사람들은 "Yo trabajo en contrabando(내 직업은 밀수)"라고 거리낌 없이 말하게 된다. 힘든 시절 '자식들 먹여 살리기 위하여[330] 밀수라도 하여야 하는 부모의 심정'도 반영된 것이다.

그렇다면 스트로에스네르 대통령은 무슨 생각을 했을까? '물가 안정 및 핵심 지지층에 대한 보상' 외에도 가장 가능성이 높은 것은 '지정학적 접근'이다. 경제 브레인들이 파나마(Panama) 사례를 연구하면서 브라질, 아르헨티나 접경지대(파라과이)에 거대한 면세 쇼핑지역 창설을 생각했을 가능

328 군 장성 2명(general Patricio Colmán, general Andrés Rodríguez), 수도 경찰수사국장 Pastor Coronel이 밀수에 관여한 최고위직들이다.

329 삼국간 중개무역(triangulación)

330 dar de comer a los hijos

성이 높다. 밀수로 인한 세수 감소를 감수하는 대신 국민들에게 일자리를 만들어 주면 궁극적으로 국가 경제가 발전한다는 선순환을 제시하였을 가능성이 높아 보인다.

면세 쇼핑지대의 성공 핵심은 접근의 용이성과 가격 경쟁력이다. 또한 환율, 밀수가 개입된 경우 돈세탁 용이성도 대단히 중요하다. 당시 브라질, 아르헨티나는 수입 대체 산업화(ISI[331]), 자국 생산 비율(contenido local) 정책으로 수입품에 대하여 고율의 세금을 부과하고 있었다.

국가	당시 현황	파라과이 지정학적 전략
브라질, 아르헨티나	수입 대체 산업화 정책 영향으로 수입품에 대한 고율의 수입 관세 부과 → 수입품 가격 상승 → 위스키, 담배 고율 소비세 부과	양국 국경 무역 지대에 합법 수입품, 밀수품 유통 통해 양국 소비자 유인 ① 밀수로 수입한 제품을 유통 ② 정상 수입한 제품 유통 (재수출 관세 적용)

경찰Policía

남미 군정(軍政)들은 반체제 인사를 체포, 고문, 처형 등을 군이 주로 이행하였다. 하지만 파라과이는 경찰이 업무를 주로 맡았다. 파라과이군의 주 임무는 정보 수집 및 남미 다른 국가 군정과의 연락이었다.

파라과이에서는 대규모 무장 게릴라가 1960년대 초 소탕되었기 때문에 군이 군을 동원할 필요가 없었던 것이다. 경찰을 활용하여 반체제 인사 단속을 더 강화하는 것이 더 효과적이었기 때문이다. 또한 인구도 적고 콜로라도 당원증이 필수인 파라과이는 다른 남미인들의 도피처로 부적합하였다.

331 Industrialización por sustitución de importaciones

다른 남미 군정과의 또 하나의 큰 차이점은 연행, 조사, 고문, 구금하는 비밀 장소[332]이다. 파라과이는 수도 경찰청에서 주로 조사를 하였지만, 동네 경찰서에서도 직접 수행하였다.

	반체제 인사 담당	구금 장소
남미 군정	군	지역별 비밀 장소 운영
파라과이	주로, 경찰	수도 경찰청, 각 경찰서

파라과이는 전국을 반체제 인사를 구금하고 고문하는 장소로 만든 것이다. 고문 가해자와 피해자가 같은 동네 주민들인 경우도 발생하는 것이다. 무엇보다 이웃 주민 중 누군가[333] 고발되어 연행되는 경우를 직접 볼 수 있게 만들었다.

선거 투표일을 제외하고는 비상사태가 집권 기간 동안 유지되었다. 법원의 구속영장 발부가 남발되는데, 비상사태가 연중 유지되고 있었기에 가능하였다. 예비 단속(Represión Preventiva) 제도라는 연좌제를 도입한다. 경찰은 주택, 상점, 사업장 등을 불시에 수색하였는데 누가 갑자기 끌려갔다는 소문[334]은 계속 돌았다. 운 없으면 연좌제로 나도 끌려갈 수 있다는 공포가 국민을 "자기 검열[335]" 상태를 만들었다. 경찰은 '선과 악의 대결(Guerra del bien contra el mal)에서 선(善)이 이길 것'이라고 자신하였다.

정권 붕괴 이후 확인된[336] 결과는 참혹하였다.

332 centro clandestino de detención
333 informante confidencial
334 rumor, *radio so'o*
335 autocensura, ñemongyhyje
336 Comisión de Verdad y Justicia(CVJ)

반체제 인사 연행에 사용되던 경찰 차량(2023.1)

스트로에스네르 대통령 집권 35년간(1954~1989) 직간접 피해자

- 구금 119,175명
- 고문 18,722명
- 처형 348명
- 실종 2,016명
- 망명 20,181명
- 기타 포함, 총 128,076명

- 파라과이진실·정의위원회(CVJ) 발표(Informe Final, p.31)

이렇게 무법적으로 자행되고 있는 기간에도 인권 유린은 소문으로만 접할 수 있었다. 언론 통제로 반체제 신문인 ABC Color, 주간지 El Pueblo는 1984년 및 1987년 폐간된다. 유언비어(流言蜚語) 통신에 기초한 소문이 더 무서운 소문을 만들어냈다. 국민들의 공포감은 더욱 증폭되어 갔다.

대표적인 인권 탄압 악법은 아래와 같다.

법	이름	공포일	제정 목적
Ley 294	De la defensa de la Democracia (민주주의 수호)	1955.10.17	공산 당원 형사 처벌
Ley 209	Defensa de la Domocracia (민주주의 수호)	1970.9.15	반체제 조직 적발에 필요한 조처 행정부에서 임의 시행 허용

정권 교체 이후 인권 유린에 관련된 조직, 책임자, 고문 기술자 등이 공개된다.

인권 유린 관련 조직

조직	역할	비고
Departamento de Investigación de la Policía de la Capital(DIPC)	정치범 고문	
Dirección Nacional de Asuntos Técnicos de la Policía(DNAT)	① 정치범 고문 ② 정치범 실종 처리	"Empaquetados"는 '실종자' 라는 뜻의 은어
Departamento de Política y Afines(DPA)	Pyrangües(첩보원) 관리 및 운용	

기타 역할
① 야당, 해외 망명 반체제 인사 감시
② 대통령에게 정기적으로 사찰 결과 보고
③ Operación Cóndor 업무 참여

'라 테크니카'[337]는 독재 체제가 붕괴(1989)하고 나서도 계속 유지된 비밀 조직이다. 비밀 문건[338]들이 입수되면서 실종된 반체제 인사들은 라 테

337 La Técnica, '업무 실무 조직'으로 해석된다.
338 Archivo del Terror, '공포 시대의 공문서고(公文書庫)'로 해석된다.

'라 테크니카' 고문 장소(2023.1)

크니카에서 조사받은 후 실종되었다는 것이 밝혀진다(1992.12). 미군 대령[339]이 1950년 후반기에 설립하는 것을 지원하였고 독재 시대 책임자는 내무부 관료 출신이라고 알려진 안토니오 캄포스 알룸 박사[340]였다. 실험실로 알려진 이곳은 반체세 인사 농정 수집, 고문 장소였다. 독재 기간 중 반체제 인사 고문으로 악명을 떨친 수도 경찰수사국[341]보다 악독한 곳이었다. 경찰의 공포 제도를 만든 3개 직책은 내무부 장관[342], 경찰청장[343], 수사국장[344]이다.

339 coronel Robert Thierry
340 doctor Antonio Campos Alum
341 Departamento de Investigaciones de la Policía de la Capital
342 Edgar L. Ynsfrán, ministerio de interior
343 Ramón Duarte Vera, jefe de Policía
344 Erasmo Candia, jefe de investigaciones

인권 유린 주요 책임자

직책	책임자 이름
내무부 장관	Tomás Romero Pereira, Edgar L. Insfrán, Sabino Augusto Montararo
경찰청장	Ramón Duarte Vera, Francisco Alcibíades Britez Borges
수사국장	Erasmo Candia, Alberto Planás, Pastor Coronel
수사국 산하 정치인 담당과[345]	Víctor Martínez
수사국 실무과(라 테크니카)	doctor Antonio Campos Alum
콘도르 작전(군부 책임자)	Rafael Benito Guanes Serrano, Alejandro Fretes Dávalos

345 Dirección de Asuntos Políticos

7. 평가 및 청산

평가

스트로에스네르의 가장 큰 공은 '내전의 종식'이다. 1954년 집권 이후 내전이 발생하지 않았다. 1954년까지 50여 년 계속 이어진 내전에 준하는 정치 불안(군사 반란 및 전쟁 포함)의 원인은 다양하였지만, 실제로는 '권력 찬탈'적 성격이 더 많았다. 식민 국가가 독립하면서, 이념의 충돌 등으로 내전이 발생한 사례는 많다. 하지만 마치 완전히 다른 인종, 종교, 언어를 가진 사람들처럼 끝없는 내전 및 반란이 50여 년 이상 파라과이에서 계속 일어나면서 평범한 국민들은 상상을 초월하는 고통, 즉 어느 한쪽을 택일하여야 하는 상황에 노출되었다. 이러한 상황을 종식한 것은 국가통합이라는 성과 외에도 파라과이의 평범한 국민들이 예측할 수 있는 삶이 가능하도록 기초를 놓았다. 물론 '인권 탄압'이 있었기에 '내전이 종식'된 것이라 것에 무게를 둘 경우 공(功)이 아니라 과(過)로 해석이 될 수도 있다.

이타이푸댐을 브라질과 함께 건설한 것은 경제의 최대 공적이다. 농경 국가로서 변방에 머물던 파라과이가 남미 사상 최대의 토목 공사에 참여함으로써 경제의 발전, 산업의 다양성, 신흥 중산층 탄생, 국경 무역 발달 등 전방위적인 발전의 기초를 만들 수 있었다. 국도, 교량 건설을 통하여 브라질과 연결함으로서 내륙국의 한계를 극복하는 방법을 보여 줬다.

또 다른 공은 지정학적 균형이다. 아르헨티나에 일방적으로 기울어졌던 균형을 동진 정책을 통하여 브라질을, 반공 정책을 통하여 미국을 파라과이 편으로 끌어들였다. 아르헨티나, 브라질, 미국이라는 3개 축을 활용하여 외교적 균형의 발판을 처음 만들었다. 동진 정책이 시작되면서 회자(膾

炙)되던 '부에노스아이레스가 재채기하면 아순시온은 감기에 걸린다.[346]'라는 말이 사라졌다.

스트로에스네르의 가장 큰 대과(大過)는 인권 탄압, 즉 인권 유린이다. 야당에서 스트로에스네르를 '티라노사우러스[347]'라고 불렀는데 국제 사회가 인용하면서 별칭으로 유명해졌다. 인권 탄압을 스스로 멈추지 못하였다. 처음에는 권력 쟁탈에서 시작된 정적에 대한 인권 탄압인 것으로 보였으나 시간이 지나면서 독재 정권 유지에 목적을 둔 전 국민 대상 인권 탄압임이 입증되었다. 또한 국가 제도를 활용하여 조직적으로 전개되었다. 일반 국민을 대상으로 공포를 조성하고 종신 대통령을 꿈꿨다. 국가를 사유화한 것이다.

또 다른 대과는 불공정한 사회를 만든 것이다. 국민을 충성, 불충하는 세력을 구분하고 당원 대 비당원, 감시 대 피감시 등 다양한 차등 제도, 계급 제도, 불신 체계화를 만든 것이다. 충성하는 자에게는 수단과 방법을 가리지 않고 돈을 벌게 만들어 주는 등 국가를 사유화하였다. 무엇보다 불법(밀수) 행위에 대한 단속은커녕 정권 유지 목적으로 묵인, 장려한 것은 파라과이가 새로운 도약을 하는데 두고두고 발목을 잡을 것이다.

과거 청산

스트로에스네르 정권이 붕괴(1989.2) 이후에도 콜로라도당의 집권은 2008년까지 계속되었다. 2013년부터 다시 콜로라도당이 집권하고 있다. 스트로에스네르 집권의 연장이라고 평가절하는 경우도 있다. 앞에서 설명한 바와 콜로라도가 군, 경, 행정부를 완전히 장악

346 Cuando Buenos Aires estornudaba, Asunción se resfriaba
347 Tiranosaurio

한 상태여서 권력이 갑자기 교체된 것이다. 그런데 야당 또한 2008년 이전의 대통령 선거에서는 단일화 실패라는 패착을 되풀이함으로써 콜로라도 집권을 간접적으로 지원한 적도 있다. '역사 청산'은 꼭 필요하지만 정말로 쉽지 않음을 파라과이 현대사가 잘 보여 준다.

1989년 군사 혁명으로 정권 교체에 성공한 안드레스 로드리게스가 야당과 합의를 통하여 결정한 최우선 과제는 아래와 같다.

	내역
1	1954년 이래 유지된 '비상 상태' 해제
2	정당 활동, 집회결사의 자유, 언론자유, 노조 활동 자유 보장
3	선거 제도 개혁
4	제헌 의회 소집

한편 1960년대 농지 개혁 과정에서 정해진 규정을 어기고 군 인사 다수[348]에게 저가로 토지를 불하한 것은 대표적인 부정부패 사례로 아직도 거론되고 있다. 2023년 현시점까지도 불법 불하된 토지를 몰수하자는 운동이 계속되고 있다.

불하 규모(기간: 1954~2003)

전체 불하된 토지(Lote)	불법 불하된 토지(인원)	불법 불하 지역 구분
12,229,594 hectáres (4,232 lotes)	7,806,369 hectáres (3,336명)	• 동부 지방 전체 불하의 43% 1,507,535 ha • Chaco 지방 전체 불하의 72% 6,298,834 ha

348 Dirección de Colonización Militar(군인 농촌 이주국)

정권이 붕괴한 다음 해인 1990년 10월, 정치인들이 부정 축재한 재산을 몰수하였다. 전(前) 정권의 공직자 36명의 550백만 불 상당의 자산을 몰수하였다. 당시 파라과이 외채의 25% 규모이다. 하지만 실제 회수한 것은 3명의 자산 1천 2백만 불에 불과하다. 이들 3명은 기소되었다가 재산을 국가에 헌납하면서 기소 유예 처리되었다.

공포(Terror)의 공문서고가 발견된 것은 독재 시대의 한 피해자의 집념에서 시작되었다. 1974년 경찰에 연행되었던 피해자가 자신의 사건 기록을 공개하라는 재판을 1989년 5월에 청구한다. 1992년 헌법이 개헌되면서 정보 공개 청구권이 보장받는다. 여러 방면으로 자신의 사건 기록을 수배하던 중 독재 시대 조사 기록이 보관된 경찰서 위치에 대한 제보가 들어온다. 판사의 수색 허가 영장, 그리고 언론사 간 공조로 많은 기자, 카메라맨이 다 같이 경찰서 수색에 참여하여 방대한 독재 시대의 수사 자료를 현장에서 입수하게 된다. 이 자료들은 '공포(恐怖) 시대의 수사 기록이 보관된 공문서고'라는 뜻으로 'Archivo del Terror'이라고 칭한다.

항목	내역
보관 장소	Departamento de Producción de la Policía, barrio Santa Lucía, Lambaré
발견 일자	1992.10.22(Día de la Dignidad Nacional로 명명됨)
최초 소송 제기	Martín Alamada
발견 내역	연행자 자료 11,125개/신분증, 여권 1,888개/경찰압수물(사진, 앨범 등) 20,000개/금서 1,500권
기타	유네스코 지정 "Memoria del Mundo"(2009)

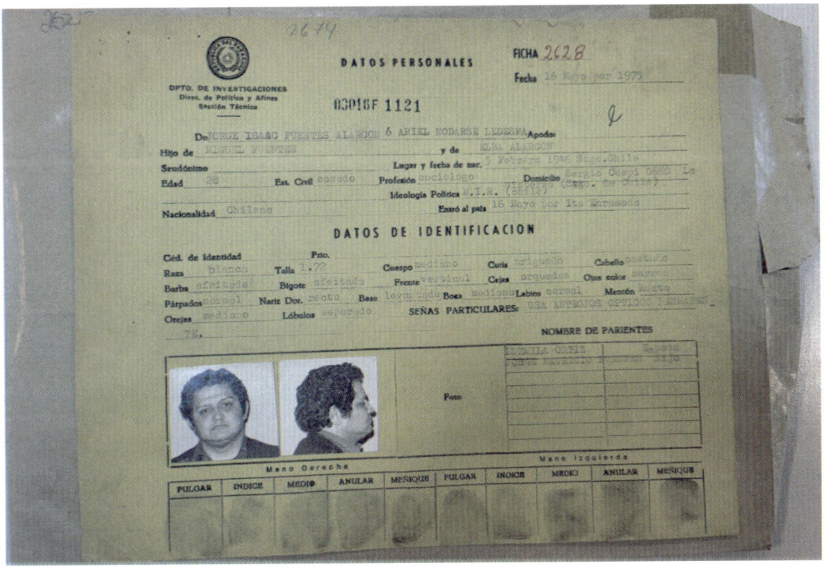

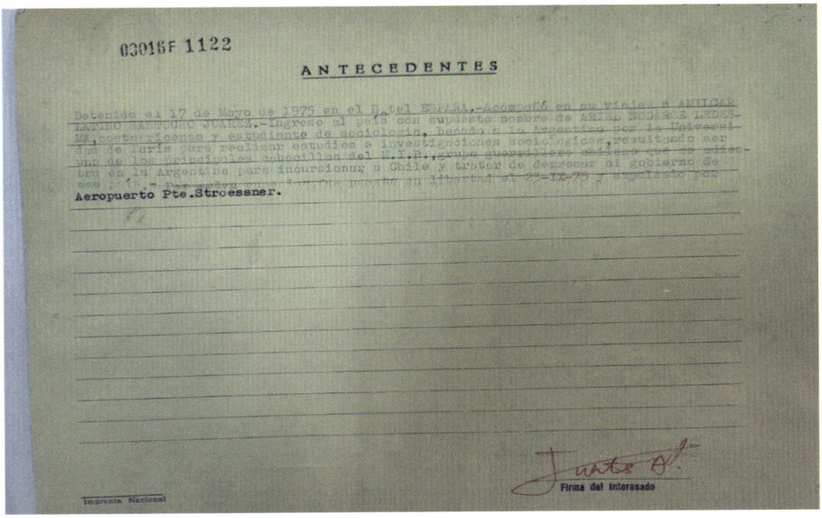

콘도르 작전 개인별 파일 중 하나. 칠레 정부에서 수배한 인물. 뒷장에 1975년 5월 파라과이에서 체포되어 1975년 9월 칠레로 추방되었다고 기록되어 있다. 원자료 촬영(2023.1)

참고 자료

1. 군경력(사관 학교 입학~1954 혁명)

시기	연령	군 경력
1929.3.1	16	• 사관 학교(Escuela Militar)입학
1932	19	• 차코 전쟁(Guerra de Chaco)에 참전(4학년, 당 19세) • 제6 보병 연대(Regimiento de Infantería No.6) 소속 • 첫 교전(1932.9.17)
1932.10.1	19	• 소위 임관
1934.3.31	21	• 중위 진급
1936.7.18	23	• 대위 진급(포병)
1940.3 ~1941.2	28	• 브라질 병기학교 수료(포병 과정)
1940.12.11	29	• 소령 진급(포병)
1945.12.31	33	• 중령 진급, 포병 연대 사령관 대행(1945.11.21)
1946.6.23	33	• 포병 연대 사령관 대행 보직해임(~1946.7.6)
1947.3~08	34	• 내전 진압군 참전 포병 연대 사령관
1948.3.1	35	• 대령 진급
1948.6.18	35	• 제1포병 연대 사령관 임명
1948.10.26	35	• 반Guionista 군사 반란 참여. 실패, 브라질 대사관으로 피신 • 아르헨티나로 망명
1949.2.26	36	• 2월 19일 파라과이 귀국, 군사 혁명 참여
1949.3.4	36	• 포병 연대 사령관 복직
1949.8.15	36	• 준장 진급(당 36세)
1950.9	38	• 포병 사단장 임명
1951.4.31	38	• 군 총사령관 진급
1951.8.15	38	• 소장 진급(당 38세)
1954.5.4	41	• 군사 혁명 주도, 정권 전복 성공

2. 대통령 선거

스트로에스네르의 대선 8번의 성적표는 아래와 같다(평균 득표율 88.7%). 2번에 걸쳐서 개헌 끝에 종신 대통령(Presidente Vitalicio)이 되었다.

시기	득표율(%)[349]	야당 후보	비고
1954	98.4	없음	• 전임 대통령의 잔여 임기 4년
1958	97.3	없음	• 1차 5년 임기
1963	90.6	• Ernesto Gavilán(Partido Liberal, PL)	• 2차 5년 임기
1968	70.9	• Carlos Levi Ruffinelli(PL) • Gustavo González(Partido Liberal Radical, PLR) • Carlos Caballero Gatti(Partido Revolucionario Febrerista, PRF)	• 1967년 개헌(5년 임기 2회 추가 허용) • 1차 5년 임기
1973	83.6	• Gustavo Riart(PRL) • Ruy Rufinelli(PL)	• 2차 5년 임기
1978	90.0	• Germán Acosta Caballero(PLR) • Fulvio Hugo Celauro(PL)	• 1977년 개헌(임기 제한 철폐) • 1차 5년 임기
1983	90.1	• Enzo Dolán(PLR) • Fulvio Hugo Celauro(PL)	• 2차 5년 임기
1988	88.6	• Luis María Vega(PLR) • Carlos Ferreira Ybarra(PL)	• 3차 5년 임기 중 사임(1989.2)

349 파라과이 선거 관리 위원회(TSJE)는 1998년 총선부터 통계 자료를 공개하고 있다. 따라서 저자가 작성한 득표율은 실제 득표율과 오차가 있을 수 있다.

3. 스트로에스네르 부모

이름	생몰	이력
Hugo Wilhelm Stroessner Koetschenreuter(부)	1867.5.17~1933	• 독일 Hof 출생 • 1890년대 브라질 이민 • 아르헨티나 재이민(Posadas시) • 파라과이 재이민 • 결혼(1904.12.24)
Heriberta Matiauda(모)	1884~1946	• Cazzapá 출신 파라과이 여성 • 평범한 집안 출신

참고 서적

① El Paraguay bajo el Stronismo(1954~1989), por Bernado Neri Farina 및 Alfredo Boccia Paz, 출판사 El Lector
② Guerra Internacional y Confrontaciones Políticas(1920~1954), por Ricardo Scavone Yegros, Page 251-293, Nueva Historia del Paraguay, 출판사 Sudamerica, 2020
③ El Régimen de Stroessner(1954~1989), por Andrew Nickson, Page 295-328, Nueva Historia del Paraguay, 출판사 Sudamerica, 2020
④ Stroessner La Historia, por Roberto Paredes, 출판사 Servilibro, 2011
⑤ Stroessner y el Stronismo, por Roberto Paredes, 출판사 Servilibro, 2011
⑥ Historia Económica del Paraguay, por Zulma Espínola Gonzále, 출판사 El Lector
⑦ Stroessner, Edición Ultima Hora, por Anibal Miranda, Miranda & Asociada, 2004
⑧ Nazismo y Fascismo en el Paraguay, por Alfredo Seiferheld, Servilibro, 2020 외 다수, 현지 언론 기사 참조

7

EPP 30년[1]

(1992~2022)

"파라과이 인민군"으로 번역되는 EPP(Ejército del Pueblo Paraguayo)는 파라과이 북동부 3개 주 지역[2]에서 활동하는 무장 반군(게릴라)이다. EPP(에페페)는 마르크스 레닌주의 정강을 가진 조직이다. 하지만 EPP는 "혁명 조직 대 범죄 조직"이라는 상반된 시각이 동시에 존재한다.

저자는 한국에 다소 생소할 수 있는 EPP의 지난 30년 변천 과정을 살펴봄과 동시에 상반된 시각이 갖는 의미를 분석하고자 한다.

1 한·중남미협회 발행 계간지 "K-Amigo" 2021년 겨울호, 2022년 봄호 합본호(2022.3)에 게재된 기고문이다. 2022년 발생한 사건을 추가하였다.

2 Concepción, San Pedro, Amambay

3명의 학생

1982년 파라과이 엥카르나시온(수도 아순시온에서 약 350km) 소재 신학교[3]에 12살 알시데스 오비에도라는 학생이 입학한다. 그는 2명의 동급생[4]과 친해진다. 농촌 출신 3명인 이들은 훗날 EPP를 창설한다.

참고로 저자는 등장인물의 이름 표기를 최소화했다. 주요 인물에 대한 정보는 마지막에 별도로 정리했다.

장기 독재 붕괴1989

1990년 3명의 학생은 사제의 길을 걷고자 아순시온 소재 신학대학교[5]에 함께 입학한다. 이들은 마르크스주의, 해방 신학, 좌파 지식인들의 저서들을 탐독하며 여러 이념에 눈을 뜬다. 특히 에두아르도 갈레아노의 저서[6]를 교수와 함께 집중 학습한 것으로 알려진 이들은 가톨릭대학교(UC) 신학 과정도 수강하게 된다. 이들은 젊은 정치인 후안 아롬(28)과 이때 만나게 된다. 후안 아롬은 당시 자신과 뜻을 같이할 학생들을 찾고 있었다.

알시데스 오비에도(20)는 같이 강의를 듣던 농촌 출신의 카르멘 비얄바(여, 19)와 연인 관계로 발전한다. 이들은 훗날 EPP의 최고 지도자가 된다.

한편 1992년 신학대학 내 '전통파' 학생들은 학생 8명을 '좌파'라고 학교에 고발한다. 학교의 무기정학을 거부하고 자퇴를 선택한 4명(앞의 3명 포

3 Seminario de la Congregación del Verbo Divino, en Encarnación
4 힐베르토 세트리니 카르도소, 마시엘 카르도소
5 Seminario Mayor de Asunción
6 Las venas abiertas de América Latina, 저자 Eduardo Galeano(1940~2015), 한국에서는 "수탈된 대지, 라틴 아메리카 500년사"로 번역 출판된다.

함)은 혁명의 노선을 걷기로 결의한다.

자퇴한 4명은 "로메로 예하(猊下[7]) 운동(Movimiento Monseñor Romero)"이라는 토론모임을 결성한다. 해당 토론모임은 사회 운동을 위한 발판으로 만들어졌다. 하지만 토론모임은 1993년 해체되며, 그 이후 이들의 행적은 알려지지 않는다. (참고, 엘살바도르의 인권 운동과 해방 신학을 대표하는 로메로[8] 대주교(1917~1980)는 민병대에 의하여 미사 도중 피살당함.)

잠적한 기간의 행적은 2000년대 중반에 일부 확인된다. 알시데스 오비에도, 카르멘 비얄바가 1995년경부터 칠레를 수차 방문하여 FPMR[9] 잔당(활동 기간 1983~1999)으로부터 무장 혁명 노하우를 전수받았다. FPMR은 칠레 피노체트 독재 시절(1973~1990) 칠레 공산당[10]이 만든 무장 혁명 조직으로, 이들 중 일부는 1990년대 중반까지 활동을 이어갔다.

제도권 진입 실패1991

후안 아롬은 스트로에스네르 장기 철권정치(1954~1989)가 최고조인 1980년대 반독재 학생 운동을 이끌던 인물 중 한 명이다. 후안 아롬은 1990년에 자유조국계(CPL)라는 급진 조직을 창설한다(MPL의 하부 조직인 CPL은 후에 PPL로 이름이 바뀐다).

다음 해인 1991년에 제1기 민선 아순시온 시장 선거가 있었는데 32세의 야당후보[11]가 35%를 득표하면서 당선되는 대파란을 일으킨다. 역시 시장에 도전하였던 후안 아롬은 득표 1%라는 참패를 기록한다. 후안 아롬보

7 고위 성직자에 대한 존칭.
8 Óscar Arnulfo Romero y Galdámez
9 Frente Patriótico Manuel Rodríguez(마누엘 로드리게스 애국 전선)
10 Partido Comunista de Chile(PC Chile). 1912년 창설.
11 Carlos Filizzola, 1959년생, 당시 Movimiento Asunción Para Todas당으로 출마하였다.

다 3살 위 당선자 또한 반독재 투쟁을 하던 학생 운동권 출신이었다.

시대적으로는 1991년은 동서 간의 이념경쟁이 사실상 끝난 시점이기도 하다(독일 통일 1990년, 소비에트 연방 붕괴 1991년). 당시 소비에트 연방이(쿠바를 통해) 남미 게릴라에게 혁명 자금을 지원하던 '호시절'도 마감된다. 한편 남미 각국에서 군정에 반대하여 투쟁하던 무장 게릴라들도 민정 출범과 함께 무기를 내려놓고 제도권으로 진입을 한다(브라질(1985), 아르헨티나(1983), 우루과이(1985) 군정 종식).

참고로 중남미에서 무장 혁명으로 정부 전복에 성공한 것은 1979년이 마지막이다(니카라과 산디니스타).

하지만 후안 아롬은 시대를 다르게 바라본다. 무력으로 민정 정부를 전복하고자 결심한다. 당시 29세의 후안 아롬, 그리고 그와 뜻을 같이하는 혁명 동지들이 원하는 파라과이는 어떤 모습이었을까?

그 꿈을 위하여 후안 아롬은 제도권(PPL 정당 등록)과 정부 전복(EPP, 무장 단체 설립)이라는 투 트랙 정책을 취한다. 하지만 후안 아롬은 경제력에서 어려움에 봉착한다. 그가 창설한 무장 단체 설립/유지에는 큰 비용이 들어가기 때문이다.

한편 EPP가 자유조국계(CPL, 이후 PPL)의 비밀 조직으로 1992년 창설되었다는 사실은 카르멘 비얄바가 2012년 자백하면서 20년 뒤에야 세상에 알려진다.

미수未遂, 1997

6명의 젊은이가 어느 날 갑자기 전국 유명 인사가 된다.

1997년 12월 경찰은 국책 은행인 BNF[12]의 쇼레(Choré[13]) 지점을 털고자 임대한 집에서 은행 건물까지 약 80여 m 지하 땅굴을 파들어 간 6명을 전격 체포한다. 3명의 학생, 카르멘 비얄바(여)를 포함한 6명이다. 당시 집 안에는 7명이 있었으나 1명은 도주에 성공하였다.

이들은 만기 석방 시까지 (극좌 조직인 CPL의) 비밀 무장 혁명 조직원이라는 것을 밝히지 않았다. 경찰이나 검찰도 단순 은행 강도로 알고 있었다. 언론은 은행지점 이름을 따서 "쇼레의 도둑떼(Banda de Choré)"라고 명명하였다. 은행 강도 미수 사건으로 6명은 3년 3개월 형을 선고받는데 후에 3개월이 감형되어 3년 복역을 하고 만기 출소한다.

비밀 무장 조직 운영 자금 마련을 위해 은행털이를 강행했던 것인데 여러 금융 기관 중 국책 은행을 타깃으로 한 것은 "올리가르키아 정부"를 공격한다는 의미로 풀이된다("인명 피해" 없는 방법으로 지하 땅굴을 생각했다는 주장도 있다).

놀라운 사실은 당시 후안 아롬이 이들 면회를 자주 갔다는 것이다. 교도소 관계자 그 누구도 그가 배후 세력임을 알지 못했다.

12 Banco Nacional de Fomento(산업 은행)

13 아순시온에서 약 300km 북쪽 San Pedro주 소재

납치의 시작2001

소수의 지도자가 통치하는 정치, 즉 과두제(寡頭制)를 스페인어로 "올리가르키아(Oligarquía)"라고 한다. 소수가 절대다수를 지배하는 계급구조를 가졌던 남미에서는 올리가르키아는 전통 기득권 세력과 동의어로 해석된다.

은행 강도 미수로 복역 후 2000년 초 출소한 EPP 6인은 올리가르키아 인사들 "납치"를 결심한다.

지하 땅굴을 파서 "혁명 자금"을 마련하겠다는 다소 "치기(稚氣)"가 있는 젊은이들이 어떻게 이번에는 "납치"라는 과격한 결정을 하게 되었을까? 당연히 자유조국계(CPL) 지도부에서 결정한 사안이었지만 아마도 혁명이 3년 이상 지연된 것에 대한 초조함도 작용하였을 것이다. 또 하나 유력한 추정은 콜롬비아 FARC[14](활동 시기: 1964~2017)의 권고(또는 벤치마킹)로 보인다.

2000년대 초 남미에서 가장 강한 반군 세력인 콜롬비아 FARC(발음 "화륵")은 마르크스 레닌주의를 추종하며 "인질 몸값", "보호세 징수", "마약 거래"를 통하여 재원을 조달하는 조직이었다.

은행 강도 미수에 그친 EPP로서는 FARC은 감히 넘볼 수 없는 대형 조직이었다. 두 조직은 2000년대 초 제휴하게 되며 FARC은 EPP에 게릴라 훈련을 전수하며 고문(顧問, asesor)까지 파라과이(EPP)에 파견한다. 이러한 제휴 과정에서 "납치"를 도입한 것으로 보인다.

EPP는 혁명 자금을 마련하기 위한 2건의 올리가르키아 납치 사건을 수도 아순시온에서 2년 간격으로 감행한다.

14 Fuerzas Armadas Revolucionarias de Colombia(콜롬비아 무장 혁명군), 전성기 7천 명 활동 추정.

피납치인	납치 기간	인적 배경	지불 금액(추정)	결과
마리아 에디트 (María Edith de Debernardi)	2001.11.16 ~2002.1.19 (64일)	• 여성 • 이타이푸댐 前 사장[15] 며느리	600,000 ~1,000,000불	석방
세실리아 쿠바스 (Cecilia Cubas)	2004.9.21 ~2005.1.23	• 여성, 31세 • 라울 쿠바스 그라우 (Raul Cubas Grau) 前 대통령(1998~1999) 딸	300,000 ~800,000불	피살 (암매장 발견 '05.2.16)

첫 번째 납치도 후안 아롬의 자유조국계(CPL)가 주도한 것이고 두 번째 납치도 같은 조직이 주도했다. 첫 번째 사건의 주범(후한 아롬)이 심문 도중 석방됨으로써 동일 조직[16]이 연쇄 납치 사건을 감행하게 된다.

그런데 두 번째 피랍자는 몸값을 지불하였음에도 콜롬비아 FARC에서 처형 권고를 한다. 자유 조국당(PPL, CPL의 후신) 정책 위원회 11인 회의에서 처형 결정이 내려졌는데 처형에 반대한 1명[17]이 전향을 하면서 살해 전후 내막이 세상에 알려졌다.

파라과이는 스트로에스네르 군사 독재 시절(1954~1989) 몸값을 목적으로 한 납치 사건이 1999년까지 불과 2건 정도일 정도로 납치가 드물게 일어난 국가로 분류된다. 하지만 첫 번째 납치 사건인 '올리가르키아 납치'를 필두로 파라과이에 "납치 산업(Industria del Secuestro)"이 본격 도입된다. 이후 유명 인사, 부자에 대한 급행(Exprés, Express[18]) 납치가 시작된다. 급증하

15 Enzo Debernardi(1925~2008), 이타이푸댐 초대 사장, ANDE(전력 공사) 사장, 재무 장관

16 첫 번째 납치범으로 2005년 체포되어 15년 형을 수감 중이던 Aldo Damián Meza 는 두 번째 납치 사건도 가담한 것이 드러나서 2016년 15년 형을 추가로 받았다. 합산하여 28년 형이 확정되었다(2022.12.9).

17 Dionisio Olazar Balbuena

18 짧은 시간 내 현찰로 몸값 지불을 요구하는 납치를 의미한다. 예로 48시간 내 현찰 지불 시 석방.

쿠바스 전 대통령 자택(집 앞 진입로에서 납치가 이루어졌다.)

는 납치 범죄에 대처하기 위하여 정부는 911(범죄 신고)을 도입한다(2003).

EPP가 납치대상자를 선정할 때 여러 요소를 고려한 것은 분명하다. 이들은 여성만을 납치 타깃으로 선정하였다. '첫 번째 피랍자'는 공원에서 운동하던 중이었다. '두 번째 피랍자'는 퇴근길 집 앞에서 납치됐다.

첫 번째 피랍자 시아버지는 브라질, 파라과이가 공동 운영하는 수력 발전소인 이타이푸댐 회사의 초대 사장이었다. 이타이푸댐은 당시에도 그랬고 현재까지도 파라과이에서 제일 중요한 기업이다. 파라과이 국민들의 반브라질 정서(삼국 전쟁의 패전 고통)를 노린 것으로 풀이된다.

두 번째 피해자의 아버지는 대통령 재직 기간이 7개월 조금 넘는다(1998.8.15~1999.3.28). 그는 현직 부통령 암살 사건에 항의하는 시위대 7명 총기 사망 사건에 책임을 지고 대통령직을 사임한다. 2년간의 브라질 망명생활을 마치고 2002년 귀국한 인물이다. EPP는 전직 대통령 딸 납치가 "사망한 시위대에 대한 정의"라고 해석되기를 바랐을 가능성이 높다.

당권 교체2004

첫 번째 피랍자 마리아 에디트가 2002년 1월 19일 풀려나자마자 경찰은 납치가담자로 "은행 강도 6명"과 후안 아롬이 주모자라고 언론에 흘렸다.

후안 아롬은 학생 운동으로 이름을 알린 젊은이로 국민들은 이와 같은 보도를 믿기 어려워했다. 그런데 납치범에 전달된 달러와 일련번호가 똑같은 5만 불이 MPL(자유 조국 운동, CPL의 상부 조직) 지도부 자택을 압수 수색하는 과정에 발견되면서 후안 아롬에 대한 여론은 급격히 악화하였다.

하지만 (피랍자가 석방되기 이틀 전인) 1월 17일 밤에 후안 아롬이 실종된 것이 알려지며 반전(反轉)이 일어난다. 과거 독재가 국민 다수에게 남긴 깊은 상처인 '반체제 인사에 대한 연행/고문/조작'에 대한 공포가 고개를 들었다.

결국 여론에 등 떠밀린 경찰은 1월 30일 후안 아롬을 비롯해 구금하였던 인사들을 안가에서 석방하고 내무부 장관을 비롯한 고위 인사들은 책임을 지고 사임한다.

자유의 몸이 된 후안 아롬은 브라질로 도피하여 정치적 망명을 신청한다. 아울러 미주 인권 위원회(CIDH[19])에 파라과이 정부 대상으로 강제 구금, 고문 등에 대한 배상을 요구하는 소송을 제기한다(EPP라는 비밀 조직을 지키기 위하여 소송을 제기한 것으로 보임).

2019년 6월 CIDH는 파라과이 정부는 배상 책임이 없음을 선고함으로써 원고는 패소한다. 파라과이 정부는 이 선고 결과에 의거하여 브라질 정부에 후안 아롬 및 관련자들 송환을 요구하나 이들은 이미 우루과이로 밀입국하여 도피한 상황이었다. 또한 우루과이 도피 중 유엔 난민 기구[20](ACNUR)를 통하여 난민 지위를 획득하고 2019년 10월 핀란드에 입국하여 현재 핀란드

19 Corte Interamericana de Derechos Humanos

20 Alto Comisionado de las Naciones Unidas para los Refugiados

정부의 보호를 받고 있다.

한편 몸값으로 받은 35만 불이 담긴 배낭을 후안 아롬과 알시데스 오비에도가 알바레스[21](야당인 Mopoco[22] 소속 정치인)에 맡긴 것을 알바레스 본인이 법정에서 증언을 하면서 후안 아롬이 배후임이 만천하에 드러났다. 그럼에도 불구하고 후안 아롬은 EPP와의 관계를 공식 부인하면서 망명, 도피, 난민으로 약 20년의 세월을 보내고 있다.

한편, 브라질로 도피한 후안 아롬은 두 번째 납치(2004)도 브라질에서 '원격 조정'한다. 그러나 당내 권력 투쟁에 휘말리며 당권을 빼앗긴다. 후안 아롬을 "(도피한) 비겁한 자"로 공격하면서 새로 당권을 장악한 인물은 두 번째 피랍자를 생매장하라는 지시를 한다.

알시데스 오비에도 부부

알시데스 오비에도와 카르멘 비얄바은 부부인 동시에 EPP의 최고 지도자이다(2019년 이혼함).

부인 카르멘 비알바는 2003년 7월 체포되어 수감생활 중 탈옥에 성공한다. 탈옥한 지 1개월이 지난 2004년 7월에 남편과 함께 다시 체포되어 현재 복역 중이다(2020년에는 남편 23년, 부인 17년 형을 추가로 선고받는다).

부부는 자식들을 아르헨티나로 보내서 키웠다. 내륙으로 국경을 접한 아르헨티나는 스트로에스네르 군정 시절을 포함하여 독립 이래 파라과이 반체제 인사들의 망명지이다.

아르헨티나 내 파라과이 교민은 최소 70만 명 이상이라 자금세탁 등 여러모로 도움이 되었다. 이밖에 5월 광장의 어머니회[23]를 비롯한 NGO 단

21 Marcos Álvarez
22 Movimiento Popular Colorado
23 Madres de Plaza de Mayo(1977~현재)

체의 도움을 받을 수 있다는 장점도 있다.

2020년 9월에 EPP 소탕 작전 때 사살된 2명 모두 아르헨티나 국적의 11세 소녀로 밝혀져서 양국 간의 외교 문제로 비화된 바 있다. 이들 또한 EPP가 아르헨티나로 보내 키운 자녀다(이들 부부의 장녀도 EPP 활동 중이라고 정부에서 발표한 바 있음).

EPP 명칭 공식 사용2008

"자칭(自稱)" EPP라는 명칭이 공식적으로 사용된 것은 2008년 3월 1일이다(2008년 이전의 올리가르키아 납치가 발생했을 때 경찰, 언론은 극좌파, 급진파 등의 단어만 사용하였다). 현재 파라과이 언론은 EPP를 보도할 때 "자칭(autodenominado)"이라는 단어를 꼭 수식어로 사용한다.

1870년 3월 1일은 삼국 동맹 전쟁[24] 당시 파라과이 마리스칼 로페스 대통령이 사망한 날이다. 민족주의를 지향하는 EPP는 2명의 파라과이 전쟁영웅을 숭배하는데 한 명은 마리스칼 프란시스코 솔라노 로페스 대통령(1827~1870)이고 또 다른 한 명은 독립영웅 호세 가스파르 로드리게스 데 프란시아 박사(1766~1840)이다. 물론 마르크스, 레닌, 그리고 쿠바 혁명(1953~1959)의 영웅 체 게바라(1928~1967)도 숭배의 대상이다.

EPP를 지원한 콜롬비아 반군인 FARC의 공식 명칭은 FARC-EP이다. EP(Ejército del Pueblo)는 EPP와 같은 "인민군"이라는 뜻이다. FARC-EP는 1982년에 발표된 공식 표기이다. 따라서 EPP라는 명칭은 콜롬비아 FARC의 영향을 받은 것으로 보인다.

24 Guerra de la Triple Alizanza(브라질, 아르헨티나, 우루과이 3국 연합군 대 파라과이 간의 전쟁)

차베스 집권(1999~2013) 이후 베네수엘라는 (친미 정권인) 콜롬비아 정부와는 냉전에 준하는 관계를 유지하였다. 베네수엘라 차베스 대통령은 FARC를 지원하였는데 이에 FARC와 연계된 EPP도 자연스럽게 베네수엘라에서 훈련을 받는 등 차베스 대통령과 인연을 맺었다. 현 마두로 베네수엘라 대통령도 외교부 장관 시절(2006~2013) 파라과이를 방문해 수감 중이던 EPP 조직원의 형제를 만났다.

루고 전 대통령

Expresidente Fernando Lugo, 2008

페르난도 루고 대통령(재임 기간: 2008~2012)은 "독립 이후 최초의 평화적인 정권 교체", "61년 만에 일당독재 종식" 등 당선 자체로 역사를 새로 쓴 인물이다.

하지만 여소야대의 상황 속 탄핵을 당한 대통령으로서 현재는 상원 의원[25]으로 의정 활동을 하고 있다[26].

사제출신으로 농민 운동을 이끌었던 루고 대통령 후보는 선거 기간(2008) 중에 EPP의 배후 세력이라는 집중 공격을 받았다. 물론 루고 후보는 색깔론이라고 강하게 반발하였다. 하지만 당시 여당이 제시한 결정적인 증거는 경찰의 전화 녹취록이었다.

두 번째 피랍자인 전 대통령 딸 세실리아 쿠바스 납치의 주모자인 자유조국당(PPL) 사무총장[27]과 루고(당시는 주교였음) 간에 납치 기간 중 통화가 도청되었다. 녹취록에 따르면 두 사람은 제3자를 통하여 현안을 협의하기로 하였다(녹취는 증거로 채택 안 되었음).

25 Frente Guasú(FG) 당 소속 상원 의원(2018~2023)

26 2022년 8월 뇌혈관 질환 수술, 이후 아르헨티나에서 6개월치료 후 귀국함(2023.3.24).

27 Osmar Martínez, 자유 조국당 사무총장

무엇보다 루고 주교와 가까웠던 여자 사제[28]가 세실리아 쿠바스 납치, 살해에 가담한 죄로 체포되어 22년 형을 선고받고 복역 중인 것도 루고 후보에게 정치적 부담으로 작용했다.

한편 2009년 EPP에 납치되어 55만 불을 지불하고 94일 만에 풀려난 목장 주인이 시간이 흘러서 2018년 상원 의원에 선출된다. 피델 사발라(Fidel Zavala)[29] 현 상원 의원이다. 현재 그는 루고 상원 의원을 공격하는 선봉에 서고 있다. 55만 불이 루고 당시 대통령의 주머니로 흘러갔다고 주장하였다. 물론 루고 대통령은 명예 훼손으로 대응하였다.

수감 중인 EPP 최고 지도자들이 침묵을 지키고 있어 루고 전 대통령에 대한 진실공방은 당분간 지속될 전망이다. "EPP의 생부(Padre biológico del EPP)"라고 EPP 피해자 가족이 공개적으로 루고 대통령을 원색적으로 비난한 적이 있다. 이 말은 당시 언론에서 대서특필되어 현재까지도 자주 인용된다.

좌우 이념에 따라 EPP를 보는 시각이 완전히 다르다. 우파는 범죄 조직, 마약 조직, 테러리스트로 EPP를 규정한다. 좌파의 경우 EPP는 목장주, 농장주와 같은 올리가르키아가 고용한 청부 살인업자로 규정한다.

EPP가 활동하는 지역은 농민 운동이 강한 지역이다. "토지"와 "빈곤"이 농민 운동의 원인이다. 예로 원주민들은 대대로 살던 땅에 대한 법적 소유권을 가지고 있지 않은 경우가 많다. 거주지에서 퇴거당한 원주민들이 다시 토지를 점거하는 경우가 있는데 지주는 청부업자를 고용하여 원주민들을 무력을 행사하여 강제로 퇴거시킨다. 경찰력도 필요에 따라 동원된다. EPP가 폭력화될수록 농민 운동이 자연스럽게 위축된다는 설명도 있다.

그렇다면 루고 대통령 선거(2008) 때 자유 조국당(PPL)은 어떤 상황이었을까?

28 Francisca Andino, 사제(여성)

29 Partido Patria Querida(PPQ), 애국 자유당(야당) 소속 상원 의원(2018~2023)

루고는 마르크스주의 정당[30], 농민 운동 단체까지 포용하면서 강력한 범야당연합[31]을 만들고 있었다. 하지만 자유 조국당은 사실상 와해 상태(창설자는 브라질 망명, 후임자는 복역 중)였으며, EPP 최고 지도자 부부 또한 복역 중이었다. 또한 루고 후보는 올리가르키아 납치 공모자로 공격을 받던 상황이었다. 즉, 득표보다는 감표 요인이 많은 PPL, EPP를 포용할 수 없었던 것이다.

참고로 루고 당선에는 여당의 분열이 가장 큰 역할을 하였다(루고 40.82% 득표, 2등 여당 후보 및 3등 친여 후보 합쳐서 52.7% 득표함).

당선 이후 EPP는 활동을 멈추지 않았다. 결국 루고 대통령은 2번에 걸쳐서 북동부 3개 주에 비상사태(Estado de Excepción)를 선포하는 상황으로 몰린다. EPP 포용은 물 건너가게 된다.

혁명세

Impuesto Revolucionario, 2008

혁명세는 걷는 자에게는 혁명을 위한 자발적인 납부이고 내는 자에게는 그야말로 괴롭힘을 당하지 않기 위해 내는 보호세와 같은 것이다. 콜롬비아 FARC에게도 혁명세는 중요한 재원이었다. 무엇보다 혁명세를 EPP에 정기적으로 납부하면 납치, 방화와 같은 위험으로부터 다소 자유로워지는 보험 혜택(?)이 있다.

EPP는 혁명법(Ley Revolucionaria)을 제정하였다. 산림을 훼손하는 경우 사형에 처하는 조항까지 담고 있다. EPP가 임의로 제정한 혁명법을 시행하면서 혁명세를 걷기 시작한 것은 2008년부터이다. 산림 훼손 금지, 농약

30 Partido del Movimiento al Socialismo(P-MAS)

31 APC(Alianza Patriótica para el Cambio) 조국의 변화를 위한 연합

사용 금지 등 여러 조건을 농장주, 목장주에게 요구한다. 농약으로 수원지(水源池) 또는 지하수가 오염되면서 원주민들이 각종 질병에 걸린다는 주장에 근거한다.

EPP는 목장주/농장주 납치한 이후 이들에 대한 몸값을 받는 등, 목장·농장 방화, 파출소 습격, 검문소 습격 등을 통하여 존재감을 드러낸다는 특징이 있다. 이렇게 조직의 결속을 강화한 이들의 중심에 "혁명세"라고 불리는 돈이 있다. EPP는 인질 인당 20~100만 불 정도의 몸값을 요구한다. 최초 제시한 몸값은 협상을 통하여 인하된다. 돈 이 전달되기 전에 EPP는 인질이 살아있다는 증거(Prueba de vida)를 제시하여야 한다.

군경합동군(FTC, 발음 '에훼테세')은 EPP 인원(ACA, EML을 합친 인원)을 22~25명으로 추정하고 있다고 2021년 7월 밝혔다. 이들 22~25명이 정기적으로 걷는 혁명세(보호세)와 비정기적인 인질 몸값을 배분한다. FTC는 2022년 10월 EPP 3명을 사살한 후에는 EPP는 십여 명 정도 남았을 것이라고 언급하였다.

EPP 구성원은 혈연 중심의 가족 충원제 원칙이라 조직 배반이 일어날 가능성이 적다. 하지만 배분 과정에서 이견은 불가피한 듯 조직이 분파되고 있다.

분파 조직 이름

이름	창설 시기	분파 배경	현황
ACA-EP(Agrupación Campesina Armada-Ejército del Pueblo), 무장 농민 단체	2014.4	창설자 형제, 인질 몸값 배분 과정에서 적은 금액 배정에 불만, ACA 창설	• 창설자 형제 교전 중 사망[32]. 조직 붕괴(2015.11), 이후 ACA 재건 • 재건 지도자 Elizardo Balbuena Mariz 사살(2021.12)

32 Alfredo Jara Larrea(25세), Albino Jara Larrea(23세) 형제.

이름	창설 시기	분파 배경	현황
EML(Ejército del Mariscal López) 마리스칼 로페스군	2016.4.2	인질 몸값 배분 과정 이견 발생으로 EPP에서 퇴출된 Alejandro Ramos가 창설	• 활동 중(2022.2 현재) • 창설자 아들(Ramírez) 사살(2021.8)
BIAME(Brigada Indígena de Ajusticiamiento a Matones de Estancias) 목장 청부업자 처단 원주민 여단	미상	2019.7 습격 사건으로 BIAME가 처음 알려짐	• 활동 중(2022.2 현재) • 전 부통령 Oscar Denis 납치 조직(2021.9)

또한 BCAME(Brigada Campesina de Ajusticiamiento a Matones de Estancias) "목장 청부업자 처단 농민 여단"이라는 조직도 있는 것으로 알려졌다.

각 분파 조직에 속한 이들은 EPP와 함께 행동할 때가 많다. 이는 대외적으로 조직의 크기를 과시할 때 사용하는 방법이다. ACA 등에 가입하는 농촌 청년들은 전과(前科)가 있는 경우가 대다수이며 돈을 갈취하는 것을 최우선 순위에 놓는다.

한편 인질 몸값은 '미국 달러 현찰 지급'이 원칙이다. 피랍자 가족들도 몸값을 지급하면서 달러화의 일련번호를 기록하는 것 또한 관행이다. 한편 EPP가 활동하는 지역에서 비교적 가까운 곳에 브라질, 아르헨티나, 파라과이가 접한 3국 국경 지대(Frontera Triple)가 있다. 이 지역은 테러리스트 집단인 레바논 헤즈볼라(이란 시아파와 연계됨)가 마약, 무기 거래 및 돈세탁을 통하여 테러 자금을 조성하는 곳이기도 하다. 또는 브라질 접경 도시인 페드로 후안 카바예로[33]에서 필요한 물자(무기 등)를 조달할 것으로 보인다.

33 Pedro Juan Caballero, 시내 도로를 중심으로 파라과이, 브라질로 국경이 바뀐다.

허위전과虛僞戰果

파라과이는 2013년 EPP 토벌을 목적으로 한 군경합동군(FTC[34])을 창설하였다. 군은 헌법상 치안 유지에 동원될 수 없다. 오라시오 카르테스 대통령(재임 기간: 2013~2018)은 경찰로는 EPP를 토벌할 수 없다는 판단하에 위헌 요소를 무릅쓰고 FTC 창설법[35]을 제정하였다.

군경합동군(FTC)는 2016년에 EPP 인원(ACA, EML 포함)을 50명 선으로 발표한 바 있다. 2021년 7월에는 22~25명으로 추정한다고 밝혔다. 이 성과(즉, 약 25명 선 사살) 중 일부를 놓고 가짜 양성(Falso Positivo=즉, 음성) 사건에 휘말린다.

가짜 양성이란 콜롬비아 정부군이 FARC 반군 소탕 작전 때 양민을 학살한 후 게릴라를 교전 중 사살한 것으로 전과를 허위 보고하는 것을 의미한다[36].

북부 지방에서 2021년 10월에 66세 농부가 사살되었다. 경찰이 농부를 EPP로 발표하자 지역주민들이 거세게 항의하였다. 이 사건은 숲속에서 총알이 날아오자 FTC가 대응 사격하면서 마침 숲 근처에 있던 사냥꾼이 오인 사살당한 경우이다. FTC가 사살된 농부 옆에 총기를 가져다 놓고 EPP 대원으로 발표한 것으로 풀이된다.

정치권을 중심으로 FTC의 무능을 비난하는 경우가 많다. FTC 인원은 900여 명이다. 하지만 장비[37]는 대단히 부실하다. 소탕 대상 지역이 광활한데 소수의 EPP가 산으로 들로 계속해서 움직이는 점을 고려하면 FTC만의 무능만을 비난할 수는 없을 듯하다.

34 Fuerza de Tarea Conjunta

35 Ley No 1337/99 “De Defensa Nacional y Seguridad Interna”

36 콜롬비아 Jurisdicción Especial para la Paz는 2002~2008년 기간 중에 양민 6,402명이 처형된 것으로 추정된다고 발표한다(2021.2).

37 픽업 40대, 트럭 15대, 30년 이상 된 장갑 차량 10대 등 기동차량 총 65대 운용(2021.8 발표).

FTC에는 군, 경찰, 그리고 마약 단속청(SENAD[38])이 참여하고 있다. 정부 당국은 EPP는 궁극적으로 "마약"으로 완전 전업(轉業)으로 할 것으로 예측하고 있다. 콜롬비아 FARC 또한 비슷한 양상을 보인 바 있다(게릴라로서는 마약이 가장 쉬운 자금 확보 방법이다).

지난 2021년 11월 EPP 분파인 ACA 조직원 4명의 시체가 발견되었는데 브라질 최대 마약 조직인 PCC[39]에서 처형한 것이라고 FTC는 추정하였다. 브라질 마약 조직 영토를 침범한 것에 대한 보복 학살인 듯하다.

메노니타Menonita

혁명세(인질 몸값)를 가장 많이 빼앗기고 있는 메노니타는 독일에서 시작된 개신교의 한 종파(재세례파)이다. 이들은 집총(執銃)을 거부하는 신념을 가지고 있다. 1차, 2차 세계 대전을 전후로 징집을 피해 해외로 이주한 이후에도 연이어 재이주를 택했다. 1910년부터 2차 세계 대전 직후까지 유럽, 러시아, 캐나다에서 멕시코, 아르헨티나, 파라과이, 볼리비아로 꾸준히 이주했다. 이들은 목축업에 주로 종사하는 데 파라과이의 경우 30,000명 정도가 서부(차코)를 중심으로 거주하고 있는 것으로 알려져 있다.

비무장 목장주는 EPP로서는 좋은 목표물(blanco)이다. 그런데 메노니타들은 파라과이 경찰을 불신하여 EPP 협박이 있어도 경찰 도움을 요청하지 않는 경우가 많다. 돈이 없는 메노니타가 납치되는 경우 메노니타끼리 십시일반(十匙一飯)으로 각출하여 해결하는 경우도 있다.

2021년 12월에도 메노니타 청년이 납치되었는데 EPP는 50만 불 상당의 식품을 20개 농촌 부락에 배포할 것을 (몸값 대신으로) 요구하였다. 일부

38 Secretaría Nacional Antidrogas

39 Primeiro Comando da Capital(1993~현재), "수도(=상파울루시)의 최우수 특공대"라는 뜻이다.

원주민 부락은 수령을 거부하였으나 식량 배포가 끝나자 청년은 석방되었다. 이 경우에도 메노니타들이 자체 모금하여 해결한 경우로 해석된다.

EPP는 민심을 사기 위하여 가진 자의 식량을 빼앗아 굶주린 자에게 식량을 나누어주는 것과 같은 현대판 로빈 후드, 즉 "의적(義賊)" 모방을 간헐적으로 하고 있다. 인질이 몸값(식량 배포)을 내지 못하면 인질은 살해되고 이른바 "부의 분배" 행사도 취소된다.

정의Justicia

저자는 납치(인질)와 같은 반인륜적 범죄는 반드시 심판받아야 한다고 생각한다. 최근의 사례를 살펴보자.

납치는 피랍자는 물론 가족의 극심한 정신적 고통을 불러일으킨다. 콜롬비아 FARC는 2002년부터 콜롬비아 대통령 여성 후보 잉그리드 베탕쿠르(Ingrid Betancourt)를 6년간 납치한 바 있다(군사 작전으로 구출됨). 피랍자의 아들이 모친의 납치로 인한 청소년기 정신적 피해에 대한 소송을 제기하였다. 2022년 1월 미국 펜실베이니아 연방법원은 FARC 지도자들은 아들에게 1천 2백만 불을 포함한 총 3천 6백만 불을 지불할 것을 명하였다.

두 번째 피랍자(세실리아 쿠바스) 처형 건이다. 2005년 당시 처형할 것을 권고한 콜롬비아 FARC 지도부 2명에 대하여 파라과이 정부는 인터폴을 통하여 적색 수배 중이었다. 그중 1명이 2017년 콜롬비아 정부와 FARC 간 평화 협상을 주도한 FARC 외교부 장관역 "로드리고 그란다"라는 인물이다.

수배 사실을 모르는 FARC의 로드리고 그란다(Rodrigo Granda)가 멕시코 여당 초청으로 세미나 참가차 멕시코를 방문하였다가 구금되었다. 하지만 멕시코 여당 도움으로 체포되지 않고 콜롬비아로 무사 귀국할 수 있었다(2021.10). 국제공조보다 이념(멕시코는 현재 좌파 집권 중)이 우선시된 경우로 보인다.

아순시온 시내 소재 Buen Pastor 여자 교도소 출입구

지난 20여 년간 발생한 EPP 납치 피해 당사자 및 가족은 EPP 및 FARC에 대한 법의 심판을 앞으로 요구할 것으로 보인다.

스캔들Escándalo

2022년 10월, 군경이 EPP 3명을 교전 끝에 사살하였다. 그중 1명이 여자 교도소에 수감 중인 EPP를 창립한 카르멘 비얄바의 남동생[40]이었다. 남동생의 관을 여자 교도소[41](아순시온 시내) 안으로 들어오게 해서 동생 시신이 담긴 관을 확인하였다. 이 소식을 접한 EPP의 희생자 가족, 실종자 가족들이 강하게 반발하며 책임자 문책을 요구하였다.

40 Osvaldo Villaba. 2020년 교전 중 사망한 10대(여자)의 아버지이다.

41 Buen Pastor

대통령은 법무부 장관(공교롭게도 사건 발생일에 취임)을 경질하였고, 교도소장도 직위를 해제하였다. 관을 교도소 안으로 안 가져 들어오면 폭동을 일으키겠다고 협박해서 응했다는 것이 교도소장의 변명인데 범죄자의 협박에 굴하여 범죄자를 영웅으로 만들어줬다는 비난 여론이 쏟아졌다.

일자리 창출 전망

빈곤 감소는 파라과이 역대 정권의 최우선 과제 중 하나로 꼽힌다. EPP의 혁명 동기 또한 농촌 빈곤의 비참함을 목도(目睹)하면서 시작되었다.

①일자리 창출 → ②고용 증가(실업자 감소) → ③근로 소득 창출(소비 증가, 생산 증가) → ④일자리 창출(빈곤 감소)이 가능하다는 아주 단순한 "가정" 아래 몇 개 통계[42]를 검토한 후 파라과이 3대 주요 산업의 "일자리 창출 전망"을 살펴보자.

우선, 인구 변동을 보면 도시화가 집중적으로 이루어졌다.

	1997/1998	2020	증가(%)
전국	5,004,470	7,187,516	43%
도시	2,633,524	4,500,165	71%
농촌	2,370,946	2,667,351	12%

지역별 빈곤율을 보면 농촌은 개선, 도시는 절대인구가 증가하였다.

42 INE: Instituto Nacional de Estadística(파라과이 국가통계소), BCP(중앙은행) 외

	1997/1998		2020		인구 기준 변화
	빈곤율(%)	빈곤 인구	빈곤율(%)	빈곤 인구	
전국	40.5	2,026,810	26.9	1,933,441	
도시	27.7	729,486	22.7	1,021,537	+ 292,051
농촌	54.6	1,294,536	34.0	906,899	387,637

실업률 통계이다. 도시 실업자 절대인구가 증가하였다.

	1997/1998		2020		인구 기준 변화
	인구	비율	인구	비율	
전국 취업자	2,002,266	94.6	3,475,918	93.11	-
전국 실업자	114,004	5.4	255,975	6.9	-
도시 취업자	1,129,760	93.2	2,175,548	91.4	-
도시 실업자	82,489	6.8	204,029	8.6	121,540
농촌 취업자	872,506	96.5	1,300,370	95.9	-
농촌 실업자	31,515	3.5	54,946	4.1	23,431

우선 농축산업(GDP의 10~11% 비중)은 "다국적 기업의 투자 유치"를 통한 새로운 일자리 창출에서 성과를 계속 낼 것으로 보인다.

글로벌 유통을 장악한 다국적 기업이 생산, 가공까지 투자를 확대하는 이유는 파라과이 농축산업이 세계적인 경쟁력을 가지고 있기 때문이다(참고로 파라과이는 대두 세계 4위권, 옥수수 세계 8위권, 소고기 세계 9위권의 수출 대국이다). 따라서 단기적으로는 농촌 지역의 취업자 수는 증가할 것으로 보인다.

다만 장기적인 측면에서는 넘어야 할 산이 많다. 파라과이가 단기간에 세계적인 농축산 국가로 성장한 핵심은 "농·목축지 확대(즉, 산림 훼손)"이었다. 앞으로는 농·목축지 확대도 어렵고 탄소중립(메탄 배출 감축)을 이행할 수 있는 "지속 성장 가능 발전 모델"을 찾아내야 한다(2023.8 출범하는 차기 정부의 핵심 과제이다).

파라과이 일자리 창출의 핵심 분야인 "제조업(GDP의 18~20%)" 및 "건설업(GDP의 6~8%)"은 현재 새로운 돌파구가 필요한 상황이다.

파라과이 내수용 제조업 일자리는 코로나19로 (기저효과로 인한 성장 제외시) 아직 완전히 회복되지 않고 있다. 오히려 저가의 밀수품 증가로 이중고를 겪고 있다.

파라과이 제조업 일자리에서 가장 중요한 것은 마킬라 수출 산업[43](면세수입 임가공 후 전량수출)이다. 마킬라 산업의 성공 투자 모델은 ①브라질에서 가동 중인 기업, 또는 ②메르코수르(특히 브라질) 진출을 검토하는 기업을 파라과이로 유치하는 것이다. 노동 집약 산업(industria intensiva en mano de obra)을 집중적으로 공략한 것이다.

그런데 (농축산 가공, 임업 가공을 제외하고는) 최근 3년(2020~2022) 이상 새로운 외국 기업 투자 유치에서 괄목(刮目)한 성과를 못 내고 있다. 코로나19 영향으로 브라질 경기가 침체한 것이 직접적인 원인이다.

곡물과 함께 2013년부터 파라과이 경제 발전을 이끌었던 공공인프라 공사(건설업)의 경우는 코로나19가 발목을 잡고 있다. 2020년부터 재난 지원금 지불, 보건의료 예산 확충은 정부 재정적자 대폭 확대로 이어졌다. 현 정부는 재정건전성을 확보하고자(재정준칙법 운용국가임) 2024년까지 공공인프라 공사 투자를 축소하는 방침[44]을 가지고 있다. 따라서 차기 정권(2023.8~2028.8)의 일자리 창출 정책의 최대의 관심사이다

43 257개 기업, 21,578명 고용(2022.12 현재)

44 2024년까지 GDP의 2% 선 인프라 투자 예정.

전망

저자는 EPP의 30년 역사를 설명했다. EPP는 현재까지도 (주로) 비무장 상태의 목장, 농장 주인을 납치하고 군경을 습격하는 일을 만을 되풀이하고 있다.

파라과이 민주화(1989년을 민주화 원년으로 봄)와 지속적인 경제 성장으로 EPP가 설 자리가 좁아졌고 계속 좁아지고 있다. 콜롬비아 FARC조차 평화 협정을 맺고 제도권에 자리매김했다[45].

EPP가 행하는 '민간인 인질 납치'는 범죄가 분명하다. 물론 범죄가 아니고 혁명을 위한 수단이라며 EPP를 옹호하는 세력도 다수 있을 것이다. 하지만 EPP가 그동안 벌어들인 돈은 EPP 구성원끼리만 분배하고 있다는 점에서 범죄다. 이 같은 모습은 앞으로도 비슷할 것으로 전망된다.

첫 번째 질문은 'EPP는 확내될 것인가?'이다. 저자 판단으로는 앞으로도 가족 중심 소수 인원으로 유지될 것이다. 현재의 EPP는 마르크스 레닌을 학습한 세대가 주도하는 것도 아니다. 세대교체를 통하여 생계형 패밀리 비즈니스 전락하였거나 일확천금(一攫千金)을 쉽게 버는 수단으로 자리를 잡은 것은 분명하다.

두 번째, '군경합동군(FTC) 인원, 장비를 더욱 강화하면 EPP 완전 소탕이 가능할까?' 저자 판단으로는 "생산성"이라는 측면에서 비효율적으로 보인다. 완전 소탕을 추구할수록 인권 유린 가능성 및 예산 낭비가 심해질 듯하다. 오히려 예산을 빈농구제 등으로 전용하는 것이 좋을 듯하다.

아울러 기타 자발적인 조직 해체, 해외로 망명 등 여러 가지 안도 생각해 볼 수 있으나 생계 문제가 연계되어 있어 현실적이지 않다.

국토 크기가 광대한 경우는 치안력의 한계가 분명하다. 따라서 개척 시대 이후에도 전통적으로 총기를 허용하였다(예, 브라질). 파라과이는 국토가

45 평화 협상에 참여하지 않은 일부 "FARC 반대파"는 아직도 무장 활동 중이다.

크고(한반도의 1.8배) 그런데도 인구는 대단히 적고(7.4백만 명) 또한 아르헨티나, 브라질로 쉽게 건너갈 수 있는 내륙 국가이다. 무엇보다 광활한 농촌 지역의 치안 공백은 불가피하다.

이러한 '지리적인 환경'이 EPP가 30여 년째 활동할 수 있는 가장 중요한 배경이다. 또한 '가족 중심'으로 EPP가 소수 인원으로 운영된 것도 조직 생존의 원인이다. 물론 농민 운동이 전통적으로 강한 지역정서가 도움을 준 것도 사실이지만 EPP가 주민의 전폭적인 지지를 기반으로 오랜 기간 활동하고 있다는 일부 주장은 설득력이 떨어진다.

저자는 '현상 유지'가 앞으로도 지속될 것으로 전망한다. 파라과이 북동부의 주민들이 테러의 공포 없이 평화롭게 살 수 있는 날이 빨리 오기를 희망한다.

참고 자료

3명의 학생

이름	이력	현 상황
Alcides Omar *Oviedo Brítez*	• 1970년생, Itapúa 지역 빈농 출신 • Comandante de jefe de EPP(총사령관)	복역 중(2004~현재)
Gilberto Chamil *Setrini* Cardozo	• 1970년생. Maciel 사촌 • Carmen 여동생 *Rosa Villaba*와 결혼	교전 중 사망(2005)
Pedro *Maciel* Cardozo	• 1970년생	최근 활동 기록 없음

1, 2차 납치 교사

이름	경력	현 상황
Juan Francisco *Arrom* Suhurt	• 1962년생. 학생 운동. • 대중 민주 운동(MDP[46]) 창설(1986) → 자유 조국 운동(MPL[47])으로 재창설 • 자유 조국파(CPL[48]) 창설(1991) → 자유 조국당(PPL)으로 정당 등록 (2002)	• 마리아 에디트 납치 교사 (2001) → 브라질 망명(2002~2019) → 핀란드 난민 체류(2019~현재)
Osmar Martínez	• 농민 운동 지도자 출신 • 자유 조국당(PPL) 사무총장 • 세실리아 쿠바스 납치 교사(2004)	• 35년 형 복역 중 47세로 병사 (2006~2015)

46 Movimiento Democrática Popular
47 Movimiento Patria Libre
48 Corriente Patria Libre

1990년 이후 3명과 합류(은행 강도 6인조)

이름	주요 이력	현 상황
Carmen María *Villalba* Ayala(여)	• 1971년생, Concepción 빈농 출신 • Comandante de jefe de EPP(총사령관)	• 복역 중(2003~현재)
Lucio Silva (가명 Arturo)	• MPL 출신 • 올리가키 대상 납치 2건 참여 • 아들 3명, EPP 참여(1명은 사살됨)	• 2020.11 정부군과 교전 중 사살됨(당 62세)
Francisco Lezcano	• MPL 출신 • 세실리아 쿠바스 납치·살인죄(2004)	• 아르헨티나 망명(2006) • PPL 6명 전원 송환됨 • 복역 중(2008~현재)

EPP에 피랍 생사불명 3인

이름	납치 발생	경과
Edelio Morínigo Florenciano (경찰 부사관)	2014.7.5	• 사냥 중 EPP에 납치됨(당 26세) • 정부, 수감 중인 EPP 6명과 맞교환 요구 거부(2014.10) 이후 처형된 것으로 추정
Félix Urbieta (목장주)	2016.10.12	• EML 납치됨(당 65세) • 2017.2 이후 교신 끊김(요구 몸값 35만 불 미지불) • 처형된 것으로 추정
Óscar Denis (목장주, 전 부통령)	2020.9.9	• BIAME 납치됨(당 74세) • 정부군 소탕 작전(2020.9.2)에 대한 보복 납치 • 정부, 복역 중인 최고 지도자 부부 석방 요구 거부

빈곤율 상세 통계[49]

연도	1992	1997/1998	2000/2001	2004	2008	2018	2020
주요 사건	EPP 결성	은행 강도 미수	1차 납치	2차 납치	루고 집권	현 정권 (~2023)	코로나 발생
경제 성장률(%)	1.69	4.24	-2.3	4.0	6.4	3.2	-0.5
인당 GDP (미화)	1,376	1,993	1,663	1,679	4,047	5,782	5,001
전국 기준 빈곤율(%)	69 (1992)	40.5	45.1	48.8	43.2	24.2	26.9
전국 기준 극빈율(%)		12	11.5	9.1	10.5	4.8	3.9
도시 지역 빈곤율(%)	26.9 (1994)	27.7	32.2	43.3	35.7	17.8	22.7
도시 지역 극빈율(%)	7.8 (1994)	3.2	3.4	4.5	3.8	1.6	1.8
농촌 지역 빈곤율(%)		54.6	60.2	55.6	53.4	34.6	34.0
농촌 지역 극빈율(%)		21.7	21.0	14.8	19.5	10.0	7.4

49 INE: Instituto Nacional de Estadística(파라과이 국가통계소), BCP(중앙은행) 자료 외

실업률 상세 통계 [50]

연도	1997/1998		2020	
항목	인구	비율	인구	비율
전국				
총인구	5,004,470	-	7,187,516	
15세 이상 인구	3,641,480	-	5,779,774	
경제 활동 인구	2,116,270	58.1	3,734,893	64.6
비경제 활동 인구	1,525,210	-	2,044,881	
취업자	2,002,266	94.6	3,475,918	93.11
실업자	114,004	5.4	255,975	6.9
불안정 취업	137,412	6.5	255,797	6.8
10~14세 아동노동	104,941	15.5	54,482	8.0
도시				
총인구	2,633,524	-	4,500,165	
15세 이상 인구	1,993,463	-	3,689,195	
경제 활동 인구	1,212,249	60.8	2,739,577	64.5
비경제 활동 인구	781,214	-	1,309,618	
취업자	1,129,760	93.2	2,175,548	91.4
실업자	82,489	6.8	204,029	8.6
불안정 취업	71,128	5.9	137,526	5.8
10~14세 아동노동	42,491	13.0	17,963	4.5
농촌				
총인구	2,370,946	-	2,667,351	
15세 이상 인구	1,648,017	-	2,90,579	
경제 활동 인구	904,021	54.9	1,355,316	64.8
비경제 활동 인구	743.996	-	735,263	
취업자	872,506	96.5	1,300,370	95.9

50 INE: Instituto Nacional de Estadística(파라과이 국가통계소)

연도	1997/1998		2020	
항목	인구	비율	인구	비율
실업자	31,515	3.5	54,946	4.1
불안정 취업	66,284	7.3	118,271	8.7
10~14세 아동노동	62,450	17.7	38,519	12.9

참고 서적

① "EPP, Historia No Autorizada", Andrés Colmán Gutiérrez, 2020

② "El Paraguay Actual, 1a Parte, 1989~1998", Diego Abente Brun, El Lector

③ "El Paraguay Actual, 2a Parte, 1998~2010", Edwin Britez, Javier Numan Caballero, El Lector

④ Historia Económica del Paraguay, Zulma Espínola González, El Lector

⑤ Historia del Paraguay, Mary Monte de López Moreira, 14º Edicion, 2019

⑥ 현지 신문 Ultima Hora, ABC, 스페인 신문 El País 외 언론 보도 다수 참고.

제2부

메르코수르

1

메르코수르 현재와 미래[1]

지난 2021년, 메르코수르(Mercosur, 남미 공동 시장) 창립 30년이 되는 해를 기념하여 4개 회원국 정상이 화상으로 정상 회담[2]을 개최하였다(2021.3.26). 의장국[3]인 아르헨티나를 비롯하여 브라질, 우루과이, 파라과이 대통령 그리고 준회원국[4]인 칠레, 볼리비아 대통령이 참석하였다. 30주년을 축하하는 의미 있는 날인데도 불구하고 '시장 개방'에 대한 각국의 입장이 충돌하면서 메르코수르가 통합[5]을 추구하면서도 분열이 진행 중임을 극명하게 보여 주었다.

1 한·중남미협회 발간 계간지 "K-Amigo" 2021년 여름호에 게재된 기고문(원제: 메르코수르 30주년(1991~2021))의 개정판이다.

2 Cumbre de Jefes de Estado del Mercosur

3 Presidencia Pro Témpore

4 Estados asociados(준회원국)는 Bolivia(정회원국 가입 신청), Chile, Colombia, Ecuador, Guyana, Peru, Surinam(이상 7개국). Estados partes(정회원국) 중 Venezuela는 자격 정지(suspensión) 중이다.

5 integración

메르코수르 대외 협상은 '단체 협상 원칙'이다. 그럼에도 우루과이 루이스 라카예 포우 대통령이 '예외'를 요구한 것이 분열의 시작이 된다. 회원국별로 역외(extrazona) 외국 정부와 개별 협상할 자율(Flexibilización)을 예외적으로 허용하라고 제안한 것이다. 우루과이 대통령은 2021년 2월 브라질을 미리 방문하여 보우소나루 대통령과 정상 회담에서 개별 협상 추진(즉, '우루과이 대 중국'과의 개별 협상)에 대한 동의를 받았다. 따라서, 브라질과 합의 과정을 거친 안건을 정상 회담에서 공식 제안한 것이다.

메르코수르 의장국(6개월마다 순번제로 교체)인 아르헨티나 알베르토 페르난데스 대통령은 "(우루과이가 제안한) 개별 협상 허용은 불가하니 메르코수르가 싫으면 떠나라."라고 강경하게 반응하였다. 한편 파라과이는 2021년 2월 우루과이와 양국 정상 회담(몬테비데오), 그리고 3월 메르코수르 정상 회담에서도 "이념이 메르코수르를 갈라놓아서는 안 된다."라는 원칙적인 발언으로 일관[6]하면서 직접적인 입장 표명을 보류하였다. 회담이 끝난 후 2021년 4월에 공식적으로 '개별 협상' 반대 의사를 공식 표명하였다[7]. 이로써 4개국 대통령의 입장이 모두 확인되었다.

(2021.4 기준)

국가	이름	취임	정치 이념	'개별 협상'
아르헨티나	알베르토 페르난데스(Alberto Fernández)	2019.12	좌	반대
브라질	자이르 보우소나루(Jair Bolsonaro)	2019.1	우	찬성

6 Jefe de Estado exhortó a la unidad del Mercosur para acceder a vacunas contra el coronavirus, MARZO 26, 2021, https://www.presidencia.gov.py/articulo/40583-jefe-de-estado-exhorto-a-la-unidad-del-Mercosur-para-acceder-a-vacunas-contra-el-coronavirus.html#.YIxq-GbsaUk

7 Ministros del Mercosur dialogan sobre cuestiones claves del proceso de integración, 04/26/21, https://www.mre.gov.py/index.php/noticias-de-embajadas-y-consulados/ministros-del-Mercosur-dialogan-sobre-cuestiones-claves-del-proceso-de-integracion

국가	이름	취임	정치 이념	'개별 협상'
파라과이	마리오 압도(Mario Abdo Benítez)	2018.8	우	반대
우루과이	루이스 라카에 포우(Luis Lacalle Pou)	2020.3	우	찬성

'개별 협상'을 찬성 2개국(브라질, 우루과이), 반대 2개국(아르헨티나, 파라과이)으로 양분되어 이후 6개월 간격으로 개최된 정상 회의 때마다 매번 충돌하였다. 그런데 2022년 10월 브라질 대선에서 정권 교체가 확정되면서 상황이 반전되기 시작한다. 브라질이 우루과이 입장에 공식반대를 한 것이다. 찬성 1개국(우루과이) 대 반대 3개국(아르헨티나, 브라질, 파라과이)으로 균형이 깨진 것이다.

브라질 입장 변화 (2021.3 이후)

일자	정상 회담 방법 및 장소	보우소나루 대통령 참석	브라질의 개별 협상 입장
2021.7.8	화상 (부에노스아이레스)	참석 (화상회담)	찬성
2021.12.17	화상 (브라질리아)	참석 (화상회담)	찬성
2022.7.21	대면 (아순시온)	불참 (외무부 장관 대리참석)	찬성
2022.12.6	대면 (몬테비데오)	불참 (부통령 대리참석)	반대

브라질 정권이 우(보우소나루 대통령)에서 좌(룰라 대통령)로 바뀌면서 발생한 정책의 변화이다(2023.1.1, 정권 교체). 그런데 이런 사례는 메르코수르에서는 처음이 아니다. 아르헨티나 마크리(Maurico Macri) 전 대통령(2015.12~2019.12 우파)은 시장 개방에 적극적이었다. 좌파 정권이 집권한 2020년부터는 개방보다는 보호에 중점을 두는 대외 통상 정책이 채택된다. 우루과이도 상하원 의원 대상 2회에 걸친 진수 여론조사 결과(2021.4), 여당 의원의 97%가 개별 협상에 찬성하였지만, 야당 의원은 단 36%만 개별 협

상을 찬성하고 있다[8]. 각 정권의 성격을 보면 메르코수르의 대외 통상 정책을 전망할 수 있는 근거가 된다. 통상 정책이 정권이 이념에 따라 변할 수밖에 없지만 왜 그런 선택을 할 수밖에 없는지는 검토할 필요가 있다.

우선 '개별 협상 반대' 입장을 가진 파라과이는 가장 특수한 경우이다. 우루과이가 의미하는 개별 협상(즉, 중국 대 우루과이 FTA[9])은 파라과이로서는 최악의 시나리오이다. 파라과이는 중국과 비수교국(즉, 대만과 수교국임)으로 중국으로 수출이 불가능하다(중국으로부터 수입만 가능함). 따라서 중국이 파라과이를 제외한 3개국(우루과이, 브라질, 아르헨티나)과 개별 FTA(자유 무역 협정)를 순차적으로 체결할 수 있음을 의미한다. 파라과이가 '고립'이 되는 시나리오이다.

개별 협상이 아닌 '단체 협상'으로 추진하는 FTA 관련해서도 파라과이는 겉으로는 찬성하지만, 속으로는 FTA가 가져올 기대 이하 효과를 우려하고 있다. 그 이유는 ①파라과이의 수출 상위 품목이 메르코수르 국가들과 겹치는 점, ②파라과이가 내륙국으로 수출 가격 경쟁력에서 절대적으로 불리한 점, ③1차 상품의 세계 최대 소비 시장인 중국과 미수교인 점, ④소규모 내수 시장(7.4백만), ⑤제조업 공급망 부재 등이다(무순임).

우선, 메르코수르 4개국의 '수출 상위 5대 품목'은 아래와 같다[10].

8 El 71% de los legisladores prioriza cerrar acuerdos comerciales fuera del Mercosur, según estudio, https://www.elpais.com.uy/informacion/politica/siete-diez-legisladores-prioriza-concretar-acuerdos-comerciales-fuera-메르코수르-estudio.html

9 Free Trade Agreement, 스페인어 TLC, Tratado de Libre Comercio

10 Informe Técnico de Comercio Exterior 2021, Anexo VI, mayo 2022, ver. 2, Secretaría de Mercosur

	브라질	아르헨티나	우루과이	파라과이
1	철광석	대두박[11]	소고기 냉동	대두
2	대두[12]	옥수수	대두	전력
3	원유	대두유[13]	전력	소고기 냉장
4	사탕수수	자동차	유제품	소고기 냉동
5	소고기	밀	목재	대두유

우선, 주요 수출품은 보면 4개국 모두 1차 산업으로 구성되어 있음을 알 수 있다. 아르헨티나 자동차 수출액은 71억 불에 불과하며 파라과이, 우루과이 전력은 송전망에 설치된 역내 국가에 판매하는 것이다.

FTA가 체결된다고 하더라도 파라과이 주력 상품의 수출 증가 가능성이 희박하다. 현재 파라과이 대두(콩)의 경우 아르헨티나로 수출되어 대두유 및 대두박으로 가공되어 중국으로 주로 수출이 된다. 이러한 방식을 파라과이가 직접 수행하려면 대두유 가공 시설에 대규모 투자를 하여야 한다. 그런데 파라과이는 강 수심이 낮아 파나맥스[14]급 곡물 운반선 입항 자체가 불가능하다. 파라과이에서 대두유를 가공하더라도 결국은 아르헨티나(로사리오[15] 곡물 항구. 파나맥스급 입항하여 곡물을 선적함)까지 현재와 마찬가지로 바지선으로 운반하여야 하는 것이다. 현재와 같은 방식, 즉 아르헨티나를 중심으로 한 밸류체인[16]에 참여하는 것이 가장 현실적인 것이다.

소고기의 경우는 메르코수르 국가 간의 경쟁이 치열하다. 향후 새로운 수입국(예로, 파라과이가 아직 미진출한 미국, 중국)이 추가로 개방되어도 우루과

11 harina y pellets de soja
12 porotos de soja
13 aceite de soja
14 Panamax
15 Rosario, Argentina
16 cadena de valor, 영어 Value chain(참고, 공급망, cadena de suministro)

이, 아르헨티나, 브라질산 소고기와 품질과 가격 경쟁을 하여야 한다. 중국과 수교가 곧 시장 확대라는 접근은 너무 낙관적인 해석이다. 중국과 수교를 요구하는 축산 업체도 이러한 사실을 잘 알고 있을 것이다.

외국인 직접 투자[17] 유치가 이루어지려면 내수 시장이 일단 규모가 있어야 한다. 또한 상품의 가공에 필요한 원부자재를 조달할 수 있는 공급망이 국가 또는 역내(intrazona)에 어느 정도 형성되어야 한다. 그런데 파라과이는 이 조건을 충족하지 못한다. 기타 조건(세제 혜택, 인허가 용이성, 고용의 유연성, 역내권 수출 혜택[18] 등)으로 일부 보완도 가능하나 충분하지는 못하다. 이러한 배경들이 파라과이가 FTA에 적극적인 주도권[19]을 행사하지 않는 이유다.[20]

다음으로 아르헨티나(인구 4천 5백만 명)가 FTA에 소극적으로 임하는 이유를 짚어보자. 아르헨티나 정부는 '아르헨티나 제조업의 국제 경쟁력이 절대열세'라는 사실을 인지하고 있다. FTA 체결로 제조업 수출 증대는커녕 오히려 겨우 버티고 있는 제조업이 존폐 위기로 몰릴 수 있다고 판단하고 있는 것이다. 또한 FTA 체결 여부와 관계없이 주력 상품인 농축산물의 수출은 잘 이루어질 것이라는 자신감도 깔려 있다.

아르헨티나의 사실상 유일한 제조업인 자동차 산업의 수출통계(2018~2021)를 살펴보면 아르헨티나 전체 수출의 약 8~10%를 점하고 있다[21]. 그런데 자동차의 평균 65% 정도가 브라질에 수출되고 나머지는 중남미 국가에 판매되고 있다. 다른 대륙과의 FTA 체결이 자동차 수출로 이어질 가능성은 높아 보이지 않는다. 무엇보다 아르헨티나에 진출한 9

17 Inversión extranjera directa(IED), 영어 FDI, Foreign Direct Investment

18 Régimen de Maquila, Régimen de Materias Primas, La Lista Nacional de Excepciones

19 iniciativa

20 본서에 수록된 '파라과이와 메르코수르' 참조.

21 Complejos exportadores, 08/03/2021, indec, 통계 https://www.indec.gob.ar/indec/web/Nivel3-Tema-3-2

개 글로벌 자동차 회사들은 다른 대륙의 주요 시장에 자체 공장을 운영하고 있어 굳이 아르헨티나산을 다른 대륙으로 수출할 가능성은 작다. 무엇보다 아르헨티나(메르코수르)는 다른 대륙과 FTA를 체결한 것이 거의 없어 역외권에서는 가격 경쟁력에서 열세이다.

아르헨티나 자동차 수출 현황 (단위: 미화 백만 불)

	2018	2019	2020	2021
총수출액	61,782	65,115	54,884	77,934
자동차 수출액	8,060	7,126	4,309	7,100
비중 (%)	13	10.9	7.9	9.1

참고로 브라질에서 가동 중인 현대자동차 단일 공장이 (팬데믹으로 일정 기간 가동을 못했던 2020년 제외 시) 연 17~20만 대 생산·판매를 한다. 아르헨티나에는 현재 9개 자동차 회사(모두 다 글로벌 메이커임)가 가동 중인데 2022년에 56만 대를 생산하였다. 2015년 수준으로 7년 만에 회복되었다[22].

아르헨티나 자동차 생산·판매 현황 (단위: 만 대)

	2014	2015	2016	2017	2018	2019	2020	2021	2022
생산량	61	52	47	47	46	31	25	43	56
수출	35	24	19	21	27	31	13	25	32
내수	61	58	72	88	68	37	31	33	37
브라질 (%)	68	76.3	72.4	64.8	69	67.1	80.8	66.3	66.3

22 Asociación de Fábricas de Automotores(ADEFA) 통계 http://www.adefa.org.ar/es/index.php

회사별 생산 수량이 절대적으로 적고, 내수 판매량도 4년째 바닥권을 벗어나지 못하고 있다. 아르헨티나 외환 정책(원자재 수입 규제 정책)이 자동차 산업 가동률에 악영향을 줄 경우는 글로벌 본사들은 아르헨티나 공장 생존 전략에 고민을 할 것이다. 지난 2020년 한 해 무려 18개 외국 투자 기업이 아르헨티나에서 철수하였다. 저자 판단으로는 팬데믹으로 갑자기 철수하였다기보다는 철수 시기를 '고민하던 중' 팬데믹이 명분을 만들어 준 것으로 보인다. 기업 입장에서는 '진출'보다 어려운 것이 '철수'이다. 철수에 따른 청산의 어려움보다는 '시장'을 영원히 상실할 가능성 때문이다. 그런데 FTA가 체결되면서 관세 인하가 수반되면 공장을 철수하더라도 시장을 상실할 가능성은 적어진다. 아르헨티나가 FTA가 외국 투자 기업 철수로 이어질 수 있는 계기로 작용할 가능성을 우려하는 배경이다.

FTA는 외국인 직접 투자 유치가 이루어질 것이라는 장밋빛 전망을 함께한다. 하지만 아르헨티나는 과거 '외국인 투자 기업 국유화' 전례가 발목을 잡고 있다. 2000년대 초 국가디폴트(2001) 이후 집권한 키르츠네르 정권(2003~2015, 2019년 재집권)은 일부 외국 투자 기업 국유화[23]를 단행하였다. 2003~2015년까지 7개 주요 기업을 국유화(정유 회사 YPF, Aerolíneas Argentina 등)하였고 6개 국영 기업을 새로 만들었다. 나아가 이중 환율, 소비자 가격 통제, 수입 규제 등을 시행하였다. 이러한 제도들은 현재까지도 시행 중이다. 결국 지난 20여 년의 외국인 신규 투자는 자원 분야 또는 중국 자금으로 한정되었다. 20여 년의 시간이 흐르면서 '투자 기피 지역' 이미지가 고착되었다. 이런 부정적 이미지가 FTA 체결로 개선될 가능성은 희박하다.

23 estatización 또는 nacionalización

외국인 직접 투자 현황[24] (단위: 백만 불)

	2017	2018	2019	2020	2021
아르헨티나	11,517	11,717	6,649	4,723	6,782
브라질	68,885	78,163	69,174	37,786	46,441
우루과이	2,687	1,559	1,409	410	2,587
파라과이	336	156	225	120	122

다음, 우루과이를 분석해 보자. 우루과이는 소규모 개방 경제(인구 3.4 백만 명)로서 정체된 성장을 돌파하기 위하여 FTA를 통한 시장 개방, 특히 중국 수출 시장 확대가 우루과이 경제 성장의 축이 될 것이라고 믿고 있다. 즉, FTA 관세 인하를 통한 대(對) 중국 소고기 수출의 대폭 확대, 그리고 중국 기업의 우루과이 투자 유치 확대라는 두 마리 도끼를 동시에 잡으려는 것이다.

우루과이 현황

연도	경제 성장률[25](%)	실업률(%)	1차 상품 수출 비중(%)[26]	제조업 수출 비중(%)	대 중국 수출 비중(%)
2021	4.4	10.4	83.1	16.9	27
2020	-6.1	10.9	82.6	17.4	20
2019	0.4	8.0	80.5	19.5	25
2018	0.5	8.3	77.7	22.3	20
2017	1.6	7.9	79.8	20.2	19

24 Foreign Direct Investment in Latina America and the Caribbean 2022, ECLAC, CEPAL
25 경제 성장률(crecimiento del PIB), 실업률(taza de desempleo)은 세계은행(BM) 자료 인용.
26 CEPALSTAT 자료 인용.

중국과 단독 FTA가 체결되면 우루과이산 소고기의 중국 시장 대폭 확대는 확실히 이루어질 것이다. 하지만 중국 기업의 우루과이 투자 유치는 쉽지 않을 것이다. 그 이유는 중국 기업의 연이은 우루과이 진출 실패 사례가 있기 때문이다. 중국 체리(Chery) 자동차는 2015년 공장을 폐쇄하였고[27], 리판(Lifan) 자동차는 2018년부터 가동중단 상태이다[28]. 중국이 브라질, 아르헨티나 시장 진출을 위한 우회(迂廻) 진출 전략기지로 우루과이를 택하였으나 낮은 생산성 그리고 외부 요인(브라질의 환율, 수입 규제) 등에 의하여 실패한 사례로 기록된다. 우루과이 또한 밸류체인이 없고, 내수 시장(mercado doméstico)이 극히 작다. 제조업 입지로는 부적합한 것임이 입증된 것이다.

마지막으로 브라질(인구 2.1억 명) 상황이다. 브라질은 앞의 3개국과 사정이 많이 다르다. 메르코수르 역내 교역 의존도가 낮다. 2021년의 경우 전체 수출의 6%에 불과하다. 1차 상품이 주력 수출 품목이라는 취약점을 가지고 있음에도 내수 시장이 경제의 튼튼한 버팀목이 되고 있다. 브라질의 룰라 대통령이 2023년 1월에 복귀하였다. 룰라 대통령은 1차 집권 시절(2003.1~2010.1) 조선업 대부흥을 추진하였다 실패한 바 있다. 조선업 부흥 정책을 이번 집권 기간 동안 어떻게 개선하여 추진할지 지켜볼 필요가 있다. 하지만 1차 집권기와 마찬가지로 여전히 낮은 노동생산성, 밸류체인의 부재가 발목을 다시 잡을 가능성이 아주 높다.

2004년부터 브라질에서 야심 차게 추진하였던 조선 산업 부흥 계획인 "Promef(Programa de Moderanzación e Expansión de Flota)"(브라질 국영 석유 회사(Petrobras)의 자회사[29]에서 추진한 계획)은 시작한 지 10년도 안 되어 사실

27 Cierre definitivo en Chery y despido a 350 trabajadores, 03/07/2015, https://negocios.elpais.com.uy/noticias/cierre-definitivo-chery-despido-trabajadores.html

28 Lifan no contempla cierre definitivo y espera retomar producción en un futuro cercano, marzo 12, 2019, Primera Hora, http://www.primerahora.com.uy/lifan-no-contempla-cierre-definitivo-espera-retomar-produccion-futuro-cercano/

29 Transpetro

상 실패하였다. 조선업뿐만 아니라 브릭스 붐(BRICs Boom) 절정인 2010년 직전 브라질에 진출하였던 한국 기업을 포함한 수많은 다국적 제조업체들이 2015년 전후로 엄청난 손실을 보고 철수한 경우가 많았다.

브라질 조선업 부흥 실패 원인으로는 여러 가지 사유가 복합적으로 작용하였지만 "밸류체인"이 형성되지 않은 상태에서 무리하게 추진된 브라질 정부의 국산화 정책이 일조하였다. 당시 브라질이 요구한 현지 국산화 비율(Contenido Local)은 65% 준수 조건이었다. 협력 업체들과 선단(船團)을 구성하여 65%를 충족시킬 수 있는 기업은 생존할 수 있었으나 단독으로 진출한 기업은 처음부터 어려움에 봉착하게 되는 구조이다(선단 진출 성공한 대표 사례는 현대자동차이다). 또한 밸류체인이 없다는 것은 숙련된 노동력이 없다는 것을 의미한다. 조선업의 경우 1980년대 이후 25년 이상 대형선박 건조가 없던 상황에서 갑작스럽게 수십 척의 대형선박이 자국 조선소로 발주되는 상황이 연출되었다. 마치 노다지가 터진 미국의 서부 개척 시대와 같았다. 브라질인 고용 의무 비율(이 역시 Contenido Local임)을 충족하려고 비숙련공을 채용할 수밖에 없었다.

생산성을 제고할 방법이 없는 상황에서 생산 시연에 따른 기성고(旣成高)[30] 지연이 금융 비용 과다 발생, 지체상금(遲滯償金)[31] 발생 등으로 이어지면서 수많은 조선소들이 2017년 전후로 도산 또는 작업을 중지하였다. 브릭스 붐(boom)과 비관세 장벽[32] 덕분으로 글로벌 다국적 기업들의 브라질 투자가 몰려들면서 제조업이 쉽게 부흥할 것처럼 보였으나 2015년 전후로 거품이 빠지면서(estallido de burbuja) 힘들게 구축된 밸류체인도 함께 붕괴되

30 계약 조건에 의거하여 생산(건설)한 만큼 해당 대금을 수취하는 것. 조선업은 선박 인도까지 통상 5회에 걸쳐서 계약금을 분할 수령(en cuotas)한다. Pago progresivo, 영어 Progress(progressive) payment

31 Liquidated damages, 스페인어 indemnización(por daños y perjuicios)

32 Barreras no arancelarias

기 시작하였다.

브라질 제조업이 세계적인 경쟁력을 가지려면 '생산성'을 배가하여야 하는데 오랜 기간 제도에 스며든 비효율성, 즉 브라질 코스트[33]를 극복할 방법은 잘 보이지 않는다. 보우소나루 전 브라질 대통령(2023.1.1 퇴임)은 시장 개방을 통한 무한 생존경쟁을 이겨내야 지금은 고통스럽지만 궁극적으로 브라질 경쟁력 회복에 도움이 된다고 믿었다. 그런데 룰라 현 대통령은 다른 시각으로 경제 문제를 보고 있다. 룰라 대통령은 취임 즉시 8개 국영기업 민영화 계획 백지화를 시행하였다(2023.1). 국영 석유 회사(Petrobras, 직원 45,000명), 우체국(Correios, 직원 89,000명) 등이다. 선거 당시부터 민영화 백지화는 공약이었는데 지지 기반을 더 강하게 결집하는 데는 큰 도움이 된 것으로 보인다. 경제적인 시각에서 보았을 때는 고용 안정 대 경영효율화가 충돌하는데 룰라 대통령은 고용 안정을 택하였다. 그런데 고용 안정이 생산성(가격 경쟁력 제고)과 병행할 수 없는 경우가 많다. 룰라 대통령이 결정이 기업 생존에 정말로 도움에 될지 지켜볼 필요가 있다.

그런데 남미에서 제조업 밸류체인이 발달하지 못한 이유는 많다. 최근 30년 정도만 살펴보면 1990년대 말까지 인플레이션을 동반한 경제 위기가 남미에서 지속적으로 반복(Ciclo)되었는데 물가 상승 → 임금 보전 → 원가 상승 → 경쟁력 상실(매출 감소) → 고용 불안 → 정부 개입 순으로 악순환이 이어졌다(물론, 이외의 다른 변수도 있었다). 인력 감축, 공장 폐쇄가 사회적 문제로 부상할 때마다 각 정권은 노동자 보호 정책을 내놓기 시작한다. 그런데 이러한 보호 정책들이 누적될수록 원가가 높아져서 가격 경쟁력을 더욱 상실하게 된다. 세계 최대 소비 시장인 미국, EU 시장에서 남미 제품들은 저가는 중국산에, 고가는 한국, 일본산에 치이는 것이다. 메르코수르의 도움으로 (역외권 국가의 시각에서는 메르코수르는 관세 장벽임) 브라질, 아르헨티나

33 Brazil cost, 포어 Custo brasil

의 제조업은 내수 및 역내 시장에서만 생존하고 있다. 생산성 제고라는 어려운 과제를 풀지 않고는 남미 제조업은 현재 상태를 벗어나기 어렵다. 또한 정치권에서 내놓은 지원 대책들은 경직성이 있어 일정 시간 또는 조건이 충족되어도 폐지를 하는 것이 쉽지 않다. 아르헨티나가 각종 경직성 지출[34]을 줄이지 못하는 이유이다. 우리가 흔히 이야기하는 포퓰리즘[35]은 경직성(硬直性)이라는 강한 특성을 가지고 있다.

한편 전기차 시대로 진입하면서 전기차 배터리 핵심 소재인 리튬 삼각 지대 (Triángulo del litio)라고 불리는 아르헨티나, 볼리비아, 칠레가 주목을 받고 있다. 3개국은 세계 최대 리튬 매장량 지역이다. 2022년 초 멕시코가 제안한 리튬 수출 기구를 만들자는 제안, 즉 리튬을 석유 수출 기구[36]처럼 만들어서 공급(가격)을 통제하자고 제안하였다. 자원을 공공재[37]로 통제하겠다는 발상, 그리고 국유화가 경제 성장의 방법이라는 접근은 칠레의 구리 회사 코델코(Codelco[38])가 만들어낸 남미의 환상인 듯하다. 세계 제1의 구리 회사인 코델코는 외국 기업(미국 회사)들의 소유였다가 사회주의자 아엔데 대통령(재임 기간: 1970.11.3~1973.9.11[39])이 대형 5개 광구를 일괄 국유화한 것이다(1971). 코델코는 칠레 2021년 세수의 7%를 점할 정도[40]의 절대적인 지위를 가진 회사이다.

이런 회사도 있지만, 베네수엘라는 반대로 국유화로 실패한 대표 사례이다. 베네수엘라는 생산 원가 상승 → 가격 인상 → 국민 불만 → 정부의

34 gastos rígidos
35 populismo
36 Organización de Países Exportadores de Petróleo(OPEP)
37 utilidad pública
38 Corporación Nacional del Cobre de Chile
39 Salvador Allende 대통령은 군사 혁명이 발생하자 자살한다(1973.9.11).
40 Cobre bruto는 영업 이익 기준 40%를 지불한다. 별도로 납부하는 법인세는 포함 안 된 비율이다.

가격 통제 → 기업체 생산 감축 → 시장에 상품 공급 부족 → 정부는 국유화 조처(군에서 강제 수용, expropiación(몰수) 성격임)라는 수순을 밟았다. 또한 국영 석유 회사(PDVSA)[41]는 정부의 텅 빈 재정을 막는 금고 역할을 하였다. 결과는 우리 모두가 알고 있듯이 시장 경제가 붕괴하였고 경제 상황이 더 악화되었을 뿐이다.

멕시코 대통령(좌파)의 제안을 놓고 볼리비아는 주저할 것으로 보인다. 2008년 국유화이후 볼리비아내 리튬 개발성과가 극히 미미하기 때문이다. 칠레는 제조업이 성장하기에 부적합한 국가이다. 제조업에 필요한 밸류체인도 없고 소비인구도 작다. 무엇보다 시장이 오래전부터 개방되어서 완전가격경쟁시장이다. 그럼에도 제2의 코델코 신화를 꿈꾸는 칠레의 젊은 좌파 대통령[42]이 리튬 국유화를 추진하겠다고 선언하였다(2023.4). 민관합작개발(PPP)방식을 고려하고 있는 듯 하다.

참고로 그간 남미에 진출한 사업 중 성공이 입증된 외국인 직접 투자 형태를 살펴보면 다음과 같다.

형태	진출 분야	성공 확률 높은 기업
B2B	자원, 곡물 조달	커머더티[43] 분야 글로벌 메이저
B2C	소비재 생산 판매	자동차, 가전, IT 등 자가 Brand 보유 제조업
민자[44]	인프라 민자사업	항만, 공항, 전력, 통신, 상하수도 글로벌 메이저 또는 운용 경험 O&M[45] 업체
민관합작[46]	인프라 민자사업	지하철, 공항, 도로 등 운용 경험 보유 O&M 업체

41 Petróleos de Venezuela, S.A.(PDVSA). 베네수엘라 정부는 석유 분야 국유화(nacionalización)를 1976년 단행하였다.

42 Gabriel Boric Font 대통령, 2022년 3월 11일 취임. 1986년생

43 commodity

44 Concesión

45 Operation & Maintenance, 운영 및 유지보수

46 PPP(Public Private Partnership), APP(Alianza Público Privada), PPP(participación públi-

형태	진출 분야	성공 확률 높은 기업
협력 회사	B2B, B2C 진출 기업 1차 협력 회사(tier 1)	원청과 납품 구속력[47]있어야 성공 보증됨(지분 투자 등)

지금까지 시장 개방(단체 협상 또는 개별 협상)에 대한 각 국가의 입장과 배경을 분석하였다. 또한 1차 산업 국가들의 고민, 제조업 발달을 막는 밸류체인의 부재 문제도 함께 검토하였다. 다음으로는 대외 통상 문제 중 메르코수르의 최대 현안인 EU와의 FTA 건을 검토하고자 한다.

무려 20여 년 이상 협상 끝에 타결한 FTA(2019.6.28)임에도 EU에서 아마존 환경 보호 대책을 브라질에 요구하면서(2019.8) 비준 일정을 예측할 수 없는 상황이 계속되고 있다. 메르코수르에게 EU는 어떤 의미인지 살펴볼 필요가 있다. 교역 규모를 살펴보면 아르헨티나만 2021년에 무역 흑사를 달성하였다.

메르코수르 대 EU(27개국) 수출입 통계[48] (단위: 백만 유로)

	브라실	아르헨티나	우루과이	파라과이
대EU 수출 금액 (2021)	32,949	8,621	1,436	486
대EU 수입 금액 (2021)	33,793	8,039	1,928	741
무역수지[49](2021)	-843	582	-492	-255

co–privada), APP(asociación público–privada) 등

47 cautivo, 영어 captive

48 Access to market 자료, EU

49 balanza comercial

그런데 팬데믹으로 무역 규모가 축소된 2020년, 그리고 기저효과(基底效果)[50]으로 인한 증가(2021)를 제외하면 4개국 모두 대 EU 27개국 수출이 '정체[51]' 상태로 보인다.

5개년 대 EU 수출 실적 (단위: 백만 유로)

	브라질	아르헨티나	우루과이	파라과이
2021	32,949	8,621	1,436	486
2020	24,980	6,649	1,103	417
2019	27,106	7,028	1,594	501
2018	29,192	7,595	1,626	647
2017	28,359	7,385	1,448	1,070

메르코수르-EU FTA 체결 시 관세 인하로 메르코수르의 주력 품목(1차 상품)의 가격 경쟁력은 강화되겠지만 자연을 훼손하지 않았다는 심사를 통과한 제품만 수입하겠다는 EU의 환경 기준(Deforestation-free products, 환경을 훼손하지 않는 제품)이 시행될 예정임을 감안 시 FTA 수출 증대 효과가 미지수이다. 오히려 지금보다도 감소할 가능성도 배제할 수 없다. 브라질의 룰라 대통령은 아마존 환경 보호를 강화할 것으로 예상된다. 따라서 EU와의 환경 문제 걸림돌이 해소될 가능성이 높아 보이지만 EU의 요구를 전적으로 수용할 가능성은 적어 보인다. 환경 문제와 관련된 아르헨티나, 우루과이, 파라과이 3개국의 소극적 입장을 무시할 수 없기 때문이다. 축산 농가의 반발을 무시할 수 있는 남미 정권은 사실상 없다고 보인다.

50 base efecto

51 estancamiento

그런데 EU에서 도입을 결정한 전기차 시대(즉, EU 국가에서 내연차량 판매금지가 2035년부터 시행됨)는 두 나라(브라질, 아르헨티나) 자동차 산업에 큰 영향을 미칠 것이다. 브라질-아르헨티나 양국 간은 플렉스(Flex)라는 가중치 교환 방식을 사용하며 자동차를 서로 수출한다. 하지만 2029년부터는 완전한 자유 경쟁으로 돌입하는 양국 간 자동차 산업 FTA가 지난 2019년 체결되었다[52]. 즉 브라질-아르헨티나 자동차 FTA가 실제 발효되면 "생산기지를 통합"(즉, 1개국은 철수를 의미함)하는 것이 전기차 플랫폼 투자비를 절감할 뿐 아니라 대량 생산을 통한 원가 절감에 절대적으로 유리하다.

전기차 전환이 임박해질수록 글로벌 자동차 회사들은 전기차 공장 최적지를 선택할 것이다. 지난 2021년 1월에 PSA(Peugeot, Citroën 등) 와 FCA(Fiat, Chrysler 등) 자동차 그룹이 통합됨으로써 "스텔란티스(Stellantis)" 자동차 그룹이 출범하였다. 세계 4위의 자동차 그룹으로 부상한 스텔란티스는 브라질 5개(Fiat 3개, Peugeot 2개)[53], 아르헨티나 2개(Fiat, Peugeot)[54] 공장을 가동 중이다. 그룹 합병으로 경쟁사가 한순간 한 가족이 된 것이다. 스텔란티스는 2023년 초부터 유럽 일부 지역의 딜러 감축 작업을 지역별로 착수하였다. 메르코수르 중장기 생산 판매 전략 수립 시 중복 투자 문제를 검토할 것으로 예상된다. 2021년 1월 미국의 포드(Ford)사는 브라질 진출 100여 년 역사를 뒤로하고 브라질 내 공장 3개에 대한 전격 폐쇄 결정을 내리며 앞으로 아르헨티나 포드 공장(Ford Argentina) 및 우루과이에서의 생산(우루과이 노르덱스(Nordex)사에서 위탁 생산)하여 브라질 수요에 대응하겠다고 발표하였다. 그룹 내 물량 배정 조절을 통한 구조 조정인 것이다[55].

52 브라질-아르헨티나 '자동차 FTA' 체결…발효는 2029년 하반기, 2019-10-05, https://www.yna.co.kr/view/AKR20191005003600094

53 ANFAVEA, Anuáro de Indústria Automobilistica Brasileira, 2021 page 27-28

54 ANFAVEA, Anuáro de Indústria Automobilistica Brasileira, 2021 page 27-28

55 Ford to close Brazil manufacturing operations, take $4.1 billion in charges, January 11, 2021/https://www.reuters.com/article/us-ford-motor-brazil-idUSKBN29G2E9

브라질 포드 폐쇄로 5천 명이 실직하였는데 아르헨티나 포드는 오히려 250여 명을 신규 채용하였다[56].

자동차 공장 현황(괄호 안은 공장 숫자)

	브라질[57]	아르헨티나[58]
양국 동시 진출 (부품 공장 포함, 연수원 및 부품 센터는 제외)	GM(5), FCA(3), Honda(2), PSA Peuget-Citröen(2), Renault(4), Nissan,Toyota(3), Volkswagen(4)	GM, FCA, Honda, PSA Peuget-Citröen, Renault, Nissan, Toyota, Volkswagen(2)
1개국 진출 (상동)	현대, Audi, BMW, DAF, Iveco, Jaguar Land Rover, Mercedes Benz(2), VW Commercial, Volvo	Ford
가동 중단	-	Mercedes Benz(2015) IVECO(2015)
자동차 시장 규모 (2021)	• 생산 세계 8위(2,248천 대) • 내수 세계 7위(2,120천 대)	• 생산 세계 24위(435천 대) • 내수 세계 27위(334천 대)

전기차 전환 시 내연 기관 부품 가치사슬이 사라지고 그 자리에 배터리 공장이 유치될 것이다. "규모의 경제(Economía de escala)"에 입각한 투자 결정을 할 때 브라질이 전적으로 제1 투자 대상지가 될 것으로 보인다. 아르헨티나는 외환 통제가 있는 한 유치가 어렵다. 이런 점에서 현 아르헨티나 정권으로서는 차기 대선(2023.10.27)에 FTA가 선거 이슈에 포함되지 않아야 절대적으로 유리하다. 메르코수르의 대외 통상 정책은 2023년 내내 소극적일 수밖에 없을 것으로 보인다.

한편 2022년 7월 메르코수르-싱가포르 간에 FTA[59] 협상 타결이 발표

56 Ford aumentó la producción en su planta de Pacheco e incorporó trabajadores, 29/04/2021, el télem. https://www.telam.com.ar/notas/202104/552520-ford-aumento-la-produccion-en-su-planta-de-pacheco-e-incorporo-trabajadores.html

57 ANFAVEA 자료 참조.

58 ADEFA 자료 참조.

59 Mercosur-Singapore Free Trade Agreement(MSCFTA)

되었다. 2021년 기준, 싱가포르는 메르코수르와 상품 79억 불(싱가포르 달러), 서비스 30억 불(싱가포르 달러)을 교역하고 있으며 싱가포르의 직접 투자는 16억 불(싱가포르 달러)이다. 메르코수르의 90여 개 기업이 싱가포르에 진출 중이고 싱가포르의 70개 기업이 메르코수르에 진출하였다. 싱가포르의 메르코수르 진출기업 중 가장 유명한 기업은 창이 국제공항(Changi Airport International)으로 브라질 리우데자네이루 톰조빈 국제공항('갈레옹 국제공항)을 운영하고 있다. 싱가포르와의 FTA 비준은 큰 장애가 없을 것으로 예측되고 있다. 메르코수르가 마지막 협상을 마친 건 2019년 EU이다. 그런데 비준 기준으로는 이집트이다. 2010년 FTA를 체결하고 2017년 비준을 마쳤다.

세계 무역 질서는 미국, 중국 간의 패권 경쟁에 맞춰 빠르게 재편되고 있다. 더불어 국제 금융 시장에 접근하기 위하여 "환경 기준 강화"가 필수인 시대가 도래하였다. 우선 CPTPP[60](포괄적·점진적 환태평양 경제 동반자 협정)를 살펴볼 필요가 있다. 2012년 창설된 태평양 동맹(Alianza del Pacífico) 중 3개국(멕시코, 페루, 칠레)은 CPTPP에 이미 가입하였다. 콜롬비아는 2018년도에 가입 신청하였고 우루과이도 가입을 신청하였음을 공개하였다(2022.12). 미국은 CPTPP와 한·중·일이 참여한 RCEP[61](역내 포괄적 경제 동반자 협정)에 모두 참가하고 있지 않다. 영국은 CPTPP와 가입(adhesión) 협상을 완료하였다(2023.4). 미국, 중국, 영국, 한국이 추가로 CPTPP에 가입하면 세계 무역 질서가 다시 형성될 것이다. 글로벌 기업들의 사업 전략은 당연히 메가 FTA와 미중 무역전쟁 추이를 바탕으로 할 것이다.

현재처럼 FTA에 소극적으로 대응을 계속할수록 메르코수르는 섬처럼 고립될 가능성이 높아진다. 우루과이가 메르코수르 3개국의 반대를 무릅쓰

60 한국, 미국, 중국은 CPTPP에 가입하지 않았다.
61 Asociación Económica Integral Regional(RCEP)

고 CPTPP에 가입신청을 한 배경이다. 그나마 브라질은 내수 시장 규모가 커서 세계 시장의 합종연횡(合從連橫)으로 인한 충격을 덜 받지만, 아르헨티나, 우루과이, 파라과이는 사정이 다르다. 내수 시장 규모가 작아서 세계 경제가 메가 FTA를 축으로 재편이 진행될수록 불리하게 형성될 가능성이 있다.

이러한 상황 등을 감안 시 메르코수르는 결국 브라질이 주도권을 쥐게 된다. 브라질이 아르헨티나와 같은 의견이면 메르코수르의 정책이 된다. 파라과이, 우루과이는 2강(브라질, 아르헨티나)이 결정하면 따라갈 수밖에 없다. 우루과이가 중국과의 개별 협상, CPTPP(포괄적·점진적 환태평양 경제 동반자 협정)[62] 가입을 신청하였음을 밝히자 다른 3개국이 우루과이를 제재할 수도 있다고 경고하였다(2022.12). 약소국의 운명인 듯하다.

메르코수르 경제의 금년도(2023) 최대 공통관심사는 커머더티[63] 가격의 강세 지속 여부, 물가 상승이 한풀 꺾이는지 여부, 미 달러 강세(apreciación) 지속 여부이다. 커머더티 가격의 상승은 세수 확보에는 유리하지만 수입 물가 상승으로 이어져서 정권에는 오히려 악재로 작용하는 면도 많다. 달러 강세는 차입(정부, 민간 기업) 원리금 상환 비용 상승으로 이어져서 경제 자체의 근간을 흔들 수 있을 남미의 시한폭탄이다.

메르코수르의 각 정부는 자국 내 물가 상승률 억제, 부채관리, 경기침체 돌입에 따른 고용 안정을 정책의 최우선에 둘 것은 확실하다. 아르헨티나는 대선을 앞둔 상황이라 물가[64]를 최대한 억제하고 외환 보유고를 지키는 것이 가장 중요한 상황이다. 이런 점을 고려해 보았을 때 메르코수르의 대외 통상 정책, 특히 FTA 협상 속도는 아주 천천히 이루어질 것으로 보인다.

62 Tratado Integral y Progresivo de Asociación Transpacífico 또는 Tratado Integral y Progresista de Asociación Transpacífico(CPTPP, por su sigla en inglés)

63 Commodity

64 2022년 94.8% 물가 상승하였다.

2

파라과이와 메르코수르[1]

관세 동맹으로 발족한 지난 1992년부터 현재까지 남미 공동 시장(메르코수르/Mercosur)은 세계 시장 변화에 소극적으로 대응했다. 2019년 타결된 메르코수르-EU FTA 협상이 무려 20여 년 소요되었다는 사실이 이를 증명한다. 시장의 개방이 국내 산업을 위협하고 노동자 일자리 감소로 이어질 것이라는 결론을 가지고 통상 협상의 속도를 조절한 것으로 보인다. 최근에는 정치적 이해관계에 따라 이전 협상을 평가절하는 경우도 생기고 있다. 아르헨티나는 지난 2020년 초, 정권 교체 직후 한국 등 외국 정부와 무역 협상에 불참하겠다고 선언했다. 오는 2022년 10월 브라질 대선에 도전장을 내민 룰라 전 대통령도 '메르코수르-EU FTA 협상은 재검토되어야 한다'라고 발언한 바 있다.

1 외교부 발행 웹진 "Near Latin" 2022-3호에 게재된 기고문이다. 2022년 8월 기준 메르코수르 현황이다.

그런데 메르코수르는 세계 시장 속에서 새로운 핵심 상품 개발, 핵심 신시장 개척에서 부진을 면치 못하고 있다. 역내 교역 또한 성장이 없는 정체가 지난 10여 년 이상 계속되고 있다. 지난 2021년, 메르코수르 역내 교역량은 전체 수출입 총액(679,548백만 달러)의 11.8%(80,638백만 달러)에 그쳤다. 주요 교역 품목은 자동차, 전력 및 1차 상품으로 과거와 변동이 없다.

역내(Intrazona) 교역 비율(2021)[2]

국가	총교역량 중 국가 비중(%)	총교역량 중 역내 비중(%)	총수출 중 역내 비중	총수입 중 역내 비중	역내 기준 국가별 비중
금액(백만 불)	679,548	80,638	40,026	40,612	-
브라질	73.6%	6.9%	6%	8%	44%
아르헨티나	20,2%	21.4%	18%	26%	37%
파라과이	3.39%	46.4%	60%	35%	11%
우루과이	2.79%	33.2%	25%	35%	8%

브라질의 총교역량(500,223백만 달러)은 메르코수르 4개국 총교역량의 73.6%에 육박한다. 브라질의 역내 의존도는 6.9%(34,700백만 불)로 미미한데도 메르코수르 전체 교역 중 44%를 차지한다. 브라질 보우소나루 대통령(2019.1~2023.1)이 메르코수르를 탈퇴할 수도 있다고 집권 1년 차(2019)에 발언하였던 배경이다.

내륙 국가인 파라과이는 역내 교역 비중이 절대적으로 높다. 대만과 수교국이라는 점도 역내 교역 의존도가 높은 배경이다. 인접국인 브라질과 아르헨티나 경기, 환율에 따라 국경 무역 매출이 좌우된다. 저자는 파라과이의 시각에서 메르코수르의 주요 경제 현안을 짚어보고자 한다.

2 이글에서 인용된 역내, 역외, 중국, 미국 교역 통계는 메르코수르 사무국에서 발간한 "Informe Técnico de Comercio Exterior 2021, Anexo VI, Mayo 2022, Ver. 2"를 기초로 하여 재편집한 것이다.

대 우루과이

파라과이-우루과이 관계는 중국 문제가 개입하면 복잡해진다. 지난 2022년 7월 아순시온에서 열린 메르코수르 정상 회담이 이를 단적으로 보여 준다. 우루과이 대통령은 '우루과이-중국 FTA 타당성 조사를 완료했으며 협상 착수 예정이다'라고 전격으로 발표했다. 우루과이 단독 협상은 메르코수르의 단체 협상 원칙에 위배된다. 우루과이가 메르코수르의 제재를 받는 상황이 펼쳐질 수도 있는 셈이다. 우루과이는 중국과 협상이 마무리될 경우 메르코수르 회원국 모두가 다 같이 중국과 FTA에 참여할 수 있도록 노력하겠다는 입장을 밝혔지만 대만 수교국인 파라과이의 불만을 잠재우지는 못했다.

아르헨티나, 파라과이의 반대를 무릅쓰고 우루과이가 중국과 FTA를 추진하는 배경에는 우루과이 수출의 21%를 차지하는 소고기가 있다. 우루과이는 중국과 FTA 체결을 통해 자국 수출 규모를 대폭 증가시키길 희망하고 있다.

중국은 전 세계에서 소고기를 가장 많이 수입하는 국가다. 관세 할당(Tariff rate quota)을 적용하지 않고 있다. 우루과이와 브라질, 아르헨티나, 호주, 뉴질랜드, 미국 등이 중국 시장을 점하기 위해 치열한 가격 경쟁을 펼치고 있다. 실제로 파라과이를 제외한 메르코수르 가입국들의 소고기는 중국으로 향하고 있다. 올해(2022) 상반기 메르코수르 가입국의 소고기 수출 중 중국이 차지한 비중은 아르헨티나 76.2%, 우루과이 66%, 브라질 52%, 파라과이 0%이다.

파라과이 축산협회(ARP)는 중국 시장에서 배제되는 자국 업계의 불만을 대변하고 있다. ARP는 2022년 8월 미 국무부 대표단과 면담에서 중국에 진출 못 하는 대신 자국 소고기에 대한 미국 시장 조기 개방을 요청했다. 미국 시장 개방은 파라과이 업계의 숙원 사업이다. 미국은 지난 2021년 11월 파라과이 도축/육 가공 시설에 대한 실사를 진행하였고 지난 2022년 7월에도 추가 실사를 진행했다. 아직 개방 여부는 불투명하다.

그런데 개방만큼 중요한 것은 수출 물량을 별도 할당하는지 여부이다. 올해(2022) 미국은 우루과이와 아르헨티나에 각 연 20,000톤을 할당했다. 기타 국가(Other countries)에는 65,005톤을 할당했다. 기타 국가군에 속하는 브라질은 3개월 만에 무려 50,000톤 이상을 단숨에 공급하였다. 파라과이로서는 기타 국가군에 포함될 경우 세계 최강 브라질과 경쟁해야 한다.

우루과이-중국 FTA 협상이 완료되지 않았다는 점에서 예단하기는 어렵지만, 중국이 우루과이와 단독 FTA를 적극적으로 진행할 가능성은 작아 보인다. 우루과이는 인구 3.4백만의 작은 내수 시장이다. 자원외교와 식량안보 측면에서도 공급지로서 중요도가 떨어진다. 브라질 혹은 아르헨티나를 중심으로 대 메르코수르 정책을 펼칠 것으로 보인다. 통계를 보면 이해가 될 것이다.

대 중국 수출입 비중(2021)

국가	대 중국 수출	대 중국 수입
브라질	31%	22%
아르헨티나	8%	21%
파라과이	0%	30%
우루과이	27%	18%

중국은 메르코수르 수출 1위(역내 전체 수출의 29%), 수입 1위(역내 전체 수입의 25%), 미국은 수출 2위(역내 전체 수출의 11%), 수입 2위(역내 전체 수입의 18%)로서 G2가 40% 이상을 점하고 있다.

대 아르헨티나

파라과이와 아르헨티나의 국경은 강이다. 허술한 국경 통제와 단속 공무원과 밀수 조직의 유착으로 밀수품은 강을 쉽게 건너 파라과이로 유입되어 왔다. 특히 파라과이 인구의 63%가 아르헨티나와 브라질 국경 상권에 거주한다는 점 또한 밀수가 근절되기 어려운 이유 중 하나였다. 파라과이 국민 총생산의 40% 이상이 지하 경제인 점, 그리고 제조업이 발달하지 않은 역사적 배경을 분석해보면 밀수가 원인 중 하나이다.

파라과이 농민들은 농산물 가격이 폭락하면 밀수 단속을 제일 먼저 요구한다. 공급을 줄이기 위함이다. 반대로 가격이 폭등하면 자연스레 밀수품 반입이 증가해 가격이 안정된다. 밀수가 수급을 조정하는 '보이지 않는 손(mano invisible)'의 역할을 하는 셈이다.

우려스러운 점은 아르헨티나의 공식 환율/비공식 환율(블루, Blue, 환율) 차이가 최근 들어 최대 2배까지 벌어졌다는 것이다. 이 같은 차이는 밀수꾼들에게 최적의 환경을 조성한다. 아르헨티나 상품을 블루 가격으로 계산할 경우 공식환율의 절반까지 폭락한다. 블루 환율 차이가 클수록 밀수품의 '경쟁력'이 높아지면서 정식수입품이 시장을 잠식해간다. 즉 지하 경제 규모가 커지는 것이다.

아르헨티나의 수입 규제로 파라과이의 대 아르헨티나 수출도 타격이 불가피하다. 아르헨티나가 수입을 억제하기 위해 '180일 수입 결제 시스템'을 도입하자 파라과이의 대 아르헨티나 바나나 수출은 예년 대비 75% 이상 급락했다. 아르헨티나가 파라과이 바나나의 유일한 수출 시장인데 막힌 것이다. 이처럼 아르헨티나의 경제는 내륙국인 파라과이와 음으로 양으로 엮여 있다.

대 브라질

파라과이에서 '이타이푸댐'이라는 발전소가 제일 중요한 기업이다. 양국이 공동 경영하는 해당 발전소는 생산 전력을 정확히 절반씩 양국에 판매한다. 발전소 운영 이후 남은 잉여금도 균등하게 분배한다. 다만 전력 용량 계약 및 잉여 전력 판매 방식은 1:1은 아니다.

파라과이는 구매한 전력(전체의 50%) 중 일부만 사용하고 미사용분은 브라질에 판매한다. 결과적으로 전체 전력 생산량의 약 15%만 사용하고 35%를 브라질에 판매한다. 전체 전력 생산분의 85%를 구매하는 브라질로서는 전력 단가가 저렴해야 유리하며, 반대로 파라과이 입장에서는 전력 단가가 높을수록 유리한 셈이다. 그런데 댐 건설 당시 빌린 융자금이 매년 상환되면서 발전소 원가에서 차지하는 금융비도 꾸준히 감소세를 보이고 있다.

올해(2022) 브라질은 금융 비용 감소분만큼 전력 단가를 인하해야 한다고 주장했으나 높은 가격을 고수하는 파라과이의 반발에 부딪혔다. 오랜 협상 끝에 양측은 20.75불에 합의했다(2022.8). 해당 금액(kW/month)은 브라질 요구 단가(18.95달러)와 파라과이 요구 단가(22.60달러)의 평균 가격이다. 하지만 파라과이에서는 협상 당국이 파라과이 주권을 포기했다는 여론이 높다. 파라과이 국민은 원가를 기반으로 한 단순 셈법이 아닌 과거 삼국동맹 전쟁(1864~1870)에 대한 보상도 포함되어야 한다는 논리이다.

이타이푸댐 조약 체결 50년이 되는 2023년은 댐 건설 융자금 전액 상환이 완료되면서 금융 비용이 더 이상 발생하지 않는 첫해이다. 발전 원가 대폭 감소함에도 불구하고 '주권 수호 여론' 압박으로 차기 파라과이 정부(2023.8)는 2024 전력 단가 협상에서 높은 가격을 요구할 것이다. 브라질 양보폭이 관건이 될 것이다.

결론

이상 저자는 파라과이의 시각에서 메르코수르를 바라봤다. 지난 2022년 7월 정상 회담에서는 메르코수르-싱가포르 FTA 협상 완료가 발표되었으며 메르코수르 대외 공통 관세(Arancel Externo Común)도 소폭 인하됐다. 메르코수르가 변화하고 있음을 보여 준다. 하지만 EU에서 제기한 현안인 환경 보호는 메르코수르 4개국 모두 여전히 소극적이다. 메르코수르 각국의 농업과 축산업계의 이해관계가 복잡하게 얽힌 탓이다.

지난 30년을 돌이켜보면 브라질과 아르헨티나가 메르코수르를 좌우했다. 그런 점에서 오는 2022년 10월 브라질 대선이 향후 메르코수르의 행방을 일단 가를 것이다. 룰라 전 대통령이 당선되면 그간의 발언으로 보아서 브라질도 곧 중도좌파 아르헨티나와 함께 시장 개방을 반대할 가능성이 높다.

좌파 정부로 분류되는 베네수엘라(자격 정지 중)와 볼리비아(가입 승인 대기 중)는 이러한 변화를 환영할 것이다. 반면 파라과이와 우루과이는 미국의 이익을 대변하면서 좌파 정부의 독주를 견제할 가능성이 높다. 아르헨티나에서 브라질로 의장국이 교체되는 2023년 7월 이후 메르코수르의 방향이 좀 더 명확해질 것으로 보인다. 탄소중립과 같은 세계 경제의 흐름에 발맞출지 여부가 주목된다.

3

CELAC(셀락) 정상 회담[1]

(2021.9)

제6차 CELAC(라틴 아메리카. 카리브 국가 공동체) 정상 회담이 2021년 9월 18일 멕시코에서 개최되었다. 대면으로 진행된 이번 CELAC에는 32개국이 참여(대통령은 18명 참석)하여 팬데믹 위기 극복 및 정치/경제 통합 방안을 논의했다.

CELAC은 지난 2010년 차베스 전 베네수엘라 대통령을 비롯한 좌파 성향의 대통령들이 미국 주도의 미주 기구(OAS)를 대체하겠다는 취지로 만든 회의체이다. 이번 CELAC에서는 미국의 대외 정책을 대변하는 파라과이, 우루과이 대통령이 반미 정책을 펴는 베네수엘라, 쿠바 대통령과 공개적인 설전을 벌여 중남미 통합의 한계를 여실히 보여 줬다.

본지에서는 파라과이 대통령이 제기한 의제를 중심으로 파라과이와 중남미 국가들의 현안을 정리했다.

1 KDI(한국개발연구원) 발행 월간 "나라 경제" 2021년 11월호에 게재된 기고문(원제: 백신 공급부터 난민 문제까지 현안 산적한 중남미)이다. 기고 이후 변동 사항은 각주 하였다.

대 베네수엘라 정책

마리오 압도 파라과이 대통령(우파)은 니콜라스 마두로 베네수엘라 대통령(좌파)과 격돌했다. 압도 대통령은 모두발언을 통해 "정상 회담에 내가 참석한 것을 마두로 대통령을 (베네수엘라 공식 대통령으로) 인정하는 것으로 해석하면 안 된다."라고 강조했다. 파라과이는 (2명의 베네수엘라 대통령 중 미국이 인정하는) 후안 과이도 임시 대통령[2]만을 합법적 대통령으로 인정하고 있다는 사실을 마두로 대통령 면전에서 공표한 것이다. 이에 기분이 상했을 마두로 대통령은 압도 대통령에게 '민주주의에 대한 공개토론'을 제안하며 날자/장소/시간을 정하라고 목소리를 높였다. 나아가 마두로 대통령의 돌발 지시를 받은 베네수엘라 재무 장관은 공식 트위터를 통해 "파라과이 정부는 대 베네수엘라 채무를 즉시 상환할 것"을 요구했다.

파라과이는 지난 2011년 베네수엘라로부터 2.7억 불 상당의 석유를 15년 상환 조건으로 구매한 바 있다. 하지만 파라과이가 OAS에서 반(反)마두로 대열에 합류하자 베네수엘라는 "원금 조기 상환"을 요구하며 국제 상업 회의소(ICC) 중재를 2016년에 신청했다. 그런데 ICC가 과이도 대통령만을 베네수엘라의 합법적인 대통령으로 인정하면서 2019년부터 중재가 중단된 상태다.

한편 우루과이 라카에 포우 대통령(우파)은 베네수엘라, 쿠바, 니카라과의 인권 문제를 공식 제기하면서 쿠바 대통령과 상호 비난전을 펼쳤다. 참고로 브라질(보우소나루 대통령[3])은 CELAC을 2020년 1월 전격 탈퇴했다[4]. 탈퇴 사유는 CELAC은 좌파 정부들이 주도하는 회의체라는 것이었다. 중남미가 얼마나 이념으로 분열되어 있는지 보여 주는 대표적인 사례 중 하나이다.

2 베네수엘라 야당은 후안 과이도 임시 대통령을 퇴임시키고 임시 의회 의장을 새로 선출하였다(2023.1.5).

3 이 글의 작성 시점은 2021년 10월임. 보우소나루 대통령은 2022년 12월 말 퇴임하였다.

4 브라질은 정권 교체 직후 CELAC 재가입을 신청하였다(2023.1.5).

백신 공급 불균형

이날 파라과이 대통령은 백신 수급 불균형 문제를 지적하며 국제 보건 기구(WHO)의 COVAX가 제 기능을 못하고 있다고 지적했다. 실제로 파라과이는 4.3백만 회 접종분을 COVAX와 계약(2020.8)했으나 정상 회담 당일까지도 파라과이에 인도된 백신은 약 30만 회 접종분에 불과했다[5]. 팬데믹 이후 파라과이는 백신 제조업체들과의 선제적 협상 능력이 부족해 WHO에 기댈 수밖에 없는 상황이었다. COVAX의 백신 공급 지연에 더하여 인디아, 러시아로 발주한 백신마저 공급이 적시에 안 됨에 따라 압도 대통령은 탄핵 위기까지 몰린 바 있었다. 압도 대통령은 이런 불만을 토로한 것이다.

한편 파라과이가 백신 조달에 어려움을 겪는 과정에 중국이 파라과이가 대만과 단교를 단행할 시 백신을 지원하겠다는 보도가 나오면서 상황을 더욱 악화시킨 바 있다. 다행히도 바이든 행정부가 파라과이에 무려 2백만 회 접종분을 2021년 7월에 기증해 백신 수급 차질에 숨통이 틔었다.

파라과이는 중국 시노팜과 직접 계약이 불가능하여 'UAE 국영 기업 G42'와 시노팜 백신 공급 계약을 체결했었다(G42와 시노팜은 UAE에서 백신 합작 생산 중). G42는 시노팜 백신 25만 회 접종분(2021.5)까지 1차 인도한 바 있다. 하지만 (미국 정부, 백신 기증 후) 잔량분 공급을 정확한 이유를 설명하지 않고 일방 취소하였다(2021.8). 이에 파라과이 정부는 중국 정부의 (대만과 관련된) "지정학적 결정"이라고 즉각 발표하였다.

5 파라과이 정부는 세계 보건 기구(OMS)에 COVAX 계약 금액 반환을 요청하였다. 계약금은 아직 반환되지 않고 있다(2023.1).

기후 문제 공동 대응

파라과이는 중남미 각지에서 발생하고 있는 기후 변화 문제를 공동 대처하자고 제안했다. 남미에서는 "가뭄"이 가장 심각한 문제 중 하나로 꼽힌다. 일례로 브라질, 파라과이, 아르헨티나 3개국을 관통하는 약 4,880km의 파라나강(Río Paraná)의 경우 강 수위가 계속 낮아지면서 수력 발전량 감소, 강 운송 마비, 식수 부족, 생업(어업) 중지, 목축지 자연 발화, 곡물 생산량 감소 문제가 야기되고 있다. 가뭄으로 전력 요금, 물류비, 수입 물가, 국제 곡물가 연쇄 상승이 불가피한 상황이다. 기후 자체가 변화하고 있을 가능성에 전문가들도 크게 우려하고 있다.

이번 CELAC이 채택한 공동 선언문은 중남미가 겪고 있는 기후 문제의 원인 제공자인 선진국의 재정 지원이 있어야 기후 문제가 해결 가능하다는 것을 분명히 명시했다. 참고로 파라과이가 정한 탄소중립 2030 목표[6] 20% 중 10%는 선진국 재정 지원 조건부 감축이다.

조직범죄 공동 대응

파라과이는 조직범죄, 마약 거래, 납치 및 납치 피해자 갈취에 공동 대응하자고 제안하였는데 조직범죄는 무기 밀매, 자금 세탁, 테러 자금 방지 대책도 포함된다.

한국 독자에게는 테러 자금 지원이 생소할 듯하다. 1994년 아르헨티나 유대인 회관 폭발 사건, 2001년 미국 9·11 테러 조사 과정을 통하여 파라과이 국경 도시인 시우다드델에스테 지역에서 활동 중인 시아파 이슬람 레바논계 집단이 테러 활동 자금을 지원했다는 사실이 공식 확인됐다. 레바논 내전(1975~1990)을 피해 이주해 온 레바논인들이 주로 정착한 국경 무역

6 NDC: Nationally Determined Contributions

도시이다. 밀수, 마약 거래, 무기 거래 자금이 돈세탁을 거쳐서 레바논 헤즈볼라(시아파)에 지원되고 있는데 아직 근절되지 않고 있다. 헤즈볼라는 시아파 종주국인 이란과 연결되며, 이란은 베네수엘라의 마두로 정부와 물물교환 방식 교역을 이어가고 있다.

중남미의 새로운 과제

이번 CELAC 정상 회담에서 멕시코는 "미국, 캐나다까지 포함하는 미주 경제 공동체" 창설을 제안하였다. 하지만 CELAC은 미국이 제재 대상으로 분류하는 국가들(쿠바, 베네수엘라)이 포함되어 있으며, 경제 대국 브라질이 불참해 멕시코의 제안을 미국에서 적극 검토할 가능성은 작아 보인다[7].

한편 코로나19로 오랜 기간 막혀있던 국경이 개방되기 시작하면서 베네수엘라, 아이티의 난민 문제가 급부상하고 있다. 마두로 집권 이후 탈출한 베네수엘라인들이 남미 전역으로 이동하였는데 특히 접경 국가인 콜롬비아에 120만 명, 브라질에는 40만 명 정도가 집중적으로 입국하였다. 아이티인들은 지난 2010년 대지진 이후 남미 국가들에 불법 입국하기 시작했다. 팬데믹으로 인한 일자리 감소 등으로 남미에서 외국인 혐오가 갈수록 높아지면서 경제 난민들이 그동안의 정착지를 떠나서 미국으로 무작정 향하고 있다.

미국이라고 뾰족한 해결책은 없어 보인다. 제일 좋은 방법은 난민들이

7 미주 기구(OAS, Organización de los Estados Americanos)의 운영에 필요한 비용은 미국이 50% 이상을 분담하고 있다. CELAC이 OAS와 경쟁하기 위해서는 '재원 확보'가 가장 중요하다. 중남미의 G2인 멕시코, 브라질이 CELAC이 상근 조직으로 운영될 수 있도록 막대한 재원을 부담할 가능성은 높아 보이지 않는다. CELAC은 현재와 같이 비정기적으로 국가별 순회 개최될 것으로 보인다.

모국으로 자발적으로 귀국할 수 있는 여건 조성으로 보인다. 베네수엘라는 미국의 경제 제재 완화 시점이 제일 중요하고(21년 8월부터 2명의 대통령 간 협상이 진행 중이다[8]), 아이티는 국제 사회의 경제 지원이 가장 현실적인 방법으로 보인다[9].

8 미국 제재로 약 27억 불 상당의 베네수엘라 자산이 해외에 동결되어 있다. 베네수엘라 정부와 야당은 동결된 자산을 공동 인출하는 내역을 담은 제2차 합의서를 체결하였다(2022.11.27, 멕시코). 인출 예정 금액은 명기가 되어 있지 않다. 베네수엘라 국민용 의약품 수입, 전기망 보수 등 인도적 목적으로 한정할 것으로 보인다. 자산을 동결 중인 해외 금융 기관들이 우려하는 것은 야당의 요청을 받아들여 '자산을 지급'한 후 정치 상황급변으로 베네수엘라 정부가 자산의 합법적 소유자가 되는 경우이다. 이런 일이 발생하면 은행의 일정액 손실은 불가피할 것이다. 정부, 야당이 공동으로 인출을 신청하면 지급이 될 가능성이 높아 보인다

9 CELAC 회장국인 아르헨티나는 제7차 정상 회담을 부에노스아이레스에서 개최하였다(2023.1.25).

4

메르코수르, 2020년 경제 동향[1]

저자가 주재하는 파라과이는 브라질, 아르헨티나, 우루과이와 함께 메르코수르(남미 공동 시장)를 구성하는 4개국이다. 1500년대부터 1800년대 초까지 스페인(아르헨티나, 우루과이, 파라과이) 및 포르투갈(브라질) 식민지이었다. 1800년대 초 독립 이후에는 파라과이를 상대로 3개국이 연합하여 전쟁(1864~1870)을 치르기도 하였지만, 정치, 경제, 사회, 문화 등 모든 면에서 아주 밀접한 관계를 오늘날까지 유지해 오고 있다. 파라과이 및 우루과이는 소규모 경제로서 브라질 및 아르헨티나 경제 상황에 영향을 크게 받는다.

"남미는 불타고 있다."라는 표현이 맞을 정도로 브라질 아마존, 세계 최대의 습지인 판타나우에서 산불이 계속되고 있다. 파라과이에서도 2020년 10월 초 전국에서 화재가 동시다발적으로 발생하여 정부가 비상사태를 선포하였고 볼리비아 정부도 산타 크루스 지역 화재로 국가 비상사태를 선

1 한겨레 이코노미 인사이트 2020년 11월에 게재된 기고문(원제: 한국 기업이 '메르코수르'에 관심 가져야 하는 이유)이다. 2020년 10월 메르코수르 상황이다.

포하였다. 아르헨티나 코로도바 지역도 산불이 계속되고 있다. 파라과이에서 발생하는 화재의 90%는 고의적인 방화, 실화로 추정한다는 의용 소방대 관계자의 언급도 있었다.

아마존은 보호 지역 그리고 사유지와 국유지로 구성되어 있다. 사유지 주인들은 땅을 놀리고 있는 것이 안타까울 것이고 국유지는 사실상 측량도 등기도 제대로 되어 있지 않다. 브라질 보우소나루 대통령 집권(2019.1 취임) 후 산불이 급격히 늘어난 것은 브라질 정부가 방화를 고의로 묵인하는 것이라고 환경 단체는 확신하고 있다. 산림 보호법을 지키면서 사유지를 개발하는 것은 쉽지 않은 바 방화가 예전부터 널리 통용됐는데 불이 꺼진 후 정지작업을 하면 목축지 또는 대두를 키울 수 있는 곳으로 변한다. 산림 지역이 농지 및 목축지로 용도 변경되면 땅값도 당연히 오르고 토지매매가 이루어진다.

또한 아마존에는 불법 금 채굴업자, 벌목꾼, 무단 점거 개발업자, 국유지를 매각하는 토지사기단도 기승을 부리고 있다. 심지어 금(oro)은 생산량보다 수출량이 더 많은 기현상도 벌어지고 있고 불법 금 채굴이다 보니 무법지대로서 인권 보호도 환경 보호도 당연히 없다. 금을 분리하는 과정에서 사용하는 수은이 그대로 버려지고 있다. 그런데 이 모든 것이 현지 경찰의 묵인 없이 가능할 것이라고 보는 사람은 적을 것이다. 아마존은 먼저 점거하여 울타리 치면 내 땅이 되는 골드러시 서부 시대와 같다는 느낌이 든다.

브라질은 세계 1~2위를 다투는 소고기 및 대두 수출 국가이다. 소고기는 아마존 무단 벌목한 농장에서 키워지다가 다른 목장으로 이동한다. 이후 수출용으로 도살되는 원산지 세탁이 이루어지고 있다는 비난을 받아왔다. 대두의 경우는 2008년 이후 불법 조성된 아마존 화전 지역에서 생산된 대두는 구매하지 않겠다고 글로벌 곡물 트레이더들이 2006년 합의를 한 바 있다("Soy Moratorium(불법 생산 대두 구매 중지)"이라고 한다). 그런데도 대두 생산업자들은 모라토리엄의 폐지를 계속 요구하고 있다. 소고기의 경우 세계 1위 소고기 수출 업체인 브라질 JBS는 소고기 하청 업체 원산지 관리를 강화하겠다고 최근 발표하였다.

프랑스 및 독일은 브라질이 환경 문제를 확실히 해결하겠다는 확약을 하여야 20년간 협상 끝에 2019년에 타결된 메르코수르-EU 간 FTA를 비준하겠다고 계속 압박을 가하고 있었다. 그럼에도 불구하고 2020년 9월 말 보우소나루 대통령이 UN 연설에서 기존의 입장만 되풀이하자 유럽의회에서는 메르코수르 FTA 합의문 변경을 요구하겠다는 강경한 입장을 공식화하였다. EU는 어정쩡하게 FTA 건을 마무리하면 파리기후협약에 악영향을 끼치게 됨은 물론 아마존의 값싼 농축산 제품이 유럽 농축산업을 죽이는 길을 열어놓는 것이 되는 바 FTA 환경 규정 조건을 엄격한 방향으로 개정 요구할 것으로 보인다.

그런데 중국은 불타는 아마존을 외면하고 있다. 중국은 브라질 소고기, 대두의 최대 수입국 중 하나이다. 중국에서 아마존 환경 파괴 문제를 제기하면서 브라질은 대단히 난처해질 것이다. 그런데 미-중 무역전쟁 때 미국을 대신하여 브라질이 농산물을 공급하였다. 미-중 무역전쟁이 언제 또 재발할지 모르는데 식량 공급원인 브라질을 굳이 자극할 가능성은 작아 보인다. 중국은 COFCO(中粮集團)를 곡물 메이저로 육성 중으로 브라질, 아르헨티나, 파라과이에서 곡물 사업을 활발히 하고 있던 유럽계 Nidera를 2017년에 인수하여 남미산 곡물 공급망을 완성한 바 있다. COFCO는 대주주인 IFC(투자 전문 회사로서 세계은행 자회사임)와 함께 2023년까지 수매하는 대두의 원산지를 100% 추적하는 시스템을 구축하겠다고 역시 발표하였다. (참고로 COFCO는 '직구매분' 추적 시스템 구축 완료를 발표함, 2021년 12월)

2020년 4월 알베르토 페르난데스 아르헨티나 대통령(2019.12 취임)은 기 합의된 EU와 협상 결과는 존중하겠지만 향후 다른 국가와의 FTA 협상은 중단하겠다고 발표하였다. 페르난데스 대통령의 최대 관심사 중 하나는 고용 유지로서 코로나19가 발생하자 기업체 종업원 해고를 60일간 금지하는 긴급 조치를 발표하였을 정도이다. 정말로 향후 협상에 불참할지는 두고 보아야겠지만 현 아르헨티나 정부는 FTA가 체결되면 경쟁력이 없는 자국 제조업은 고사할 가능성이 커지는데 굳이 개방하여 리스크를 자초할 필요가 없다는 것이다. 또한 수출 상품도 농축산물밖에 없어서 기대효과가 낮은 것도 FTA에 소극적인 이유이다. 아르헨티나는 2018년부터 불경기인데 외국인 직접 투자(FDI)도 지난 3년간 (자원분야 제외 시) 거의 없었다. 오히려 다국적 기업 철수가 줄을 잇고 있어 가뜩이나 어려운 경제에 큰 부담이 되고 있다.

이러한 상황에서 페르난데스 대통령은 "정치적으로 투자를 결정"할 수 있는 중국이 돌파구가 될 것으로 해석하고 있다. 중국 공산당 창당 기념에 맞추어 시진핑 중국 주석과 전화 통화를 하면서 위안화 Swap(canje de monedas) 계약 연장에 동의한 중국에 감사도 표명하고 아르헨티나가 일대일로(一帶一路)[2] 사업에 참여하고 싶다는 의사를 분명히 하였다. 의회에서는 아시아 인프라 투자 은행(AIIB) 가입을 심의 중이며[3] 5백만 불을 납입하면 중국 배려로 3억 불 차관이 기대된다는 자의적인 해석도 보도되고 있다. 남미는 중국이 추구하는 자원 및 식량 확보를 위한 최적지이다. 또한 남미 국가들은 중국 기업의 자원 및 인프라 투자에 거부감이 적다. 중국의 환경 기준, 전염병 통제 능력 등을 문제 삼는 여론도 있지만, 아르헨티나 정부로서는 중국 외에는 투자를 기댈 곳이 별로 없다.

한편 아르헨티나 중앙은행(BCRA)이 보유한 달러가 환율방어로 계속 고갈되고 있다. 인플레이션이 계속되고 있어 페소가 생기면 즉시 달러로 바꿔서 집에 보관하는 것이 재테크이다. 특히 주택은 달러로만 거래되니 달러가 가장 안전한 자산이다. 국민들이 은행에서는 살 수 있는 달러는 월 200불로 제한되어 있어 비싸더라도 암시장(Dolar Blue라고 한다)에서 살 수밖에 없다. 오죽하면 미국 다음으로 달러가 많은 나라(스페인어로 "침

2 Iniciativa de la Franja y la Ruta

3 아르헨티나는 2021년 3월 30일 AIIB에 가입하였다. 자본금으로 5백만 불 납입하였다.

대 매트리스 밑에[4]"라는 표현을 사용하는데 집에 보관하는 달러가 많다는 뜻)라고 말할 정도이다. 문제는 달러가 수출 대금 외에는 유입이 안 되고 있는 데 반하여 달러 수요가 너무 많다는 것이다. 다행히도 2020년 8월 민간채무 협상이 잘 마무리되어 조만간 IMF와 440억 불 상환 기일 연장을 포함하는 채무 조정 협상이 시작될 것이다[5]. 2019년 말 정권 교체 및 코로나19로 인한 경제 마비로 열세에 몰린 IMF가 아르헨티나 요구를 수용할 가능성이 아주 높아 보인다.

아르헨티나는 2020년 3월부터 세계에서 제일 엄격한 사회격리 조처를 시행하고 있다. 격리가 너무 길어지면서 빈곤율이 거의 40%까지 치솟았고 집 없는 도시 빈민들이 변두리 지역 사유지를 무단 점거하는 일이 발생하고 있다. 연초 부도난 곡물 기업인 비센띤[6]을 국유화하겠다고 서둘러 발표하였다가 엄청난 여론 반발에 부딪혀 철회한 바 있었다. 제2의 베네수엘라 가는 길을 택하였다는 비난 여론이 비등하였었다. 투자 유치는 국가 간 경쟁으로서 브라질은 2.1억의 소비 인구, 칠레는 남미에서 가장 투명하다는 강점이 있다. 국유화는 투자자산을 보호하지 않는 것으로 해석이 될 수 있는 바 아르헨티나 정부로서는 은행 관리와 같은 자구노력 결과를 먼저 지켜보았어야 했다.

정치 핵심은 민생고 해결인 듯하다. 브라질은 빈민 구제 프로그램인 볼사 파밀리아[7]를 지원을 대폭 강화하였는데 팬데믹 이전 40백만 명에서 65백만 명으로 수혜자를 늘리면서 지원금도 3배 인상하였다. 볼사 파밀리아는 룰라 전 대통령(2003~2010)이 만든 프로그램으로 보수로부터 포퓰리즘이라고 공격을 받은 바도 있으나 볼사 파밀리아 시행으로 브라질 빈곤층이

4 bajo el colchón
5 2022년 3월 타결되었다.
6 Vicentin S.A.I.C.
7 Bolsa Familia

반으로 줄었다는 말이 있었을 정도로 효과적이었다.

이제는 극우 보우소나루 대통령이 적극적으로 활용하고 있는데 코로나 19 사망률 세계 2위라는 성적은 아랑곳없이 룰라 전 대통령의 PT(노동자당) 텃밭인 북동부에서조차 보우소나루 대통령의 인기가 치솟는 것은 민생고 해결의 중요성을 말해준다. 단, 재정 고갈로 수혜 조건을 강화하면 엄청난 반발에 부딪히는 위험도 감수하여야 한다.

현재(2020.11) 브라질, 파라과이, 우루과이는 우파, 아르헨티나는 중도 좌파 대통령이다. 각국은 외교 정책에서는 노선을 확실히 하고 있다. 국가별로 인정하는 베네수엘라 대통령 이름이 다르다(아르헨티나는 마두로 대통령을 지지, 브라질[8], 파라과이, 우루과이는 과이도 임시 대통령을 지지). 2020년 9월 미주 개발은행(IDB) 총재 선출할 때도 입장이 달랐다. 미국 정부가 미는 후보를 아르헨티나는 반발 표시로 기권하였나. 브라질 보우소나루 및 아르헨티나 페르난데스 대통령은 아직도 만나지 않고 있다[9]. 메르코수르는 4개국 2.7억 인구가 하나의 정책을 펼칠 때 대외 협상력이 생기고 블록의 이익을 최대한 챙길 수 있다. 두 지도자 간의 이념 갈등으로 메르코수르가 세계 경제 중심으로 편입될 기회를 놓칠까 우려된다.

8 브라질 신정권(2023.1)은 마두로 대통령 정부와 외교 관계를 복원하였다.

9 두 지도자가 처음으로 대면한 것은 G20 로마 정상 회담 기간 중(2021.10)이다. 보우소나루 대통령은 2022년 개최된 메르코수르 대면 정상 회담(7월, 12월)에 2번 연속 불참하였다.

2023년 1월, 브라질 신정부는 아래와 같은 조처를 하였다.

- 산림파괴 방지 및 통제하는 범부처 상설 위원회 신설
- 아마존 펀드(Fondo Amazonía)[10] 재가동
- 아마존 원주민 보호 지역에서 광산 허가 시행령 폐지
- '볼사 파밀리아' 유지; 600헤알(113달러)
- 최저 임금 인상; 1,212헤알(249달러)
- 8개 국영 기업 민영화 중단(Petrobras, Correos 포함)

2022년 12월, EU에서는 산림을 훼손하는 제품에 대한 EU 수출입을 금하는 법안을 추진하기로 결정하였다[11]. 산림을 훼손하지 않는 즉, 'Deforestation-free' 상품만 수입하라는 규제이다. 1차로 적용될 상품들은 ①팜오일, ②목축, ③대두, ④커피, ⑤코코아, ⑥목재, ⑦고무 및 부산물(소고기, 가구, 초콜릿 등)[12]이다. 법안이 시행될수록 남미(소고기, 대두, 목재)의 타격은 클 것으로 보인다. EU에서 메르코수르와 FTA 환경 문제를 양보할 가능성은 적어 보인다. 탄소국경세를 비롯한 EU에서 추진하고 있는 모든 조처를 무력화시킬 가능성이 있기 때문이다. EU 의회에서 관렵법을 통과시키면서(2023.4.19), 산림 훼손 기준을 2020년 12월 31일 이후로 확정하였다. 아울러, 숯(목탄), 인쇄물 관련 품목, 팜오일 부산물 등(carbón vegetal, los productos de papel impreso, derivados del aceite de palma)도 추가되었다. 수출 업체는 제품에 대한 'Due Diligence' statement(=declaración de 'diligencia debida')를 제출하여야 한다.

10 2008년 신설. 2019년, 노르웨이, 독일에서 아마존 파괴 중지 요구하면서 지원 중단. 노르웨이, 35백만 불 자금 지원 재개 예정 발표(2022.11).

11 Pacto Verde, 2022.12.6

12 ①aceite de palma, ②ganado bovino, ③soja, ④café, ⑤cacao, ⑥madera, ⑦caucho, y sus productos derivados(carne de vacuno, muebles, chocolate)

파라과이와 메르코수르

초판 인쇄 2023년 5월 11일
초판 발행 2023년 5월 19일

지은이 김선태
발행인 고윤성
기획 신선호 박경민
편집장 장혜정
도서편집 노재은 변다은
디자인 정정은 김대욱 변혜준
인사행정 이근영
재무회계 김문규 정예찬
전자책·사전 변다은
발행처 한국외국어대학교 지식출판콘텐츠원
02450 서울특별시 동대문구 이문로 107
전화 02)2173-2494~7
FAX 02)2173-3363
홈페이지 http://press.hufs.ac.kr
전자우편 press@hufs.ac.kr
출판등록 제6-6호(1969. 4. 30)
인쇄·제본 (주)케이랩 053)583-6885

ISBN 979-11-5901-925-8 [93950] 정가: 24,000원

* 잘못된 책은 교환하여 드립니다.

불법복사는 지적재산을 훔치는 범죄행위입니다.
저작권법 제136조(권리의 침해죄)에 따라 위반자는 5년 이하의 징역 또는 5천만 원 이하의 벌금에 처하거나 이를 병과할 수 있습니다.

HUINE은 한국외국어대학교출판부의 어학도서, 사회과학도서, 지역학 도서 Sub Brand이다. 한국외대의 영문명인 HUFS, 현명한 국제전문가 양성(International+Intelligent)의 의미를 담고 있으며, 휴인(携引)의 뜻인 '이끌다, 끌고 나가다'라는 의미처럼 출판계를 이끄는 리더로서, 혁신의 이미지를 담고 있다.